中国法学会重大项目"构建两岸关系和平发展框架的法律机制研究"

教育部哲学社会科学重大攻关项目"特别行政区制度在我国国家管理体制中的地位与作用研究"

# 构建两岸关系和平发展框架的法律机制研究

周叶中 祝 捷 主编

九州出版社
JIUZHOUPRESS 全国百佳图书出版单位

**图书在版编目（CIP）数据**

构建两岸关系和平发展框架的法律机制研究／周叶中，祝捷主编. --2 版. --北京：九州出版社，2023.9
（国家统一理论论丛／周叶中总主编）
ISBN 978 - 7 - 5225 - 2171 - 8

Ⅰ.①构… Ⅱ.①周… ②祝… Ⅲ.①海峡两岸-法律-研究 Ⅳ.①D920.4

中国国家版本馆 CIP 数据核字（2023）第 200297 号

**构建两岸关系和平发展框架的法律机制研究**

| | |
|---|---|
| 作　　者 | 周叶中　祝　捷　主编 |
| 责任编辑 | 习　欣 |
| 出版发行 | 九州出版社 |
| 地　　址 | 北京市西城区阜外大街甲 35 号（100037） |
| 发行电话 | (010)68992190/3/5/6 |
| 网　　址 | www. jiuzhoupress. com |
| 印　　刷 | 北京捷迅佳彩印刷有限公司 |
| 开　　本 | 720 毫米×1020 毫米　　16 开 |
| 印　　张 | 18. 75 |
| 字　　数 | 249 千字 |
| 版　　次 | 2023 年 11 月第 2 版 |
| 印　　次 | 2023 年 11 月第 1 次印刷 |
| 书　　号 | ISBN 978 - 7 - 5225 - 2171 - 8 |
| 定　　价 | 98. 00 元 |

# "国家统一理论论丛"总序

　　党的二十大报告指出："解决台湾问题、实现祖国完全统一，是党矢志不渝的历史任务，是全体中华儿女的共同愿望，是实现中华民族伟大复兴的必然要求。"这充分体现出解决台湾问题对党、对中华民族、对全体中华儿女的重大意义，更为广大从事国家统一理论研究的专家学者提供了根本遵循。

　　自20世纪90年代以来，武汉大学国家统一研究团队，长期围绕国家统一的基本理论问题深入研究，取得一系列代表性成果，创建湖北省人文社科重点研究基地——武汉大学两岸及港澳法制研究中心。长期以来，研究团队围绕国家统一基本理论、反制"法理台独"分裂活动、构建两岸关系和平发展框架、构建两岸交往机制、两岸政治关系定位、海峡两岸和平协议、维护特别行政区国家安全法律机制、国家统一后治理等议题，先后出版一系列学术专著，发表数百篇学术论文，主持多项国家级重大攻关课题和一大批省部级以上科研项目。其中，《构建两岸关系和平发展框架的法律机制研究》与《构建两岸交往机制的法律问题研究》两部专著连续两届获得教育部高等学校科学研究优秀成果奖（人文社会科学）一等奖，后者还被译为外文在海外出版，产生一定国际影响。研究团队还围绕国家重大战略需求，形成一大批服务对台工作实践的战略研究报告，先后数十次获得中央领导同志批示，一大批报告被有关部门采纳，为中央有关决策制定和调整提供了充分的智力支持。

在长期从事国家统一理论研究的过程中，我们形成一系列基本认识和基本理念，取得一大批关键性成果，完成了前瞻性理论建构布局。我们先后完成对包括国家统一性质论、国家统一过程论、国家统一治理论在内的国家统一基本理论框架的基础性探索；以问题为导向，逐一攻关反"独"促统、两岸关系和平发展和特别行政区治理过程中面临的一系列关键性命题，并取得重要理论成果；面向国家统一后这一特殊时间段的区域治理问题，提出涵盖理论体系、制度体系、机构体系、政策体系等四大体系的先导性理论设计架构。

在过去的近三十年时间里，武汉大学国家统一研究团队的专家学者，形成了大量服务于国家重大战略需求的研究成果。然而，由于种种原因，这些成果未能以体系化、规模化的方式展现出来，这不得不说是一种遗憾。为弥补这一遗憾，我提议，可将我们过去出版过的一些较能体现研究水准、对国家统一事业具有较强参考价值的著作整合后予以再版，出版一套"国家统一理论论丛"，再将一些与这一主题密切相关的后续著作纳入这一论丛，争取以较好的方式形成研究成果集群的体系化整合。提出这一设想后，在九州出版社的大力支持下，论丛首批著作得以顺利出版。在此，我谨代表团队全体成员，向广大长期关心、支持和帮助我们的朋友们表示最衷心的感谢！同时，我们真诚地期待广大读者的批评和建议。我们坚信：没有大家的批评，我们就很难正确认识自己，也就不可能真正战胜自己，更不可能超越自己！

周叶中

2023 年夏于武昌珞珈山

# 目　　录

# 绪　　论

党的十七大报告站在建设中国特色社会主义、实现中华民族伟大复兴的高度，提出了一系列有关台湾问题的新方针、新政策、新论断，为我们正确处理台湾问题提供了明确而系统的指引。胡锦涛同志在党的十七大报告中郑重呼吁，在一个中国原则的基础上，协商正式结束两岸敌对状态，达成和平协议，构建两岸关系和平发展框架，开创两岸关系和平发展新局面。"构建两岸关系和平发展框架"是十七大报告针对台湾问题进行的重大理论创新，是落实中央对台工作一系列方针政策的新举措。构建两岸关系和平发展框架是一个庞大的系统工程，涉及经济、政治、文化、社会和外交等各个领域，需形成包括经济框架、政治框架、文化框架、社会框架和外交框架在内的框架体系，而法律机制则是这一框架体系中一以贯之的基本机制。基于台湾问题的法律属性，[①] 我们认为，法律机制将在构建两岸关系和平发展框架过程中起基础性和关键性作用。本书将对什么是构建两岸关系和平发展框架的法律机制、为什么需要法律机制，以及构建两岸关系和平发展框架的法律机制包括哪些内容等重大理论问题进行探讨。

## 一、构建两岸关系和平发展框架的法律机制释义

如果我们给构建两岸关系和平发展框架的法律机制下一个粗浅的定

---

[①] 关于台湾问题的法律属性和宪法属性，参见周叶中：《加强对台特别立法势在必行》，载《宪政中国研究》（下），武汉大学出版社，2006年版；周叶中：《台湾问题的宪法学思考》，《法学》，2007年第6期。

义，那么它可以被概括为调整两岸关系和平发展过程中各种事务的法律规范、法律制度和法律运行的总称。然而，这一描述性定义远远不能满足我们对台工作理论与实践的需要，因此有必要从法律机制的一般定义出发，对"构建两岸关系和平发展框架的法律机制"这一范畴作更为细致的分析。

法律是社会关系的调整器。法律机制将纷繁复杂的社会关系转化为权利义务关系，进而通过调整权利义务关系来实现对社会的控制。通过法律的社会控制，已经成为人类政治文明发展的标志性成果。[①] 解决台湾问题，实现祖国的完全统一，是中华民族的核心利益所在，也是我们党领导全国人民在新世纪要完成的三件大事之一。"和平统一"是解决台湾问题的最佳方式，而构建两岸关系和平发展框架，则是体现这一战略思想的重要举措，法律机制应该、也能够在构建两岸关系和平发展框架过程中发挥重要作用。具体而言，构建两岸关系和平发展框架的法律机制，在性质、目的、功能、内容和体系上都具有鲜明的特点。

在性质上，构建两岸关系和平发展框架的法律机制是宏观性与微观性的有机统一。台湾问题是中华民族的核心利益所在，两岸关系和平发展是实现中华民族伟大复兴的重大战略步骤。同时，两岸关系和平发展又与两岸人民的民生福祉和切身利益密切相关。因此，两岸关系和平发展是宏观性与微观性的统一。而构建两岸关系和平发展框架的法律机制，也就兼具宏观性与微观性。具体体现为制度上的复合性与实践中的多元性。所谓制度上的复合性，即在制度体系上，不仅包括两岸关系定位、两岸关系政治安排，以及其他涉及两岸关系走向等重大问题的宏观制度，还包括调整两岸民间交往和经贸交往的微观制度。所谓实践中的多元性，即在实践环节上，宏观层面的中央和有关部门依法开展的各项涉台活动，两岸有关机构

---

① 参见［美］庞德著，沈宗灵、董世忠译：《通过法律的社会控制：法律的任务》，商务印书馆，1984年版。

相互接触、合作等活动，以及微观层面的司法裁判、行政执法行为和公民所进行的法律活动等，都构成两岸关系和平发展法律实践的一部分。

在目的上，构建两岸关系和平发展框架的法律机制坚持为台海地区谋和平与两岸人民谋福祉的统一。概括而言，就是和平与发展。当前，除极少数"台独"分子外，两岸关系和平发展是各方均能接受的最大共识。惟有把握好这一最大共识，将两岸关系和平发展框架的法律机制构建成为和平法、发展法，并通过法律机制的作用，才能以和平保障发展，以发展促进和平。构建两岸关系和平发展框架的法律机制，一方面将"和平统一、一国两制"的主张法制化，为两岸关系的和平发展奠定法理基础；另一方面建立相应的配套制度，将和平发展的思想具体化、程序化，使其能发挥实效。同时，构建两岸关系和平发展框架的法律机制，应特别重视台湾人民的民生福祉，积极在法律机制的制度构建与实施运行中，贯彻寄希望于台湾人民的方针，将保障和实现台湾人民的利益放在重要位置，使台湾同胞能从中感受到祖国的关怀与热情。

在功能上，构建两岸关系和平发展框架的法律机制，既要承担法律规制功能，又要发挥政策宣示作用。构建两岸关系和平发展框架的法律机制的一般原理，是将台湾问题通过法律对特有的权利义务机制进行调整，以期达到两岸关系和平发展的目的。然而，由于台湾问题的敏感性，使我们对两岸关系的处理具有较强的政策性。实践中的经验也有力地说明了这一点。迄今为止，我们对台工作的主要依据仍然体现为政策，具体表现为领导人的讲话，有关部门的谈话、指示等。从目前形势看，政策——尤其是中央领导同志提出的、具有宏观指导意义的政策，在对台工作中仍占据着主导地位。尽管政策不仅不应从对台工作领域中退出，相反，其作用还应得到进一步加强，但在表现形式上，政策应及时转化为法律。将政策以法律形式加以体现，可以提高政策的科学性和权威性，并加强政策的宣示效果，也可借助法律固有的稳定性、明确性特征，达到稳定台湾人民心理、威慑"台独"分裂势力的目的。《反分裂国家法》的实践与效果已清晰地说明了这一点。

在内容上，构建两岸关系和平发展框架的法律机制同时包含公法与私法。如前所述，台湾问题具有高度的复杂性，涉及经济、政治、文化、社会、外交等各个领域，牵涉公权力与公权力之间、公权力与私权利之间，以及私权利与私权利之间错综复杂的法律关系。因此，构建两岸关系和平发展框架的法律机制也具有复杂性。既包括调整公权力与公权力之间、公权力与私权利之间的公法规范，也包括调整私权利与私权利之间的私法规范。具体而言，公法所针对的问题包括两点：其一是具有根本性的台湾地区及台湾地区公权力机关的地位问题，此类问题主要通过宪法规范加以解决；其二是两岸公权力机关对涉台事务如何处理的问题，这些主要通过行政法规范来解决。私法所针对的问题则主要集中于两岸民间交往和经贸往来方面，主要通过民法规范来解决。① 当然，公法与私法的划分并非绝对，对一些需要同时运用公法手段和私法手段加以处理的问题，应摆脱理论上的桎梏，发扬务实精神，以切实解决问题。而且，公法规范与私法规范的复合性，也决定了构建两岸关系和平发展框架的法律机制，并非是以某一部门法为核心的单一规范体系，而是包括宪法、行政法、民商法、诉讼法、国际法、环境法等多个部门法体系在内的多元法律体系。

在体系上，构建两岸关系和平发展框架的法律机制既是实践论体系，又是教义学体系。我们对构建两岸关系和平发展框架法律机制的认识，以实践为出发点，依托法律机制，形成两岸关系和平发展框架，以在实践层面促进两岸关系进一步发展、促进祖国早日统一。除此之外，此命题还具有较强的教义学功能，亦即将促进台湾学②与法学的互动发展，产生横跨两个学科，兼采其他社会科学所长的新兴边缘学科。由于种种原因，在大

---

① 此处所称的宪法、行政法、民法均从广义而言，其含义并非限于部门法意义或法典意义。

② 关于台湾学的提法与体系，可参见陈孔立：《台湾学导论》，博扬文化事业有限公司，2005年版。

陆学术界，台湾学与法学脱节的情况较为严重，对台湾问题的研究，大多侧重宏大叙事的历史阐述和应景式的对策分析，缺乏系统化的理论梳理和体系构建，也缺乏对具体问题的深入分析。理论上的缺失导致实践中的困境。随着两岸交往的日益深入，诸多问题一一暴露，而其中绝大多数与法律有关。如何应对这一局面，如何使法律在两岸关系和平发展的历史进程中发挥其应有作用，都需要进行深入研究。有鉴于此，学界有必要以构建两岸关系和平发展框架的法律机制研究为契机，对台湾学和法学的交叉领域展开深入、全面的研究，将台湾问题的研究从过去口号式的解读中解脱出来，从宏大叙事的泥沼中解脱出来，以法律为载体，对台湾问题进行精细化、规范化、实证化的分析，以建构起足以指导实践的新兴学科门类。

## 二、构建法律机制是两岸关系和平发展的必然要求

党的十七大报告将两岸关系的主题确定为"和平发展"，这是中央在综合时代主题、两岸关系历史和两岸关系发展趋势的基础上作出的科学论断，也是今后开展对台工作需要考虑的基本因素。两岸关系和平发展与两岸高度对立不同，经常性、和平性的经贸往来和人员交流，将成为两岸关系和平发展的主要表现形式，两岸事务的核心也将从军事、政治转向经济、文化、社会等方面。随着两岸关系和平发展的不断深入，海峡两岸将出现物资、资金、人才和信息频繁流动的局面。可以预见，在两岸关系和平发展的趋势下，必然要求新的调整机制与之相适应，而法律机制是最为合适的调整机制，因此，构建法律机制是两岸关系和平发展的必然要求。

第一，构建两岸关系和平发展框架的法律机制是对台湾问题法律属性认识深化的结果。对台湾问题法律属性的认识，我们经历了一个逐步深化的过程。长期以来，大陆政界、学界和普通民众对台湾问题的认识主要停留在政治层面，较少、甚至没有从宪法和法律角度来思考。与此同时，"台独"分裂势力却不断鼓噪"宪改""公投"等活动，以期实现"台湾

法理独立"，"宪法"和"法律"俨然成为"台独"分子谋求"台独"的重要手段。随着"台独"分裂势力运用的手段逐渐从政治领域向法律领域，尤其是向宪法领域转移，我们也逐步认识到了台湾问题的法律属性。从法律角度而言，台湾问题实际上是新中国制定的宪法与法律是否能有效适用于台湾地区的问题，是台湾地区现行的"六法体系"和新中国法律体系之间的关系问题。而且台湾问题最终也应通过合乎宪法和法律的途径解决。① 众所周知，《反分裂国家法》是我们认识台湾问题法律属性的标志性成果，它将中央的对台政策法制化，已经成为我们对台工作的基本法律依据之一。《反分裂国家法》颁布后，在台湾地区引起强烈反响，直接导致台湾地区部分政党领导人访问大陆，促成两岸党际交流，使两岸关系跃上一个新台阶。《反分裂国家法》的成功经验说明，法律已经成为台湾问题中不可或缺的重要组成部分，同时也表明对台湾问题法律属性的认识仍需进一步深化。就目前而言，我们不仅需要通过《反分裂国家法》重申一个中国原则，表明我们对台湾问题的基本态度和基本政策，而且还需要一套包括各个门类、各个层级的规范性文件在内的法律体系，对处理台湾问题进行全面、整体、明确的制度安排和程序设计，以期通过法律机制促进两岸关系和平发展。可以说，虽然我们并不否认台湾问题的政治属性，但对台湾问题的法律属性已经有了比较明确和深刻的认识，而构建两岸关系和平发展的法律机制正是这一认识的成果之一。

第二，法律机制是两岸关系和平发展框架贯彻落实的重要保障。如前所述，两岸关系和平发展框架是一个包括经济框架、政治框架、文化框架、社会框架和外交框架等在内的框架体系，法律机制在其中居于基础性地位，这一基础性地位可以从两个方面理解。其一，两岸关系和平发展框架外在表现为法律机制。上述两岸关系和平发展的诸框架虽然各有特点，

① 参见周叶中：《台湾问题的宪法学思考》，《法学》，2007年第6期。

发挥着不同作用，但在形式上都需以一定方式表现出来，而法律机制则是目前最佳的表现方式。因此我们极有必要在法学理论和法律技术的作用下，通过吸收现有工作方式和制度创新，将两岸关系和平发展框架的主体、客体、内容、程序等诸要素用法律形式加以明确，从而形成具有一致性、明确性和稳定性的法律机制。而由此形成的法律机制则是两岸关系和平发展的基础性法律依据，两岸关系和平发展框架的形成与发展，也由此转化成为法律制定、法律修改和法律适用的过程。其二，两岸关系和平发展框架的实现也有赖法律机制。"徒法不足以自行"，法律实施是法律的生命，也是法律机制实现其目的的必要手段。两岸关系和平发展框架有效运转的关键，是两岸关系和平发展法律机制的有效实施。具体说来，是将两岸关系和平发展转化为立法、执法、司法和守法的过程。通过对法律制度的贯彻落实，一方面使法律成为促进两岸关系和平发展的有力手段，另一方面则形成有利于两岸关系和平发展的法律秩序。

第三，构建两岸关系和平发展框架的法律机制，有利于落实寄希望于台湾人民的方针。台湾同胞是我们的血肉同胞，是促进两岸关系和平发展的重要力量，也是反对和遏制"台独"分裂势力分裂活动的重要力量。台湾地区1990年后的"宪政改革"，虽以"台独"分子的"扩权化"和"台独化"为脉络，① 但台湾人民却在客观上取得了诸多民主权利，包括直接选举民意代表和领导人、通过"公民投票"直接决定有关事项等权利。因此，我们应紧紧依靠台湾人民，积极采取措施，落实寄希望于台湾人民的方针，而构建两岸关系和平发展框架的法律机制，则是其中的重要方式之一。其一，两岸关系和平发展的目的是为台海地区谋和平、为两岸人民谋福祉，因而维护台湾人民的民生福祉是其题中应有之义。"稳定"是台湾的主流民意，"和则两利、分则两弊"已成为两岸人民的共识。两

---

① 参见周叶中、祝捷：《台湾地区"宪政改革"研究》，香港社会科学出版社有限公司，2007年版，第73页。

岸关系和平发展框架的法律机制是和平法、发展法，通过制度设计与实践，将促进两岸关系和平发展，保障台海地区的稳定，将为台湾人民赴大陆进行经贸活动和其他各项活动提供有力的法律保障，并将中央对台优惠政策落到实处，从而促进台湾人民利益的实现，增强台湾人民对大陆的认同与信任。其二，构建两岸关系和平发展框架的法律机制，有利于提高台湾人民对两岸关系和平发展框架的认同感。两岸关系和平发展框架是互动性、双向性的框架，需要台湾人民的认同方能产生应有效果。不仅如此，两岸关系和平发展是未来祖国完全统一的前奏。因此，获得台湾人民对两岸关系和平发展框架的认同，将为争取台湾人民对统一的支持发挥重要作用。法律机制则对于提高台湾人民对两岸关系和平发展框架的认同，有着不可替代的作用：首先，法律机制以一致性、明确性和稳定性的法律制度将对台政策法制化，有利于加强台湾人民对两岸关系和平发展的信心；其次，通过法律实施，将两岸关系和平发展框架落到实处，给台湾人民带来实实在在的利益，有利于激发其共同促进两岸关系和平发展的热情；再次，台湾人民的法律素质较高，法律意识较强，并普遍形成了对法律权威的认同。因此，通过构建法律机制促进两岸关系和平发展框架，有利于台湾人民了解两岸关系和平发展框架的主要内容，并基于其对法律的信仰与服从，增强对两岸关系和平发展框架的认同。

### 三、构建法律机制是运用宪法思维处理台湾问题的必然结果

台湾问题不仅是一个政治问题，也是一个法律问题。由于宪法在一国法律体系中居于根本法地位，因而我们也可以说，台湾问题在根本上是一个宪法问题。① 因此，我们在对台工作中有必要充分运用宪法思维。所谓宪法思维，是指人们在社会活动中运用宪法及其基本理论思考问题、解决

---

① 关于这一命题的提出与论证，参见周叶中：《台湾问题的宪法学思考》，《法学》，2007 年第 6 期。

问题的思维方式。① 运用宪法思维处理台湾问题是基于以下三点理由：

第一，"宪政改革"业已成为"台湾法理独立"的主要形式，运用宪法思维处理台湾问题切中了问题的要害。"宪政改革"是台湾地区"民主化"与"本土化"的主要载体，"台独"分子一直试图通过"制宪""修宪""释宪"等多个途径推进"台独"。1990 年后，台湾当局进行了七次"宪改"活动，通过了多个包含"台独"内容、暗示"台独"方向、企图永久性维持两岸现状的多个"宪法"增修条文。同时，"台独"分子积极推动"制宪"，并草拟出所谓"台湾共和国宪法""中华民国第二共和宪法"等"台独宪草"，台湾地区前领导人也多次声称要"制宪正名"。除显性的"宪法"变迁途径外，"台独"分子还通过隐性的"释宪"途径，推进所谓"释宪台独"。截至 2007 年年底，台湾地区"司法院""大法官"共作成 16 个与两岸关系有关的"宪法解释"，这些"解释"对于两岸关系的走向产生了重要影响，一些"解释"还成为台湾当局进行渐进式"台独"活动的"法源"。

第二，台湾民众普遍法律素质较高，运用宪法思维处理台湾问题，有利于加强对台工作的民意基础。台湾地区经过近 60 年的发展，经济社会文化法律等各方面的制度已经比较成熟；同时，台湾人民的法律素质普遍较高，民主、法治和人权已经内化为台湾人民的基本修养。而且，无论其正当性如何，台湾地区现行的"宪法"与法律业已获得台湾人民的普遍认同。在这种情况下，我们应充分运用宪法思维，密切注意台湾人民在台湾政治生活中的重要地位。另一方面，部分台湾民众因两岸长期隔绝，对中华人民共和国宪法与法律没有认同感。长期以来，我们一直希望通过政治宣传、经济合作和文化感召来争取台湾人民，这是必要的，但在目前更需认识到以宪法和法律为基础，建构台湾人民对祖国的认同感的战略

---

① 周叶中：《关于中国共产党运用宪法思维执政的思考》，《中共中央党校学报》，2007 年第 5 期。

意义。

第三，宪法是我国的根本大法，运用宪法思维处理台湾问题是依法治国的题中之义。我国现行宪法是党领导人民制定的，充分体现了人民的意志，是党的领导、人民当家做主和依法治国的有效载体，在我国法律体系中具有根本法地位。我国宪法序言指出，宪法是国家的根本法，具有最高的法律效力。全国各族人民、一切国家机关和武装力量、各政党和各社会团体、各企业事业组织，都必须以宪法为根本的活动准则，并且负有维护宪法尊严、保证宪法实施的职责。从这种意义上而言，处理台湾问题，也应依据宪法和法律。可以说，我国现行宪法是我们处理台湾问题的总章程，而《反分裂国家法》是处理台湾问题的具体指针。因此，运用宪法思维处理台湾问题，以宪法和法律手段反对和遏制"台湾法理独立"，以法促统、依法统一，在决不承诺放弃使用武力的前提下，按照宪法和《反分裂国家法》规定的各项原则、方针、政策处理两岸关系，用宪法和法律的武器震慑、制约、打击"台独"分裂势力，具有极为重要的意义。

## 四、构建法律机制是反对和遏制"台湾法理独立"的必然选择

2007 年 3 月，温家宝总理在《政府工作报告》中指出，当前反"台独"工作的首要任务是遏制"台湾法理独立"，这是在大陆公开发表的重要官方文件中第一次出现"台湾法理独立"的提法。"台湾法理独立"高度概括了目前"台独"活动的特征与发展方向，遏制"台湾法理独立"将成为我们今后很长一段时期内反"台独"的重点。"台湾法理独立"一词的提出，表明我们对台湾问题的认识有了进一步升华，同时也说明反对和遏制"台湾法理独立"的紧迫性与重要性。可以说，构建两岸关系和平发展框架的法律机制，是在"台湾法理独立"外在压力下的必然结果，是遏制"台湾法理独立"的必然选择。所谓"台湾法理独立"，是指通过

法律手段，使台湾在"法理"上与中国相"脱离"而成为"独立一国"的"台独"形式。与"台湾独立""台湾事实独立"等"台独"形式相比，"台湾法理独立"具有如下特征：

第一，"台湾法理独立"是"显性台独"与"隐性台独"的统一。"台湾法理独立"与"台湾独立""台湾事实独立"等"台独"形式的最大区别在于，它不仅追求"台独"这一"显性"结果，而且将这一结果分步骤、分阶段地在一系列"隐性台独"活动中加以落实。前一特征使其与"台湾事实独立"有别，而后一特征则与我们通常所理解的"台湾独立"有别。以台湾地区自1990年开始的所谓"宪政改革"为例：一方面，台湾当局希望借"宪政改革"，谋求"法统"的转化，以实现"中华民国在台湾"或"中华民国就是台湾"的"台独"效果；另一方面，台湾当局又利用"修宪""释宪"等多种途径，分阶段、有步骤地通过七次"宪改"，以及数十个"大法官解释"，逐渐以隐讳的"法律途径"，将"1946年宪法"改造成一部"台湾宪法"。可以说，在"台独"分子的一手操办下，本来是台湾人民"争民主、争人权"的"宪政改革"，完全蜕化成为"台湾法理独立"的主要形式，而以"宪法"增修条文和"大法官解释"构成的台湾地区现行"宪法体制"，也因此成为"台湾法理独立"的物质载体。

第二，"台湾法理独立"是"宏观性台独"和"微观性台独"的统一。"台湾法理独立"不仅在宏观政治层面追求"台独"的效果，希冀将"宪法""法律"变为"台独"的布告栏，而且还在具体个案中渗透"台独"思想，谋求"台湾立法独立""台湾行政独立"和"台湾司法独立"，意图使"两岸永久分治"，实现所谓"维持现状就是台独"。在立法上，台湾当局制定所谓"台湾地区与大陆地区人民关系条例"，名义上是为促进两岸人民交流融通，实际上则对两岸人民往来设置重重障碍，甚至不惜矮化、贬斥大陆人民，对之施以不公平对待。在行政上，陈水扁当局一再阻挠两岸"三通"直航，阻挠大熊猫入台、甚至阻挠奥运圣火入台，采取各种手段打击、压制赴大陆投资的台商以及岛内偏统媒体，同时发动各种名义的"台独公投"，推行"金元外交""务实外交"，竭力推进"台独"进程。在司法上，台湾地区"大法官"以"维持现状、两岸分治"思想为指导，频繁作成不利于两岸关系和平发展和两岸人民互相交流的解释，意图造成"台独""事实化"与"常态化"。

第三，"台湾法理独立"是"台独"实践与"台独"理论的统一。"台湾法理独立"不仅重视实践活动中的"台独"效果，而且看重所谓"学理台独"。不可忽视的事实是，台湾地区有部分高级知识分子，尤其是法律学人在统"独"问题上态度十分暧昧，一部分人甚至甘当"台独"分裂势力的马前卒，利用其学识，或为"台独建国"寻找所谓理论基础，或为"台湾法理独立"出谋划策。在林林总总的"台独"理论中，既有宏观性的指导理论，如叶俊荣的"代表性强化论"[1]、王泰升的"以台湾为中心"的"宪法"史观[2]等，也包括微观性的理论，如有学者提出的台湾地区政治体制设计原理、"国族认同"问题等。由于这些理论常常处于法学辞藻的包装之下，因而不仅法学素养不高的人难以察觉，甚至连一些法学专家也难以看清。

"台独"分裂势力推动"台湾法理独立"的行径，已经给对台工作造成重大影响，因此，我们在对台工作中必须重视法律的作用，树立起台湾问题是法律问题的观念，积极构建两岸关系和平发展框架的法律机制，以此作为依法统一、以法促统的重要载体。同时，还应积极运用法学理论和法律知识分析"台独"活动的法律属性以及法律活动的"台独"属性，研究"台独"活动所涉及的法律制度、"台独"活动所需经过的"法定程序"、"台独"活动在法律上的可能性与现实性等问题。

---

① 叶俊荣：《宪法的上升与沉沦：六度修宪后的定位与走向》，《政大法学评论》，2002 年第 69 期。
② 王泰升：《台湾法律史概论》，元照出版公司，2001 年版，第 5 页。

# 第一章　构建两岸关系和平发展
# 框架的宪法机制

## 一、宪法机制在两岸关系和平发展中的地位和作用

宪法在构建两岸关系和平发展框架的法律机制中居于核心地位，是我们开展对台工作、遏制"台湾法理独立"、促进两岸关系和平发展的根本大法。构建两岸关系和平发展的宪法机制，将一个中国原则从政治原则上升为法律原则，并规定两岸关系和平发展的一般准则，对一些重大敏感的问题进行安排，将会为两岸关系和平发展提供政治保障和原则指引。两岸关系和平发展的宪法机制以成文法典意义的宪法为统摄，包括以宪法解释为主的宪法变迁形式、宪法性法律如《反分裂国家法》，以及海峡两岸和平协议等具体机制。

### （一）我国宪法处理台湾问题的制度分析

我国现行宪法是我们处理台湾问题的根本法律依据，因为它规定了国家和公民统一台湾的义务，体现了"和平统一、一国两制"的基本方针，并为运用非和平方式统一台湾提供了法律依据，而且还是我们加强对台立法工作的基本依据。具体说来主要表现在以下三个层面。

第一，宪法规定了国家和公民统一台湾的义务。我国 1982 年宪法关于统一台湾义务的规定包括三个部分。其一，1982 年宪法序言庄严宣布：

台湾是中华人民共和国的神圣领土的一部分，完成统一祖国的大业是包括台湾同胞在内的全中国人民的神圣职责。宪法序言的这段话既有宣示意义，又有规范意义：它不仅宣示台湾是我国的神圣领土，奠定了统一义务的历史基础、政治基础和法理基础，还为包括台湾同胞在内的全国人民设定了宪法上的统一义务。序言的这段话可以作为统一台湾义务的根本性法源。其二，1982年宪法规定了统一台湾的国家义务。宪法不仅配置国家权力、保障公民权利，而且规定若干国家方针条款，通过对国家事务的安排和国家长期性或阶段性政策的确认，形成国家的宪法性共识。国家方针条款对国家有拘束效力，属于国家义务，而统一义务是最为重要的国家义务之一，国家统一台湾的义务可从总纲中导出。总纲第28条规定，"国家……镇压叛国……的犯罪行为"。"台独"活动是分裂祖国的犯罪行为，属最严重的叛国活动，国家有义务施以镇压。其三，1982年宪法为公民设定了统一台湾的基本义务。宪法第52条规定，中华人民共和国公民有维护国家统一和全国各民族团结的义务。该条表明，我国每个公民（包括每位台湾同胞）都负有统一台湾的基本义务。1982年宪法对国家和公民统一台湾义务的规定，具有宪法位阶的拘束力，我国每个政党、国家机关、社会团体和个人都必须履行。

第二，宪法既体现了"和平统一、一国两制"的方针，又为以非和平方式统一台湾提供了法律依据。我国1982年宪法规定了特别行政区制度。这一制度是和平统一台湾的主要机制，也是目前解决台湾问题的最好方式。众所周知，特别行政区制度的理论基础是邓小平同志"一国两制"的伟大构想。邓小平同志思考"一国两制"的初衷，就是为了和平解决台湾问题，就是为了实现两岸的和平统一。香港和澳门的顺利回归、港澳两个基本法的有效实施和特区政府的顺利施政，充分证明了"一国两制"构想的科学性和合理性，也增强了我们对"一国两制"的信心。虽然特别行政区制度最先适用于香港和澳门，但它仍然是和平解决台湾问题的最佳方式。特别行政区制度规定于1982年宪法的总纲和国家机构中。宪法第31条规定，国家在必要时得设立特别行政区。在特别行政区内实行的制度按照具体情况由全国人民代表大会以法律规定。该条规定是特别行政区制度的宪法基础。香港基本法和澳门基本法即以1982年宪法第31条为直接依据。宪法第59条规定，特别行政区得选举全国人民代表大会代表，参与组成最高国家权力机关。该条规定说明，从主权意义上而言，特别行政区并不是异于大陆的特别区域，而是属于同一主权国家内的行政区域，仅因特殊原因实行不同于大陆的社会制度和政策，特别行政区人民仍须通过全国人民代表大会这个统一的人民代表机关参与行使国家主权。宪法第62条第13项规定，全国人民代表大会有权决定特别行政区的设立及其制度。该条既规定了有权建置特别行政区并制定特别行政区基本法的主体，也为全国人大制定特别行政区基本法提供了宪法依据。在实践中，港澳基本法也均由全国人民代表大会根据宪法规定制定。尽管我们力争通过和平方式实现两岸统一，但也决不承诺放弃使用武力。决不承诺放弃使用武力是中央对台工作坚强有力的后盾，但运用非和平方式实现两岸统一是解决台湾问题的最后选择，亦为宪法所规定。根据1982年宪法第29条，"中华人民共和国的武装力量……的任务是巩固国防，抵抗侵略，保卫祖国……"中华人民共和国的武装力量是运用非和平方式统一台湾的主要力量，在台湾问题足以危及国家统一和安全时，中央政府有权指令中华人民共和国的武装力量运用非和平方式解决台湾问题。同时，宪法第62条、第67条和第89条规定，全国人大及其常委会、国务院有权依法决定国家某些地区进入紧急状态；宪法第80条规定，国家主席有权依全国人大及其常委会的决定宣布国家某些地区进入紧急状态。因此，国家可依这些条款，规定台湾地区进入紧急状态。同时，宪法第93条还规定，"中央军事委员会领导全国武装力量"。综合以上规定，全国人大及其常委会、国家主席、国务院和中央军事委员会是运用非和平方式统一台湾的执行机关。

第三，宪法也是加强对台立法工作的基本依据。宪法作为根本大法，仅仅规定了解决台湾问题的基本原则和重大事项，其实施方法和其他具体事项，则由部门法进行具体规定。目前，国家关于台湾问题的专门法律是《反分裂国家法》，该法即以宪法为其立法依据。《反分裂国家法》开宗明义地宣布，该法的立法目的是"为了反对和遏制'台独'分裂势力分裂国家，促进祖国和平统一，维护台湾海峡地区和平稳定，维护国家主权和领土完整，维护中华民族的根本利益"。《反分裂国家法》亦具体规定了和平统一台湾和运用非和平方式统一台湾的事项。其一，《反分裂国家法》规定了和平统一的基础、国家义务和方式。根据第5条规定，"坚持一个中国原则，是实现祖国和平统一的基础"。《反分裂国家法》体现宪法第31条的精神，规定"国家和平统一后，台湾可以实行不同于大陆的制度，高度自治"，并在第6条和第7条具体规定了国家促进和平统一应采取的措施和方式。其中《反分裂国家法》第6条将中央对台的诸项政策法制化，使执行中央的对台政策有了法律依据。第7条规定，"国家主张通过台湾海峡两岸平等的协商和谈判，实现和平统一；协商和谈判可以有步骤、分阶段进行，方式可以灵活多样"。据此可见，"有步骤、分阶段"的谈判和协商是和平统一的具体实施方式。此外，第7条还详细列举了协商和谈判的事项，将中央"在一个中国原则下，什么问题都可以谈"的方针法制化。其二，《反分裂国家法》规定了运用非和平方式统一的条件和机制。《反分裂国家法》第8条第1款，规定了"采取非和平方式及其他必要措施"的三个条件，即"'台独'分裂势力以任何名义、任何方式造成台湾从中国分裂出去的事实，或者发生将会导致台湾从中国分裂出去的重大事变，或者和平统一的可能性完全丧失"。第8条第2款则规定了运用非和平方式统一台湾的实施机关和程序。根据该款规定，"采取非和平方式及其他必要措施，由国务院、中央军事委员会决定和组织实施，并及时向全国人民代表大会常务委员会报告"。《反分裂国家法》以宪法为依据，重申宪法所规定的基本原则和重要制度，并使之明确和具体化。

**（二）我国宪法对构建两岸关系和平发展框架法律机制的重要功能**

宪法是解决台湾问题的根本法律依据。宪法规定了国家和公民统一台湾的义务，体现了"和平统一、一国两制"的方针，并为运用非和平方式统一台湾提供了法律依据。[①] 我国现行宪法是党领导人民制定的，充分体现了人民的意志，是党的领导、人民当家做主和依法治国的有效载体，在我国法律体系中具有根本法地位。宪法序言指出，我国宪法是国家的根本法，具有最高的法律效力。全国各族人民、一切国家机关和武装力量、各政党和各社会团体、各企业事业组织，都必须以宪法为根本的活动准则，并且负有维护宪法尊严、保证宪法实施的职责。从这个意义上而言，处理台湾问题，也应依据宪法和法律。构建两岸关系和平发展框架的法律机制既要承担法律规制的功能，又要发挥政策宣示的作用。构建两岸关系和平发展框架的法律机制的一般原理，是将台湾问题通过法律特有的权利义务机制加以调整，以期达到两岸关系和平发展的目的。然而，"涉台无小事"，台湾问题的敏感性，使对两岸关系的处理具有较强的政策性。实践中的经验也有力地说明了这一点，我们对台工作的主要依据仍然体现为政策。而政策在对台工作中的重要地位，决定了构建两岸关系和平发展框架的法律机制，应在一定程度上体现政策性，并及时将政策转化为法律形式。因为将政策以法律形式加以体现，不仅可以提高政策的科学性和权威性，并加强政策的宣示效果，而且可以借助法律固有的稳定性、明确性特征，达到稳定台湾人民心理、威慑"台独"分裂势力的目的。如前所述，

---

① 关于台湾问题在宪法中的地位，可参见周叶中：《台湾问题的宪法学思考》，《法学》，2007 年第 6 期。

两岸关系和平发展的宪法机制以成文法典意义的宪法为统摄，包括以宪法解释为主的宪法变迁形式、宪法性法律如《反分裂国家法》，以及海峡两岸和平协议等机制。具体说来：

第一，宪法解释是界定台湾问题性质的重要途径。两岸均有学者认为，两岸关系和平发展应搁置统"独"争议，以务实态度面向未来。① 这一观点自有一定的可取之处，尤其是对于一味追求"台湾法理独立"的台湾当局更是具有相当的警醒作用。但是，台湾问题性质的模糊，将使两岸关系和平发展沦为一场偶然性事件，两岸关系和平发展也会因为外在环境缺乏安定性而无法得到稳定、持续发展。目前两岸关系"政乱则经慌"的局面也证明了这一点。可以说，对台湾问题性质的界定是对台工作的核心问题。然而，明确界定台湾问题的性质是一项兼具政策性与法律性的工作，既要考虑到宪法和法律的权威，又要顾及中央对台政策的延续性，既涉及对已有宪法规范的解释，也涉及对宪法未明确规定事项的阐明。从宪法学角度而言，解决上述问题最适宜的方式莫过于宪法解释：其一，宪法解释有利于在不变动宪法文本的情况下体现中央对台政策，这样既能保持宪法的稳定性，也能彰显中央对台政策的延续性，还能灵活应对中央对台政策的调整；其二，宪法解释可以将中央的对台政策宪法化，使之成为具有宪法位阶的法律规范，起到仅从政策层面定位难以达到的效果。

第二，宪法性法律如《反分裂国家法》是目前处理台湾问题的基本法律，在对台法律体系中的地位仅次于宪法。《反分裂国家法》将中央对台政策法制化，为两岸关系的和平发展奠定了基本法律框架。《反分裂国家法》第一条便开宗明义地表明了其立法目的，继而依次规定了和平统一的基础、促进和平统一应采取的措施和方式、运用非和平方式统一的条件和机制等。对《反分裂国家法》而言，目前亟需解决的问题是其适用

---

① 如自 2007 年 11 月起，台湾地区著名企业家曹兴诚先生陆续发布公开信，呼吁民进党当局放下统"独"争议，集中力量发展两岸经贸关系。

方式。由于《反分裂国家法》具有宣示意义大、政策性强等特点，其适用必然有特殊之处。法律的生命在于实施，中央立法的目的也在于通过适用《反分裂国家法》，促进两岸关系的进一步发展，以遏制"台湾法理独立"。因此，如何适用《反分裂国家法》兼具理论价值和实践价值，值得进一步探讨。

第三，海峡两岸和平协议也将在两岸关系和平发展中发挥重要作用。党的十七大报告中首次提出"和平协议"这一法律概念，如同"九二共识"一样，和平协议将在凝聚两岸最大共识的基础上形成，是构建两岸关系和平发展法律框架的基础性规范。可以预见，台湾地区的地位、台湾当局的性质、两岸关系和平发展的基本框架等重大问题都将在和平协议中有所体现。

## 二、《反分裂国家法》及其实施机制研究

2005年3月14日，十届全国人大三次会议高票通过了《反分裂国家法》。这是作为最高国家权力机关的全国人民代表大会通过特别立法的形式，把中央对台工作的大政方针和全中国人民维护国家主权与领土完整的一致意愿上升为国家意志的重大举措。《反分裂国家法》的颁布，不仅充分表明了中国政府和人民反对和遏制"台独"分裂势力分裂国家活动的坚定决心，而且也充分表明了国家以最大诚意、尽最大努力，争取实现和平统一的一贯立场，因而这部宪法相关法不仅是中华民族以"法理反独"反制"法理台独"的重要法律武器，而且体现了中华民族的最高利益，符合两岸人民以及国际社会维护和平稳定，促进共同发展、共同繁荣的共同愿望，将为维护台海和平，并最终解决台湾这一历史遗留问题提供坚强有力的法理支持与明确可行的法律框架。《反分裂国家法》是目前处理台湾问题的基本法律，自2005年颁布生效以来，对于遏制"法理台独"起到了重要的作用。然而，《反分裂国家法》的一些内容与宪法条文的表达

不尽一致，其实施机制也众说纷纭。在此，我们将探讨《反分裂国家法》与宪法的关系，通过对法理基础、条文和实践的解读，分析《反分裂国家法》的适用方式。

（一）《反分裂国家法》的法理基础

**1. 主权：《反分裂国家法》的政治基础**

自近代主权概念产生以来，主权的完整与统一就被认为是国家完整与统一的象征，因而维护主权的统一与完整是任何国家的基本权利。因此，迄今为止的大多数国家都通过立宪或立法方式，对主权的归属和维护国家主权的统一和完整作出明确规定。我国自 1912 年的《中华民国临时约法》之后的历部成文宪法，包括我国现行宪法以及台湾的所谓"宪法"，都明确规定了主权在民原则。这就充分表明，中国的国家主权属于包括台湾人民在内的中华民族的全体成员。

同时，任何主权国家都只有一个合法政府，而这一合法政府则是这个国家主权的唯一代表。一个代表国家主权的政府，无疑拥有不受任何外国势力干涉地决定和处理其主权所及范围内一切事务的权利。这是国家主权原则的核心内容之一，因而受到国际社会的普遍尊重和国际法的一贯保护。

在历史上，中华民国政府曾经是中国主权的合法代表。但从 1949 年 10 月 1 日开始，中华人民共和国政府取代了中华民国政府，成为全中国的唯一合法政府和国际法上的唯一合法代表。尽管如此，但中国的主权和固有的领土疆域并未因此而改变。这种在同一国际法主体没有发生变化，由新政权取代旧政权的事实，在国际法上被称为政府继承。因此，中华人民共和国政府理所当然地成为享有和行使中国全部主权的唯一代表，其中包括对台湾的主权。

虽然中华人民共和国成立后，台湾地区继续使用"中华民国"和"中华民国政府"的名称，但它早已丧失代表中国行使国家主权的合法性基础，即便是它至今仍然分享着的中央政府在台湾地区的部分"治权"，也只是中国主权管辖范围内的有限"治权"，它并不具有对抗国家主权的合法性。因此，作为中国领土不可分割的一部分，台湾的主权始终与整个中国的主权合为一体，不可分割，并由中华人民共和国中央政府统一行使。台湾当局的存在，既不能更改台湾属于中国的历史，更不能改变中国主权统一的事实。

而且，中华人民共和国作为中国主权的唯一合法代表这一事实，已得到国际社会的普遍承认。1971 年 10 月，第 26 届联合国大会通过 2758 号决议，驱逐了台湾当局的代表，恢复了中华人民共和国政府在联合国的席位和一切合法权利。1972 年 9 月，中日两国签署联合声明，宣布建立外交关系，日本承认中华人民共和国政府是中国的唯一合法政府，充分理解和尊重中国政府关于台湾是中华人民共和国领土不可分割的一部分的立场，并且坚持遵循《波茨坦公告》第 8 条规定的立场。1978 年 12 月，中美发表建交公报，美国"承认中华人民共和国政府是中国的唯一合法政府"，"承认中国的立场，即只有一个中国，台湾是中国的一部分"。至今，已有 160 多个国家与中华人民共和国政府建立外交关系，它们都承认中华人民共和国政府是中国的唯一合法政府，并且承诺在一个中国的框架内处理与台湾的关系。

因此，全国人民代表大会作为中华人民共和国的最高立法机关，针对"台独"分裂势力，制定《反分裂国家法》，以维护国家主权和领土完整，促进国家的和平统一，完全属于中国主权范围内的事务，是中国的国内立法与主权行为，它既符合国家主权原则，也具备道义上的正当性。

**2. 领土统一：《反分裂国家法》的事实基础**

国家统一是国家主权完整的基本标志，主权国家对其所属的领土理当具备完全独立的支配权。比如为确保其领土统一，它可以在其所属的任何一个地方派驻军队，也可以针对其所属的任何一个区域制定特定的防卫性法律。当今世界，几乎所有国家都将"领土主权和领土完整不受侵犯"作为其反分裂国家行为的正当性基础。

尊重历史，是国际社会确认领土主权之归属的惯常方法。从历史上看，台湾自古就是中国的领土。中国人最早开发台湾岛，中国政府对台湾实行有效管制的文字记录，至少可以追溯到1700多年前。元朝时中国政府正式在台湾设置行政机构，清朝时正式在台湾建省。从元朝到清朝，中国政府一直统治并保卫着台湾。但1895年4月，日本通过侵华战争，强迫清朝政府签订不平等的《马关条约》，霸占了台湾。1937年7月，日本发动全面侵华战争。1941年12月，中国政府在《中国对日宣战布告》中昭告各国，中国废止包括《马关条约》在内的一切涉及中日关系的条约、协定、合同，并将收复台湾。1943年12月，中美英三国政府发表的《开罗宣言》规定，日本应将其窃取的包括东北、台湾、澎湖列岛等在内的中国领土，归还中国。1945年，中美英三国共同签署、后来又有苏联参加的《波茨坦公告》规定："开罗宣言之条件必将实施。"同年8月，日本宣布投降，并在《日本投降条款》中承诺，"忠诚履行波茨坦公告各项规定之义务"。同年10月25日，中国政府收复台湾、澎湖列岛，重新恢复对台湾行使主权。此后迄今，台湾作为中国领土一部分的法律地位从未改变。

在国民政府时期，历部宪法都将台湾视为中国领土不可分割的一部分。我国现行《宪法》规定："台湾是中华人民共和国的神圣领土的一部分，完成统一祖国的大业是包括台湾同胞在内的全中国人民的神圣职责。"《反分裂国家法》的根本宗旨，与我国宪法以及《开罗宣言》和《波茨坦公告》的基本精神完全一致，这就是维护台湾作为中国一部分的法律地位。因此，它既具备合宪性，也符合国际法精神。

**3. 国家安全：《反分裂国家法》的利益基础**

美国早期政治家杰伊曾经指出，在明智而自由的人民认为必须注意的许多事务中，为自己提供安全看来是首要的事情。而人民个人的安全，历来以国家安全为必要条件，国家安全则以领土安全为前提。一旦国家疆域受到威胁，则意味着国家安全受到威胁。一旦疆土分裂，则国将不国。而国之不存，民何以安？所以，领土安全乃人民的最高福祉；维护国家领土的安全，是一国政府的首要职责，也是一国公民的当然义务。因此，为使国家免遭不必要的威胁，或者为了防止某种具有高度盖然性威胁的挑衅，一个合法政府就应当被赋予备战自卫和反抗威胁的权利。在历史上，战争被认为是维护领土安全的主要方式，因此现代社会，人们运用法律手段维护领土安全无疑是历史的进步。

众所周知，从 20 世纪 90 年代以来，以李登辉为代表的"台独"分裂势力以所谓"民意"为幌子，开始大肆鼓吹分裂国家的活动。民进党主导台湾地区政权后，"台独"活动日益猖獗。"台独"分子极力推动"公投制宪"，企图以"宪改"之名行"制宪"之实，谋求"法理台独"；在所谓"中华民国"的简称问题上大做文章，将"台湾正名"活动推向逐步变更"国名"的新阶段；以组织机构调整为名，图谋改变台湾现行行政架构中带有中国内涵的部门；在教育与历史文化领域进一步推动"去中国化"运动，以凸显所谓的"台湾主体性"等等。这些事实表明，中国的领土安全正在遭遇"台独"势力即刻而现实的威胁和挑衅。

毋庸置疑，面对这种国土安全遭受威胁和挑衅的事实，任何主权国家都不会无动于衷。在历史上，美国为打击分裂势力企图将"南方"从统一的美利坚合众国分裂出去的活动与挑衅，曾发动过著名的"南北战争"。由于这场战争维护了国家领土的完整，因而被历代美国人评价为正义之战，而领导这场战争的亚伯拉罕·林肯则被称颂为英雄。因此，当我们面临国家的固有领土遭遇"台独"分裂势力即刻而现实的分裂威胁时，由通过民主选举产生的，包括台湾人士在内的最高国家立法机关以立法的方式，反对和遏制"台独"分裂势力的分裂活动，从而捍卫中国人民的最高福祉，无疑是正义之举，因而理当受到包括台湾人民在内的全体中国人民的一致拥护和国际社会的普遍理解。

### 4. 反"台独"：《反分裂国家法》的价值基础

不同的国家有其不同的历史、不同的文化和不同的价值哲学。但具有不同历史、文化和价值哲学的国家，却有一个共同的敌人，那就是分裂国家的势力。在一切时代，在所有地方，以任何形式分裂国家的个人、组织或者集团，都被主权国家视为头号敌人。所以，迄今为止，几乎所有的国家都将分裂国家等危害国家安全的行为列为非法，并给予严惩。我国也不例外。我国现行宪法将维护国家的统一规定为公民的一项基本义务；我国《国防法》和《刑法》等法律中，设有专门的反分裂国家条款。如《刑法》第 102 条和 103 条就将危害国家主权、领土完整和安全，组织、策划、实施分裂国家，以及煽动分裂国家、破坏国家统一的行为规定为分裂国家罪或煽动分裂国家罪，并规定对其中的首要分子或者罪行严重者，处以无期徒刑或者五年以上的有期徒刑。

从国际法的角度而言，国际社会和国际法对任何形式的分裂国家行为，都持否定态度。1948 年的《联合国宪章》以及随后颁布的相关国际关系宣言，将这种分裂国家的否定态度上升为国际法原则，并确认主权国家有不受他国干涉的、以和平方式或者非和平方式维护其主权和领土安全的权利。联合国宪章规定："联合国和它的成员国不得侵害任何会员国或国家领土完整或政治独立，不得干涉在本质上属于任何国家内管辖的事件。"联合国《关于各国依联合国宪章建立友好关系及合作之国际法原则之宣言》指出："凡以局部或全部破坏国家统一及领土完整或政治独立为目的之企图，都是不符合联合国宪章精神的。"

历史表明，分裂国家的行为是威胁国家稳定与和平的主要因素。自有国家以来，引爆国内战争的根本原因，大多与分裂国家的活动有关。当今时代，分裂国家的行为仍然是危害地区稳定与世界和平的重大隐患。如果放纵分裂势力，必将导致越来越多的动荡、战争和灾难，国家和地区安全将无法保障，国际社会将永无宁日。

近年来，一小撮"台独"分裂势力的言行举止，不仅威胁着中国的稳定与和平，而且也势必祸及亚太地区乃至整个世界的和平与稳定。因此，中国政府适时出台《反分裂国家法》，力图通过法律途径，反对和遏制"台独"分裂势力的分裂活动，不仅符合包括台湾人民在内的整个中华民族的根本利益，而且符合世界上一切爱好和平的国家和人民的共同利益，特别是符合亚太地区国家和人民对于安全与和平的需要。

综上所述，维护主权统一、捍卫领土完整、保障国家安全，是一切主权国家都拥有的神圣不可侵犯的权利。通过立宪和立法方式，反对和制止分裂国家的行为，是世界各国的通行做法，也是被世界各国人民广泛认可的正义行动。当今世界，各国宪法中都设有维护国家统一的专门条款，而且几乎所有国家都有反分裂、反叛国方面的针对性立法。在历史上，诸如美国、加拿大、法国、俄罗斯等许多国家都曾有运用法律手段制裁分裂势力及其活动的先例，并得到国际社会的普遍理解与支持。因此，我国十届全国人大三次会议审议并通过的《反分裂国家法》，不仅具有充分的伦理和民意基础，而且可以从众多国际先例中获得有力的法理支持，因而无论其正当性、合理性，还是其合法性都不容置疑。

（二）《反分裂国家法》与宪法的关系

《反分裂国家法》第1条规定，"为了反对和遏制'台独'分裂势力分裂国家，促进祖国和平统一，维护台湾海峡地区和平稳定，维护国家主权和领土完整，维护中华民族的根本利益，根据宪法，制定本法"。这一条款开宗明义地指出了其与宪法的基本关系，表明《反分裂国家法》是依据宪法制定的法律。同时，由于《反分裂国家法》的通过机关是全国人民代表大会，根据宪法第62条第3项规定，这是一部"基本法律"，其法律位阶低于宪法，高于其他法律。根据《反分裂国家法》的内容，我们认为，《反分裂国家法》是对宪法原则的具体化，同时也是对宪法的无形修改。

《反分裂国家法》是对宪法原则的具体化。宪法规定了国家和公民统一台湾的义务，体现了"和平统一、一国两制"的基本方针。《反分裂国家法》在宪法的原则指引下，对于和平统一和运用非和平方式统一台湾做出了具体规定。对于和平统一的国家义务的实现方式，《反分裂国家法》第6条规定了"国家采取下列措施，维护台湾海峡地区和平稳定，发展两岸关系"，其中规定了五个"鼓励"，从人员往来到经济文化往来，对国家维护台湾海峡地区和平稳定、发展两岸关系提出了具体做法。《反分裂国家法》的这一条文表明，只要在一个中国原则的框架下，国家应当通过推动两岸的全方位交流，发展平等互惠的经济、社会与文化等活动，以增加两岸人民互信，谋求海峡两岸人民最根本的利益，以实现和平统一的目的。《反分裂国家法》第7条规定了"国家主张通过台湾海峡两岸平等的协商和谈判，实现和平统一。协商和谈判可以有步骤、分阶段进行，方式可以灵活多样"。这一条文将台湾海峡两岸平等的协商和谈判作为和平统一的主要手段，并且对于协商和谈判的基本原则、涉及事项进行了规定。

对于非和平方式统一台湾，《反分裂国家法》也对相应的标准、程序进行了规定。《反分裂国家法》第8条规定，"'台独'分裂势力以任何名义、任何方式造成台湾从中国分裂出去的事实，或者发生将会导致台湾从中国分裂出去的重大事变，或者和平统一的可能性完全丧失，国家得采取非和平方式及其他必要措施，捍卫国家主权和领土完整"。这一条文为运用非和平方式统一台湾设定了前提条件。同时，该条第2款规定了非和平方式统一台湾的程序，即"由国务院、中央军事委员会决定和组织实施，并及时向全国人民代表大会常务委员会报告"。这表明了国家对于非和平方式实施的慎重。对于非和平方式统一台湾的过程,《反分裂国家法》也做出了规定进行规制。第9条规定,"依照本法规定采取非和平方式及其他必要措施并组织实施时,国家尽最大可能保护台湾平民和在台湾的外国人的生命财产安全和其他正当权益,减少损失;同时,国家依法保护台湾同胞在中国其他地区的权利和利益"。这一条款是预防伤害的控制条款,以保障台湾人民及在台的外国人的正当权益,这也表明了非和平方式统一台湾应当符合有关战争的国际法的规定。

我们注意到,《反分裂国家法》在将宪法原则具体化的同时,也对宪法进行了无形修改。这主要体现在两个方面:其一,《反分裂国家法》对于两岸关系的状态做出了与宪法表述不尽一致的界定。《反分裂国家法》是大陆首次以法律形式具体确认两岸的现实状态。《反分裂国家法》第2条规定,"世界上只有一个中国,大陆和台湾同属一个中国,中国的主权和领土完整不容分割。维护国家主权和领土完整是包括台湾同胞在内的全中国人民的共同义务。台湾是中国的一部分。国家绝不允许'台独'分裂势力以任何名义、任何方式把台湾从中国分裂出去"。同时,《反分裂国家法》第3至5条,对实现两岸统一的原则也进行了规定。在《反分裂国家法》中,将"台湾"作为与"大陆"相对的一个概念使用,在描述"大陆""台湾"和"中国"的关系时,使用了"台湾是中国的一部分""大陆和台湾同属一个中国"的描述。这与宪法序言中"台湾是中华人民共和国的神圣领土的一部分"的表述不尽一致。其二,《反分裂国家法》对统一以后实行的制度未做出明确规定。宪法第31条规定,"国家在必要时得设立特别行政区,在特别行政区内实行的制度按照具体情况由全国人民代表大会以法律规定"。《反分裂国家法》第5条第3款规定,"国家和平统一后,台湾可以实行不同于大陆的制度,高度自治"。这一条文并未使用宪法所规定的"特别行政区"制度,因而具体实行什么制度,留有一定的空间。由此可见,虽然没有通过宪法的修改程序,但

《反分裂国家法》已经对宪法的有关规定进行了无形修改。

### （三）《反分裂国家法》的规范及其适用方式研究

由于《反分裂国家法》中的不少条文使用的大多是政治话语，而非法律话语，使《反分裂国家法》往往被理解为一部高度政治性的法律。另一方面，《反分裂国家法》的条文也缺乏一般法律规范应有的"假定""行为模式""法律后果"等要素，导致其适用方式不同于一般法律。我们认为，《反分裂国家法》颁布生效以来，虽然没有出现依据《反分裂国家法》进行配套立法，或国家根据《反分裂国家法》采取有关行为的情形，但《反分裂国家法》仍然具有适用性。其对于通过非和平方式统一台湾的标准的确立，拉起了一道预防"台独"的"红线"，在这一标准指引下，两岸关系近年来朝着正面方向不断前进。我们认为，《反分裂国家法》还可通过谈判适用和解释适用两种途径进行适用。

谈判适用即国家根据《反分裂国家法》第 6 条和第 7 条的规定，通过"两会机制"对两岸有关事项进行谈判和协商，进而达成协议的方式。2008 年以来，两会通过协商，达成了一系列的事务性协议，涉及经济、文化、人员往来等各方面。随着两岸交往的深入，两岸间的协商与谈判必然会由经济议题进入政治议题，即《反分裂国家法》第 7 条所确定的"正式结束两岸敌对状态""发展两岸关系的规划""和平统一的步骤和安排""台湾当局的政治地位""台湾地区在国际上与其地位相适应的活动空间""与实现和平统一有关的其他任何问题"等等。正是有了《反分裂国家法》确定的框架，两岸关系才能朝着更好的方向发展。

解释适用是指通过对《反分裂国家法》进行解释，来调整两岸关系。两岸关系的发展过程常常会呈现一种危机的状态。《反分裂国家法》出台前，大陆对于"台独"势力所造成的台海危机往往只能被动地事后处理。《反分裂国家法》出台后，在两岸关系问题上则可以采用更加主动的方式进行处理。由于《反分裂国家法》中使用了一些不确定的概念，而这些概念的涵义，可以通过法律解释的方式予以明确，因此，国家完全可以主动根据两岸关系的发展状况，通过解释《反分裂国家法》掌握主动权，占据有利位置，从而预防和消除"台独"的可能性。

# 第二章　运用宪法解释手段定位
# 两岸关系研究

　　我国宪法是解决台湾问题的根本法律依据，宪法解释是定位两岸关系的重要途径。我国现行宪法规定了宪法解释的基本制度，并在对《中华人民共和国香港特别行政区基本法》等宪法性法律的解释中积累了一定经验。台湾地区"司法院"对于两岸关系做出过大量解释，并成为"法理台独"的重要渊源，值得我们研究和重视。其他国家也有大量通过宪法解释手段处理国家分裂问题的实践，其中的许多经验也可以为我们所借鉴。

## 一、我国的宪法解释制度及相关实践

　　根据我国现行宪法的规定，我国的宪法解释由最高立法机关即全国人大常委会负责，但我国宪法解释制度的确立却经历了长期的过程。1954年宪法对宪法解释没有明确规定，而只规定全国人大负责监督宪法的实施（第27条第3项）和全国人大常委会有权解释法律（第31条第3项）。监督宪法的实施必然包含着对宪法的解释，解释法律也可理解为包括对宪法的解释，因而1954年宪法颁布后的宪法解释工作，实际上一直由全国人大常委会以法令的形式进行。1975年宪法删除了全国人大关于监督宪法的实施的职权，而只保留了全国人大常委会有权解释法律的规定（第

18 条)。1978 年宪法不仅明确规定了有权监督宪法和法律的实施（第 22 条第 3 项），而且把解释宪法和法律作为全国人大常委会的职权予以明确化（第 25 条第 3 项），从而明确确立了我国宪法解释的体制。1982 年宪法在确认 1978 年宪法有关规定的基础上，还增加了新的内容，扩大了全国人大常委会的职权。它不仅规定了全国人大有权监督宪法的实施，全国人大常委会有宪法解释的权力，还增加规定了全国人大常委会监督宪法实施的职权（第 67 条第 1 项），这使得我国宪法解释体制更趋具体和完善。

尽管 1982 年宪法基本确立了我国宪法解释体制，然而在近 30 年的宪法实施实践中，我国全国人大常委会并未依宪法所规定的程序对现行宪法进行过解释。1997 年 7 月后，全国人大常委会对《中华人民共和国香港特别行政区基本法》（以下简称《基本法》）这一宪法性法律进行了三次解释，为分析我国宪法解释的相关问题提供了实践参考。考查《基本法》第 158 条有关《基本法》解释的规定：《基本法》的解释权属于全国人大常委会（第 1 款），全国人大常委会授权香港特别行政区法院在审理案件时，对《基本法》关于特别行政区自治范围内的条款自行解释（第 2 款），香港特别行政区法院在审理案件时也可以对《基本法》的其他条款进行解释（第 3 款第 1 句），但"如香港特别行政区法院在审理案件时需要对本法关于中央人民政府管理的事务或中央和香港特别行政区关系的条款进行解释，而该条款的解释又影响到案件的判决，在对该案件做出不可上诉的终局判决前，应由香港特别行政区终审法院请全国人民代表大会常务委员会对有关条款做出解释"（第 3 款"但书"），全国人民代表大会常务委员会在对本法进行解释前，征询其所属的香港特别行政区基本法委员会的意见（第 3 款最后一句）。从上述规定可见，《基本法》所规定的有权解释主体有二：全国人大常委会和香港特别行政区法院。在解释权的分配上，全国人大常委会享有解释基本法的全权，香港特别行政区法院有权解释特别行政区的自治事项以及其他条款，只是在解释"其他条款"时要受第3款"但书"的限制。当然，上述分析是直接根据文本获得的。由于《基本法》第158条第2款通过法定概括授权的方式，将规定特别行政区自治范围内的条款授权给特别行政区法院解释，因此，虽然第1款规定全国人大常委会负有解释《基本法》的全权，但实际上，全国人大常委会只在涉及中央与特别行政区关系的情况下，才会对《基本法》进行解释。而对于《基本法》中有关特别行政区自治范围的条款，以及不涉及中央与特别行政区关系的其他条款，则由特别行政区法院负责解释。另根据第158条第3款最后一句，全国人大常委会的基本法委员会对全国人大常委会解释《基本法》产生"内在的拘束力"。[①]

《香港特别行政区基本法》有关解释权的分配，至少有三个特点值得注意：其一，全国人大常委会虽然拥有解释《基本法》的全权，但对于特别行政区自治范围内的条款，仍应由特别行政区法院负责解释，以体现"高度自治"，全国人大常委会亦因而只负责解释有关中央与特别行政区关系的条款；其二，全国人大常委会和特别行政区法院分别行使《基本法》解释权，既符合1982年宪法规定的法律解释制度，也符合香港特别行政区由法院解释法律的普通法传统；[②] 其三，全国人大常委会对《基本法》的解释，对香港特别行政区法院产生拘束力，香港特别行政区法院在引用该条文时，必须以全国人大常委会的解释为准。[③] 可见，虽然对《基本法》的解释有分工，但全国人大常委会的解释权高于香港特别行政区法院的解释权。

---

[①] 参见黄江天：《香港基本法的法律解释研究》，三联书店（香港）有限公司，2004年版，第124页。

[②] 参见黄江天：《香港基本法的法律解释研究》，三联书店（香港）有限公司，2004年版，第126页。

[③] 参见《香港特别行政区基本法》（1990年）第158条。

## 二、台湾地区有关两岸关系的解释研究

当"台独"分子的分裂手段渐次从政治领域向法律领域，尤其是"宪法"领域转移时，台湾问题的宪法属性也逐渐清晰。台湾地区的政治实践亦表明，以"制宪""修宪"和"释宪"为主要途径的"宪政改革"已经成为"台湾法理独立"的主要形式。① 在"制宪台独""修宪台独"困难的情况下，"台独"分子曾多次通过"司法院大法官"解释"宪法"，企图造成"两岸分治永久化"的局面，进而谋求所谓"台湾独立"。② 因此，研究"司法院大法官"关于两岸关系的解释，对于遏制"台湾法理独立"有着重要意义。

毫无疑问，大量解释的存在是研究"大法官释宪"方法的必要条件。研究"大法官"解释两岸关系的方法，自应以"大法官"解释为对象，惟按台湾地区"法律"，"大法官"作"宪法解释"或统一解释的过程，实际上极富个性化色彩："大法官"不仅可以通过解释文和解释理由书，对需要解释的案件作成具有法律效力的解释，同时可依个人旨趣发布协同意见书和不同意见书，表达个人对案件的观点，甚至"抒己见以明志"。③ 同时，台湾地区"司法院大法官"在作"宪法解释"或统一解释时受政治影响极深，多有"荒腔走板"之处。④ 而协同意见书和不同意见书，在某种程度上倒反映了"大法官"的基本态度，在一定情况下也更加具有学理性。基于以上两点理由，各解释的解释文、解释理由书、"大法官"

① 参见周叶中：《台湾问题的宪法学思考》，《法学》，2007 年第 6 期。

② 关于台湾地区"司法院大法官释宪"机制，可参见周叶中、祝捷：《台湾地区"宪政改革"研究》，香港社会科学出版社，2007 年版，第 90 页以下；关于"释宪台独"，可参见同书第 378 页以下。

③ 语出台湾学者对"释字第 520 号解释"的评价。参见汤德宗：《宪法结构与违宪审查——司法院大法官释字 520 号解释案评释》，载刘孔中、陈新民编：《宪法解释之理论与实务》（第三辑），"中央研究院"中山人文社会科学研究所，2002 年版。

④ "荒腔走板"是台湾学者评价"司法院大法官"解释时所用频率较高的一个词语，典型的如苏永钦对"释字第 585 号解释"所作的评价，参见苏永钦：《没有方法的解释只是一个政治决定》，《月旦法学杂志》，2006 年第 136 期。

发布的协同意见书和不同意见书均是本研究的研究对象。①

截至 2011 年 7 月，台湾地区"司法院"已作成"宪法"解释和统一解释共 689 个，其中与两岸关系有关的有 16 个。这些解释总体而言可分为三类：其一，"法统"型解释，②这部分解释均围绕台湾当局在台的所谓"法统"展开，为台湾当局在台统治提供"宪法"依据，以消弭所谓"全中国"与"小台湾"之间的落差，维护台当局的运转，包括释字第31 号、第 85 号、第 117 号、第 150 号和第 261 号解释；其二，权利型解释，这部分解释围绕台湾人民权利与大陆赴台人员权利展开，包括释字第242 号、第 265 号、第 475 号、第 479 号、第 497 号、第 558 号和第 618号解释；其三，制度型解释，这部分解释针对的是台湾地区政治制度运行过程中出现的疑难问题，包括释字第 328 号、第 329 号、第 467 号、第481 号解释。以上三类解释的基本情况可列表 2-1 如下：

表 2-1 "大法官"关于两岸关系解释情况一览表

| 作成时间 | 编号 | 类型 | 声请主体 | 案由 | 协同意见书 | 不同意见书 |
|---|---|---|---|---|---|---|
| 1954. 1. 29 | 31 | "法统"型 | "行政院" | "立委""监委"延任 | —③ | — |
| 1960. 2. 12 | 85 | "法统"型 | "行政院""国民大会" | "国民大会代表"总额计算标准 | 0 | 0 |

① 我们所引台湾地区"司法院大法官"解释解释文和解释理由书，"释字第 610 号解释"之前的以《大法官会议解释汇编》为准，参见《大法官会议解释汇编》（增订五版），三民书局，2006 年版，"释字第 610 号解释"至"释字第 631 号解释"的解释文和解释理由书以台湾地区"法源法律网"所载为准，http://db.lawbank.com.tw/，最后访问日期：2011 年 4 月 30 日。所有"司法院大法官"解释的不同意见书、协同意见书、声请人的声请理由书、其他当事人的有关法律文书以及不受理意见书，均来自于 http://db.lawbank.com.tw/，最后访问日期：2011 年 4 月 30 日。引用时不再一一指明。

② 严格而言，"法统"型解释亦可按案件案由归入后述的权利型解释和制度型解释中，但这部分解释数量较多，且在台湾地区政治制度演变和"宪政改革"过程中扮演着重要的角色，因此我们将其单列为一个类别。

③ 协同意见书与不同意见书随解释文和解释理由书一同发表的制度始于 1958 年，"大法官"作成"释字第 31 号解释"时，并未实行该项制度。

续表

| 作成时间 | 编号 | 类型 | 声请主体 | 案由 | 协同意见书 | 不同意见书 |
|---|---|---|---|---|---|---|
| 1966.11.9 | 117 | "法统"型 | 人民① | "国民大会代表"递补资格 | 0 | 0 |
| 1977.9.16 | 150 | "法统"型 | 人民 | "中央民意代表"任期 | 0 | 1 |
| 1989.6.23 | 242 | 权利型 | 人民 | 赴台人员重婚问题 | 0 | 2 |
| 1990.6.21 | 261 | "法统"型 | "立法院" | "万年国大"任期 | 0 | 1 |
| 1990.10.5 | 265 | 权利型 | 人民 | 大陆人民入境案 | 0 | 0 |
| 1993.11.26 | 328 | 制度型 | 三分之一"立法委员" | "固有疆域"范围 | 0 | 0 |
| 1993.12.24 | 329 | 制度型 | 三分之一"立法委员" | "汪辜会谈"协议性质 | 0 | 4 |
| 1998.10.22 | 467 | 制度型 | 三分之一"立法委员" | 台湾省之地位 | 3 | 2 |
| 1999.1.29 | 475 | 权利型 | 法官② | 退台前发售之债券债权人权利 | 0 | 0 |
| 1999.4.1 | 479 | 权利型 | 人民 | "中华比较法学会"更名案 | 0 | 1 |
| 1999.4.16 | 481 | 制度型 | 三分之一"立法委员" | "福建省"之地位 | 0 | 1 |
| 1999.12.3 | 497 | 权利型 | 人民 | 大陆人民入境案 | 0 | 0 |
| 2003.4.18 | 558 | 权利型 | "台湾高等法院" | "返国"条件争议 | 0 | 2 |
| 2006.11.3 | 618 | 权利型 | "台湾高等行政法院" | 大陆人民在台任公职条件 | 0 | 0 |

众所周知，文义、论理、历史、体系四种传统法解释方法是宪法解释的主流方法。台湾地区"司法院大法官"亦多采取上述方法，并以宪法文本为依据解释两岸关系。

**1. 文义解释与论理解释**

文义解释是指依据宪法文本的文字与语法结构，对宪法加以解释的解

---

① 据台湾地区有关规定，人民在穷尽所有救济手段后，可依法向"司法院大法官"声请"释宪"，据此，台湾地区法学界多将"人民"视为"宪法解释"的声请主体之一。参见吴庚：《宪法的解释与适用》，三民书局，2003年版，第375页以下。

② 据台湾地区"司法院大法官""释字第371号解释"，法官得为"宪法"解释的声请主体。

释方法；而论理解释则是依据宪法文本的逻辑联系与语意关系解释宪法的解释方法。在台湾地区"大法官"的"释宪"实践中，两者区别甚微，故本研究对此两种方法作合并论述。

文义解释与论理解释是最基本的"释宪"方法，其实例在"大法官"对两岸关系的解释中俯拾可见。例如，由于"1946年宪法"对权利之规定极为模糊，"大法官"在权利型解释中，大多不厌其烦地对所涉权利加以阐释，如"释字第265号解释"对迁徙自由之解释、"释字第479号解释"对结社自由之解释等。还有一些解释专门针对宪法中所涉特定词句，如"释字第329号解释"将"1946年宪法"所称的"条约"，界定为"用条约或公约之名称，或用协定等名称而其内容直接涉及国家重要事项或人民权利义务且具有法律上效力者而言"，[1] 对"条约"作扩大解释，不仅包括传统国际法意义上的"条约"，还包括所谓"政府间协定"等文件。另外，"大法官"在解释时，也会对其他相关法律中的词句加以阐明。如在与"福建省"地位有关之"释字第481号解释"中，针对"福建省"是否为"辖区不完整之省"的疑问，"大法官"刘铁铮认为，"省县管辖范围有大有小，人口亦多亦少，均不影响其地位"，因而认定不存在所谓"辖区不完整之省"。[2]

另需指出的是，文义解释与论理解释在各类解释方法中，对宪法文本最为依赖，受宪法文本语言的约束也最大。照此而言，文义解释与论理解释应是最具确定性的解释方法。但是，语言并不具有唯一性，一个词语具有多个特定的指向性含义，特定词语的"指"（signifier）和"所指"（signified）[3] 之间如何进行取舍，需凭借解释者的意愿和价值取向。因

---

① "释字第329号解释"解释文。

② 参见"释字第481号解释""大法官"刘铁铮之不同意见书。

③ 前者是指符号的使用，后者是意指符号所表达出的对象，由符号组成的一个词句，可以是毫无意义的胡言乱语，也可以是有意义的表达。参见殷鼎：《理解的命运》，生活·读书·新知三联书店，1988年版，第182页。

此，即便是针对同一文本，"大法官"亦能根据不同形势作成含义各异的解释。故同样针对"1946 年宪法"第 65 条和第 93 条关于"立法委员"和"监察委员"任期的规定，"大法官"在三个解释中所作的解读截然不同。"释字第 31 号解释"为消弭国民党残余逃台后"全中国"与"小台湾"之间的落差，采用"行政院"观点，将第一届"立法委员"和"监察委员"的任期扩展至"第二届委员，未能依法选出与召集前"，将"任期"一词作扩大解释。"释字第 150 号解释"则尝试突破"释字第 31 号解释"，在后者基础上对"任期"作狭义解释，认为第一届"中央民意代表"只是在第二届"中央民意代表"未选举产生前"继续行使职权"，其任期并未变更，仍应依"1946 年宪法"之规定。"释字第 261 号解释"则认为，"释字第 31 号解释"及其他法律，"既无使第一届中央民意代表无限期继续行使职权或变更其任期之意，亦未限制次届中央民意代表之选举"，① 据此结束第一届"中央民意代表"之任期。由此可见，三个解释对同一规定的解读完全不同，亦据其各自的理解作成功能不一、作用不同的解释。"大法官"对于同一词句，不仅在不同解释中出现过不同理解，而且在同一解释中，也曾出现过不同理解的情况。如限制大陆赴台人士担任公职的"释字第 618 号解释"，对"1946 年宪法"第 7 条"平等"一词的理解就前后不一。在该解释解释文中，"大法官"认为"平等，系指实质上之平等而言，立法机关基于宪法之价值体系，自得斟酌规范事物之差异而为合理之区别对待……"并据此认定限制大陆赴台人士担任公职的"台湾地区和大陆地区人民关系条例"部分条款"与宪法第七条之平等原则并无违背"；② 然而，在解释理由书中，"大法官"又采取形式平等的观点，认为如果对大陆赴台人士的"忠诚度"作逐案审查，"非仅个人主观意向与人格特质及维护自由民主宪政秩序之认同程度难以严格查核，

---

① 参见"释字第 261 号解释"解释文。

② 以上参见"释字第 618 号解释"解释文。

且徒增浩大之行政成本而难期公平……"① 据此将大陆赴台人士的考验期一概规定为十年，也不再言及其刚刚在解释文中颇费周章阐释出来的"斟酌规范事物之差别而为合理之区别对待"了。

**2. 历史解释**

历史解释为台湾地区唯一法定之解释方法，② 个别"大法官"亦认为"宪法制定者之意思，倘已明确表明时，在宪法目的所关联之伦理性原则未有变更之下，即应忠实予以反映，而不得另求其他……"③ 然而，台湾地区所谓"宪法制定者之意思"却颇难琢磨：除 1946 年"制宪"外，台湾地区尚有数次对"动员戡乱时期临时条款"的修改，1991 年后，更是频繁出现所谓"修宪"，"宪法"制定者缺乏长远考量，在短时间内反复更迭，给"释宪"工作造成极大困难。此外，"宪法并非静止之概念……从历史上探知宪法规范性的意义固有其必要；但宪法规定本身之作用及其所负之使命，则不能不从整体法秩序中为价值之判断"④，历史解释是一个具有时效性质的解释方法：当因时间流逝，使历史真实无法被获知或者制宪者主观共识演变为社会客观共识时，历史解释自应退出历史舞台。⑤尤其是对于时效性强、历史渊源复杂的两岸关系而言，历史解释所能施展的空间就更为狭小了。

最早在有关两岸关系的解释中运用历史解释法的是"释字第 31 号解释"。该解释作成于 1954 年，此时与"制宪时刻"相去不远，因此，"大法官"在解释时所追寻的历史为"制宪"时之原旨，基于此，"大法官"认为"五院制度"是"1946 年宪法"树立之本旨。⑥ 而至"释字第 85 号

---

① 以上参见"释字第 618 号解释"解释理由书。
② 参见"审理法"第 13 条，据该条规定，"大法官解释案件，应参考制宪、修宪及立法数据……"
③ "释字第 467 号解释""大法官"林永谋之部分协同意见书。
④ "释字第 392 号解释"解释理由书。
⑤ 参见苏永钦：《大法官解释政府体制的方法》，载《公法学与政治理论——吴庚大法官荣退论文集》，元照出版公司，2004 年版。
⑥ 参见"释字第 31 号解释"解释文。

解释"时，距"大陆沦陷国家发生重大变故已十余年"，"大法官"不再追寻"制宪"者的意图，认为上述情况的发生"实非制宪者始料所及"，但"大法官"并非放弃历史解释，而是将"制宪"者的意思与"宪法"本旨作一区分：虽然"制宪"者的原旨已无参考价值，但"宪法""设置国民大会之本旨"仍需尊重。"释字第 150 号解释"则既非追寻"制宪"者之意思，又非追寻"宪法"之本旨，而是追寻所谓"动员戡乱时期临时条款"的本旨，甚至不惜按此条款的含义解读"宪法"有关条文。而延至"释字第 261 号解释"时，"动员戡乱时期临时条款"也濒临被废止的边缘，"大法官"自然不会去追寻其"本旨"，但"大法官"于该解释中，又对"释字第 31 号解释"的原旨加以解读，并据此废止"万年国大"，终止"释字第 31 号解释"的效力。

长期以来，台湾地区法学界存在"以大陆为中心"和"以台湾为中心"两条宪法学研究脉络。① 在回溯历史时，究竟是以"大陆的历史"为准，还是以"台湾的历史"为准，台湾学者尚未就此问题形成共识，因而两条脉络在"大法官释宪"过程中均有所反映。最为典型的例子是两组"大法官"针对"释字第 467 号解释"所发布的协同意见书与不同意见书。"释字第 467 号解释"的起因源于所谓"精省工程"。1997 年，台湾当局发动第四次"宪政改革"，决定"精简"台湾省级建置，停止办理台湾省长和省议会选举，台湾省由地方自治团体改为"行政院"派出机构。尽管已经到了"精到废"的地步，② 但台湾省级建置依然存在，仍设省政府和省咨议会。③ 因此，"精简"后的台湾省是否具有公法人地位引

---

① 关于"以大陆为中心"的"宪法史观"与"以台湾为中心"的"宪法"史观，参见周叶中、祝捷：《台湾地区"宪政改革"研究》，香港社会科学出版社，2007 年版，第 2 页以下。

② "精到废"，系台湾学者对"精省工程"的评价，参见纪俊臣：《精省与新地方制度》，时英出版社，1999 年版，序言。

③ 关于"精省"后台湾省地位及组织机构的变化，参见周叶中、祝捷：《台湾地区"宪政改革"研究》，香港社会科学出版社，2007 年版，第 280 页。

起争议。虽然多数"大法官"认为台湾省不具备地域自治团体的公法人资格,但孙森焱和董翔飞、施文森两组"大法官"从历史角度出发,分别发布了协同意见书和不同意见书,对多数意见提出异议,只不过两组"大法官"所引以为据的"历史"有所不同。孙森焱持"以台湾为中心"的"宪法"史观,依次分析日据时期之台湾总督府、光复过渡时期之台湾行政长官公署,及"动员戡乱时期"之台湾省政府的地位、职权与功能,进而得出"台湾省政府具有中央派出机关之性质"的结论。① 董翔飞、施文森则"以大陆为中心",不仅在不同意见书开头便指明"1946 年宪法"依据孙中山先生建国理念及其学说制定,而且引据 1945 年"司法院""院解字第 2990 号"所涉在大陆发生之案例,说明法人与自治制度之建立为性质不同的两个问题,进而否定多数"大法官"意见,提出台湾省仍为公法人的观点。②

由于两岸关系在历史上发生多次剧烈变化,历史事件或者"制宪者"原旨,已经无法为"大法官"解释两岸关系提供所需的"正当性",亦无法产生足够的说服力,因此,"大法官"运用历史解释方法的实例并不多见。

### 3. 体系解释

台湾地区学界对体系解释存在两种不同性质的理解。一部分学者认为,体系解释"就是视一部法律或国家法制为一个体系,以文义、概念及关联意义为手段,并藉助逻辑推理的法则形成解释的一种方法",此一观点在学界处于通说地位;③ 另有学者认为,体系解释是指"当个别条文的含义发生争议时,先拉高到一个足以统摄所有体制规定的理型,再依循

---

① 参见"释字第 467 号解释""大法官"孙森焱之协同意见书。
② 参见"释字第 467 号解释""大法官"董翔飞、施文森之不同意见书。
③ 代表性观点参见吴庚:《宪法的解释与适用》,三民书局,2003 年版,第 513 页。

该理型去决定争议条文最适当的涵义……"；① 亦有学者认为，宪法理论应成为宪法解释的"后设理论"，② 这些学者对于体系解释的认识，可以概括为依宪法理论构建理论模型，并以此理论模型作为解释宪法条文的依据。比较两种概念可知，前者所谓体系，系指"规范体系"，而后者所谓体系，系指"理论体系"。两种体系解释方法在"大法官"解释两岸关系的实践中均被大量运用。

对于规范体系解释方法，"大法官"多将其运用于权利型解释中，且已经形成"权利条款+权利限制原则"的解释模式，即先引用"1946 年宪法"第二章中某一权利条款，并加以阐释，然后依同法第 23 条，论证对所涉权利的限制是否与权利限制原则相违背。"大法官"在"释字第 497 号解释"中甚至明确指出，"若法律仅为概括授权时，则应就该项法律整体所表现之关联意义以推知立法者授权之意旨，而非拘泥于特定法条之文字"。③ 运用此方法作成的权利型解释俯拾可见，本书不再赘述。除权利型解释外，"大法官"亦将规范体系解释方法运用于制度型解释中。如"大法官"刘铁铮在讨论第四个"宪法"增修条文第 9 条之性质时，认为应"从宪法上整体原则观察"，并在此原则指导下，考查"1946 年宪法"第十一章"地方制度"在"宪法"中的地位，结合"宪法"增修条文前言，将第四个"宪法"增修条文第 9 条确定为"过渡性安排"。④

对于理论体系解释方法，"大法官"在解释两岸关系中对其运用得颇为娴熟。早期"大法官"多依据"五权宪法"理论，用"五权平等相维"为其解释背书。至"释字第 261 号解释"，"大法官"为突破"释字

---

① 苏永钦：《大法官解释政府体制的方法》，载《公法学与政治理论——吴庚大法官荣退论文集》，元照出版公司，2004 年版。
② 参见张嘉尹：《宪法解释、宪法理论与"结果考量"——宪法解释方法论的问题》，载刘孔中、陈新民主编：《宪法解释之理论与实务》（第三辑），"中央研究院"中山人文社会科学研究所，2002 年版。
③ "释字第 497 号解释"解释理由书。
④ 参见"释字第 467 号解释""大法官"刘铁铮之不同意见书。

第 31 号解释"所创设的"法统",不再依据"五权宪法"理论,而是先将"民意代表之定期改选"拉升到"民主宪政之途径"的高度,并将办理次届"中央民意代表"选举的目的,视为"确保宪政体制之运作"云云。据此可见,"释字第 261 号解释"所依据的理论是所谓"民主宪政"。"大法官"不仅依赖既有的理论,而且常常创设一些理论,作为其解释两岸关系的基准。如在"释字第 467 号解释"中,多数"大法官"便提出判断地方自治团体是否具有公法人资格的两个条件,以此作为判断台湾省是否为公法人的标准。"大法官"在运用理论体系解释方法时,表现出两个重要趋势:其一,"大法官"所依据的理论体系,早期以孙中山先生的"五权宪法"理论为主,其后逐渐过渡到具有普适性的宪法学理论,包括西方国家的一些宪法学理论;其二,早期"大法官"在引用或建构理论体系时,大多脱离"宪法"规范,其后,"大法官"则注意依托"宪法"规范,从"宪法"规范中寻找理论体系的根据。不过,需要指出的是,"大法官"即便依据的是相同条文,所建立的理论体系也不必然相同。如同样依据"1946 年宪法"第 23 条,"释字第 479 号解释"推演出明确性原则,而"释字第 558 号解释"、"释字第 618 号解释"等则推演出了比例原则等。上述两个趋势清晰地说明,"大法官"对两岸关系的解释,逐渐从政治语言的堆砌,转到法律语言的包装上来,纯法学方法亦随之成为"大法官"解释两岸关系方法的主流。

由于多数"大法官"均有留学背景,尤以德国、日本、美国居多,因此,这些国家宪法学的新发展,对于我国台湾地区的"释宪"实务影响颇深。而流行于上述国家的新兴宪法解释方法,亦对台湾地区"司法院大法官"解释两岸关系产生影响。

**1. "政治问题不审查"**

"政治问题不审查"是司法消极主义在解释方法上的体现。台湾地区宪法学界对"政治问题不审查"的理论探讨极多。大多都认为,由于司法"释宪"先天的缺乏所谓"民主正当性"，司法机关在"释宪"时应对其他政治部门所作的政治决定保持尊重与克制。"政治问题不审查"的最大症结在于，"政治问题"一词实难定义：何谓"政治问题"，这个问题本身也许又是一个庞大的理论堆积，学界对此问题亦是众说纷纭。然而，无论学界争议如何，"大法官"在解释两岸关系的过程中，仍依据各自的理解，娴熟地将此方法运用于实践。

　　台湾地区学者大多以"释字第 328 号解释"作为"大法官"运用"政治问题不审查"理论的起点。该案的起因是陈婉真等部分"立法委员"于"立法院"审查"大陆委员会""蒙藏委员会"预算时，声请"大法官"解释"1946 年宪法"第 4 条"固有疆域"含义而引发。从表面上来看，陈婉真等人的直接目的是为了确定大陆及蒙藏地区是否为"中华民国领土"，以决定是否通过"大陆委员会"及"蒙藏委员会"预算。然而，这部分"立法委员"在向"立法院"提交的临时提案中，明目张胆地提出"中国大陆不属于中华民国领土""'自由地区'（即台澎金马地区）即为现阶段中华民国领土主权所在"等言论，[①] 其"台独"心理昭然若揭。由于"释字第 328 号解释"的"释宪"声请人直指两岸关系底线，要求"大法官"确定"固有疆域"范围。因此，"大法官"一旦此时作成明确的解释，则可能导致两岸关系彻底破裂的后果。熟悉各国法律、深谙各路法理的"大法官"只有"祭出""政治问题不审查"理论，认为"国家领土之范围如何确定，纯属政治问题；其界定之行为，学理上称之为统治行为，依权力分立之宪政原则，不受司法审查"，"固有疆域范围之界定，为重大政治问题，不应由行使司法权之释宪机关予以解释"，[②] 从而回避了对"固有疆域"的解释。在解释文和解释理由书中，"大法官"不惜详细阐述"政治问题不审查"的理论概要，并列举

---

①　参见"释字第 328 号解释""立法委员"陈婉真等 18 人"释宪"声请书。

②　参见"释字第 328 号解释"解释理由书。

出席会议人员的名单充数，也不对该解释所涉案件的实质着一字、发一言，对争议的关键问题采取了刻意回避的态度，以尽力避免触碰两岸关系的底线。

"政治问题不审查"理论亦出现在"大法官"发布的不同意见书中。如"大法官"张特生在针对"释字第329号解释"多数意见，发布的一部不同意见书中，两次运用了"政治问题不审查"理论。在对所涉案件的定性上，张氏认为，该解释所涉案件涉及"立法院"与"行政院"之间的权限争议，"确属涉及高度政治性之问题"，"大法官""对显然牵涉高度政治性之问题，仍宜自我节制，若介入过多，不惟易致越权之议论，且治丝益棼，可能招怨致尤，有损司法之立场与尊严"。① 在案件的解决方式上，张氏再次运用"政治问题不审查"理论，认为该案不宜由"司法院"通过"释宪"机制解决，而是按照"政治问题不审查"理论的基本原理，依照权力分立原则，"由行政与立法两院斟酌当前国家特殊处境，协商解决"。② 无独有偶，另一位"大法官"李钟声亦认为司法机关"不得于审查法令是否违宪而乘机干预政治问题，为司法审查制之重要原则"，"对于其他宪法机关从事之自由政治运作与决定……诸如：领土、条约、外交、战争等等事项"，司法机关应"都不插手介入，拒绝受理解释"。③

尽管上述几位"大法官"以一腔书生气，要求"司法院大法官""释宪"时严格遵循"政治问题不审查"，然而，这样的说辞恐怕只能蒙蔽初涉宪法的清纯学子。④ 对于绝大多数"大法官"而言，实难定义的"政治问题"一词，为其逃避对两岸关系的明确定性，提供了良好的借口，"政

---

① 参见"释字第329号解释""大法官"张特生之一部不同意见书。
② 参见"释字第329号解释""大法官"张特生之一部不同意见书。
③ 参见"释字第329号解释""大法官"李钟声之不同意见书。
④ 语出台湾地区学者对"释字第585号解释"的评价。转引自黄明瑞：《从二则"反攻大陆"判例的作成与废止论民法上的政治解释》，《台大法学论丛》，2005年第4期。

治问题不审查"理论在方法论上的意义恐怕也正在于此。

### 2. 结果取向解释

结果取向解释，是指解释者把因其解释所作决定的社会影响列入解释的一项考量，在存在数种解释可能性时，选择其社会影响较有利者。[①] 结果取向解释是宪法解释与社会科学联结的主要方式，也是"释宪"者充当所谓"社会工程师"的重要途径。在台湾地区，"大法官"往往充当政治改革的辅助者、监督者和善后者。[②] 因此，尽管"大法官"并未在解释活动中明示所谓"结果取向"，但该方法对"大法官"解释两岸关系的重要影响是不言而喻的。

"释字第 242 号解释"的起因是国民党退台人士的重婚问题。1949 年后，部分在大陆有妻室的退台人员在台湾再行组成家庭，随着两岸开放探亲，退台人员留居大陆的妻室亦去台寻找失散多年的丈夫，因两岸长期隔离而造成的重婚问题全面爆发。如果依台湾地区"民法"之规定，将随国民党退台人员在台湾地区的婚姻认定为重婚，"其结果将致人民不得享有正常婚姻生活，严重影响婚姻当事人及其亲属家庭生活及人伦关系，反足妨害社会秩序"，[③] 据此承认在台婚姻具有法律效力。而在"释字第 475 号解释"中，"大法官"针对国民党退台前所发行债券债权人清偿债务的声请，认为"政府立即清偿"的后果将"势必造成台湾人民税负之沉重负担，显违公平原则"，因而决定延缓债权人行使债权。[④]

除解释文和解释理由书运用结果取向的解释方法外，部分"大法官"在其发布的协同意见书和不同意见书中，亦运用该方法。如在"释字第

---

① 苏永钦：《结果取向的宪法解释》，载苏永钦：《合宪性控制的理论与实践》，月旦出版社股份有限公司，1994 年版。

② 参见叶俊荣：《转型法院的自我定位：论宪法解释对修宪机制的影响》，《台大法学论丛》，2003 年第 6 期；苏永钦：《立法裁量与司法审查》，《宪政时代》，2001 年第 2 期。

③ "释字第 242 号解释"解释理由书。

④ 参见"释字第 475 号解释"解释文。

329 号解释"中，"大法官"张特生考虑到将"协定"纳入"条约"的解释结果，认为在台湾"外交条约之处理，已难以常态方式进行"的情况下，对"条约"作扩大解释，"不特行政院及外交部将受不应有之束缚，国家拓展国际空间活动之努力，亦将受此影响"，因此，"为推展务实外交，争取……国际上之生存空间"，对"协定""不得不从权处理"。① 同样，另一位"大法官"在针对"释字第 329 号解释"多数意见发布的不同意见书中，专辟一节，以"本件解释后果堪虞"为名，对"司法院"凭借"释宪"干预"立法院"行使职权的后果，表示出极大担忧。②

除上述几个明显运用结果取向解释方法的实例外，大多数关于两岸关系的解释尚看不出结果分析，但若将"释字第 31 号解释""释字第 85 号解释""释字第 150 号解释"以及"释字第 261 号解释"结合起来观察，还是能发现其中"法与时转"的哲学；③ 而且，若干个权利型解释多多少少地蕴涵着"不改变两岸分治现状"的取向在其中；即便是以"政治问题"为由回避审查的"释字第 328 号解释"，也正是考虑到一旦确定"固有疆域"范围后可能导致的严重后果，才以"不审查"代替"解释"，大有"没有态度便是态度"的意味。由此可见，"大法官"在解释两岸关系时，对结果取向解释方法的运用是具有普遍性的。

### 3. "宪法解释宪法"

随着解释方法的多元化，宪法解释难以避免地走入了"方法越多、秩序越少"的困境。④ 台湾地区宪法学者亦敏锐地感觉到，越来越多的解释方法，使"释宪"者有了更为广阔的游移空间，"释宪"者可以根据结

---

① 参见"释字第 329 号解释""大法官"张特生之一部不同意见书。
② 参见"释字第 329 号解释""大法官"李钟声之不同意见书。
③ 参见苏永钦：《结果取向的宪法解释》，载苏永钦：《合宪性控制的理论与实践》，月旦出版社股份有限公司，1994 年版。
④ 参见祝捷：《走出"方法越多秩序越少"的困境》，载《第二届东亚公法学现状与发展趋势国际研讨会论文集》，中南财经政法大学编，2007 年。

果选用能得出该结果的方法。① 在上述情况下，解释方法沦为政治决断和意识形态恣意的工具。因此，有学者提出"宪法解释宪法"的解释方法，即"释宪"者于解释"宪法"时以"宪法"有规定者为限，"宪法"未规定者，应由人民或立法机关通过"修宪"、立法予以补足，绝对排斥"释宪"者借"释宪"之名、行"制宪"之实。② 然而，尽管台湾地区学界已经在理论上认识到"宪法解释宪法"方法的重要性，但"大法官"在"释宪"实务中，几乎未能依此方法解释"宪法"或做统一解释，形成了一个个"没有方法的政治决定"。③

考查"大法官"关于两岸关系的 16 个解释，其多数意见均未采用"宪法解释宪法"的方法，反而是部分"大法官"发布的不同意见书中，有运用与主张该方法的实例。较早提出"宪法解释宪法"方法的是"大法官"姚瑞光，他在针对"释字第 150 号解释"多数意见的不同意见书中指出，"大法官会议解释宪法之事项，以宪法条文或与宪法有同效力之条文有规定为限"，"宪法条文无规定之事项，自不生'适用宪法发生疑义'"，亦不生"法律或命令有无抵触宪法"之问题，据此否定该解释的多数意见。④ 类似的例子还有"大法官"董翔飞针对"释字第 558 号解释"多数意见提出的不同意见书。董氏认为，多数"大法官"以"入出国及移民法"第 5 条之规定为据，认定"国家安全法"第 3 条违"宪"，是以"'甲法律与乙法律规定不符而违宪'的以法律解释法律的释宪方

---

① 参见张嘉尹：《宪法解释、宪法理论与"结果考量"》，载陈新民、刘孔中主编：《宪法解释之理论与实务》（第三辑），"中央研究院"中山人文社会科学研究所，2002 年版；苏永钦：《结果取向的宪法解释》，载苏永钦：《合宪性控制的理论与实际》，月旦出版社股份有限公司，1994 年版；杨智杰：《建构大法官实际决策行为模型》，《政大法学评论》，2004 年第 81 期。

② 参见吴庚：《宪法的解释与适用》，三民书局，2003 年版，第 572 页以下。

③ 语出台湾地区学者苏永钦对"释字第 613 号解释"的评价，参见苏永钦：《没有方法的解释只是一个政治决定》，《月旦法学杂志》，2006 年第 136 期。

④ 参见"释字第 150 号解释""大法官"姚瑞光之不同意见书。

法"，"释宪者行使释宪，不从宪法层次寻找方向……其法理容有未当"。①

如果说，"大法官"在解释过程中仅仅是不采用"宪法解释宪法"方法的话，其后果尚算不上是"荒腔走板"。然而，正如台湾学者所担忧的那样，"大法官"不仅没有以"宪法解释宪法"，反而以"法律解释宪法"，②尤其在几个与大陆人民权利有关的解释中，体现得尤为明显。这类解释的一般逻辑是，"大法官"以"宪法"增修条文授权"立法院"对两岸关系立法的有关条款为依据，引用"台湾地区和大陆地区人民关系条例"中的部分规定，进而结合"1946年宪法"第二章中的某一权利条款以及第23条，推导出对大陆人民权利的限制，并未违背权利限制原则，与"宪法"并无抵触云云。该逻辑实际上将对两岸关系的特别立法"台湾地区和大陆地区人民关系条例"置于"宪法"之上，用该条例之内容来解释"1946年宪法"第23条所谓"所必要者"的含义。在台湾地区学界普遍承认"宪法"之最高法律效力位阶的情况下，"大法官"解释两岸关系竟以"法律解释宪法"，不仅与一般法理相违背，甚至与"宪法"设立"大法官释宪"机制的目的有所违背。

台湾地区"司法院大法官"已有50余年的"释宪"实践，形成了比较完备的"宪法解释"理论体系，尽管这些理论与德国、日本、美国的宪法学理论相比，仍有不足之处，但对台湾地区所产生的重大影响已然属不证自明之实。正如本书在上文所提到的那样，随着方法的多元化，宪法解释难免走入"方法越多、秩序越少"的困境，尤其是对殊为敏感的两岸关系而言，方法的取舍与选择更是好像去触碰一座即将爆炸的弹药库。无论是对"大法官"本人，或是旁观者而言，解释两岸关系都是一项危

---

① 参见"释字第558号解释""大法官"董翔飞之不同意见书。

② 对两者关系的讨论，参见吴庚：《宪法的解释与适用》，三民书局，2003年版，第572页以下；祝捷：《走出"方法越多秩序越少"的困境》，载《第二届东亚公法学现状与发展趋势国际研讨会论文集》，中南财经政法大学编，2007年。

险系数极高的活动，其意义远远超出解释活动本身。根据上述 16 个"大法官"解释，本书已经运用描述性的语言概括了"大法官"解释两岸关系的方法，进一步的工作自然是对之进行评价，以概括出"大法官"解释两岸关系的一般规律，继而建立经验性的"大法官"解释两岸关系模型。以下本书将通过两条思路对"大法官"解释两岸关系的方法进行评价：其一是依时间序列的纵向比较评价，其二是将两岸关系与"政府体制"、人民权利并列，分析"大法官"在解释不同性质案件时所采用方法的异同，并据此作横向比较评价。

从前文列举的案件可见，1990 年之前"大法官"关于两岸关系的解释多属"法统"型，这一特征与"大法官"在当时的功能和地位有着密切联系。在讨论这一联系时需要交代的是，1990 年正是台湾地区"宪政改革"开始的一年。随着"戒严"的解除，台湾社会亦进入所谓"民主化"时期。同时，这一年也是"台独"活动开始急剧膨胀的一年，原先被牢牢禁锢的"台独"思想得以松绑，并逐渐成为一股足以影响台湾政局和两岸关系的逆流。

自国民党从大陆退踞台湾后，如何消弭制定于大陆、预备适用于"全中国"的"1946 年宪法"与退台后"小台湾"窘境之间的落差，成为当时台湾当局面临的主要法律困境。"司法院大法官"成为解决这一困境的主要工具，并作成"释字第 31 号解释"，创设了以"万年国大"为主要特征的所谓"释字第 31 号解释""法统"。此后，"大法官"又相继作成多个解释，"释字第 31 号解释"所创设的"法统"正式形成，这一批"大法官"也被外界称为"御用大法官"。① 与其功能与地位相适应，"大法官"创设了"国家发生重大变故"这一解释模式，并在此后多个解释中加以适用，其影响甚至波及 1990 年后的"大法官"解释，作用范围

---

① 参见许桂陶：《我国释宪机关之司法作用与政治性格——以数则大法官解释为例》，台湾中山大学政治学研究所，2003 年硕士论文。

也不限于"法统"型解释。

最早采用"国家发生重大变故"模式的是"释字第31号解释"。该解释缘起于第一届"中央民意代表"的任期问题。1954年,大陆时期选出的第一届"立法委员"和"监察委员"任期届满,而台湾当局意图维持其所谓"中华民国法统",不欲在台湾进行第二届选举,"全中国"与"小台湾"的冲突由此在"中央民意代表"改选的问题上表面化。"大法官"在解释文中声称"值国家发生重大变故,事实上不能依法办理次届选举时,若听任立法、监察两院职权之行使陷于停顿,则显与宪法树立五院制度之本旨相违……",除此之外,"大法官"并未提及其他理由,便径直得出第一届"立法委员、监察委员继续行使其职权"的结论,正式确立了"国家发生重大变故"模式。之后作成的多个解释,均循"释字第31号解释"例,使"国家发生重大变故"模式成为"法统"型解释的标准模式。"释字第85号解释"为解决"国民大会代表"总额计算标准问题。"大法官"在解释文中指出,"宪法所称国民大会代表总额,在当前情形,应以依法选出而能应召集会之国民大会代表人数为计算标准",① 仅以"当前情形"一词,便得充作全部解释理由,至于"当前情形为何","大法官"又在解释理由书中声言"自大陆沦陷国家发生重大变故已十余年,一部分代表失去自由,不能应召出席会议……当前情况较之以往既有重大变迁……"② 可见,所谓"大法官"在解释文中所谓"当前情形",就是"国家发生重大变故"。另一个典型的例子是"释字第117号解释",该解释针对"第一届国民大会代表出席递补补充条例"是否合"宪"的问题,"大法官"在作解释时,所采方法极为简单,仅仅套用"国家发生重大变故"模式,认为"(声请人)丧失其候补资格,乃因中央政府迁台后,为适应国家之需要而设",随即便得出系争法律"与宪法

---

① 参见"释字第85号解释"解释文。
② 参见"释字第85号解释"解释理由书。

有关条文尚无抵触"的结论。① 可以说，前三个使用"国家发生重大变故"模式的解释，均系简单机械套用，解释理由亦因此苍白无力。由于20世纪70年代后台湾地区"法统"危机的日益加深，以及"大法官"解释经验的积累与成熟，此后的几个运用"国家发生重大变故"模式作成的解释，更加重视该模式的说理性。"释字第150号解释"是突破"释字第31号解释""法统"的先声，该解释亦以"国家发生重大变故"为由，维持"释字第31号解释"奠定的"万年国大"局面，但同时用规范分析方法，认为"释字第31号解释"并非变更第一届"中央民意代表"任期之规定，进而将"行政院"停止递补第一届"立法委员"的命令解释为"合宪"。② "释字第150号解释"虽仍采用"国家发生重大变故"模式，但引入了规范分析的方法，意图增加解释的说理性。而结束"万年国大"、开启台湾地区"宪政改革"大门的"释字第261号解释"对"国家发生重大变故"又作另一番解释。该解释采用"国家遭遇重大变故"的表述模式，承认"释字第31号解释"的效力。同时，又以"当前情势"为由，认为"释字第31号解释"所创设的"法统"已经不再适用于台湾地区，至于所谓"当前情势"为何，"大法官"并未说明。在"释字261号解释"中，"国家发生重大变故"已经不是"大法官"作成解释的理由，而是"大法官"批判和扬弃的对象。然而，在该解释中，"大法官"却又使用了一个比"国家发生重大变故"更为模糊的"当前情势"作为理由，似乎又在以另一种方式延续着传统模式，只不过不出现"国家发生重大变故"的字样罢了。"国家发生重大变故"模式不仅被"大法官"用于"法统"型解释，在权利型和制度型解释中亦被多次采用。"释字第242号解释"针对赴台人员重婚问题，认为"惟国家遭遇重大变故，

---

① 参见"释字第117号解释"解释理由书。
② 参见"释字第150号解释"解释理由书。

在夫妻隔离，相聚无期之情况下发生之重婚事件，与一般重婚事件究有不同"，并据此认定 1949 年后赴台人员在台婚姻"合法"。除此之外，"大法官"还运用"国家发生重大变故"模式，分别作成"释字第 265 号解释"和"释字第 475 号解释"，前者将限制大陆人民入境的"法律"解释为"合宪"，后者则延缓 1949 年前国民党政府发行债券之债权人对当局行使债权。

从上述对"国家发生重大变故"模式的分析可见，该模式虽在文字表述和语义上没有变化，但其功能已经发生逆转。以"释字第 150 号解释"为标志，"国家发生重大变故"在此之前是台湾当局维系其所谓"法统"、保持"全中国政府"形象的借口，而在此之后，"国家发生重大变故"则蜕变为台湾当局区别对待两岸人民的托辞。

"国家发生重大变故"模式的致命缺陷是该模式没有"宪法"依据。如果说在戒严时期，尚能通过所谓"动员戡乱时期临时条款"勉强推出，在戒严解除后则完全无任何法律依据。同时，台湾当局自 1990 年后即推行所谓"民主化"和"本土化"，意图去除"统一"符号，而且，"国家发生重大变故"的意识也从台湾民众心理逐渐退去。在上述几个因素的共同作用下，"国家发生重大变故"模式自然逃脱不了被取代的命运。以"释字第 328 号解释"为标志，一种新的"大法官"解释两岸关系的模式出现。"释字第 328 号解释"以所谓"政治问题不审查"理论作为"释宪"依据，在"大法官"解释两岸关系的历史上，开创了不出现"国家发生重大变故"及类似字样，而代之以"宪法"规范分析方法的实例。对于这一模式，本研究称之为"宪法规范"模式。"宪法规范"模式与"国家发生重大变故"模式不同。运用后一模式的解释，虽在对"国家发生重大变故"这一理由上所用的文字不同，但内涵均保持一致；运用前一模式的解释则由于案件性质各异，又呈现出不同的样态，主要有两种子模式。

其一，权利条款+权利限制原则。这一子模式主要运用于权利型解

释，最具有代表性的是"释字第 479 号解释"。"释字第 479 号解释"系
因原台湾地区"中国比较法学会"更名为"台湾法学会"的要求，被
"内政部"以"全国性"团体需以"中国""中华民国""中华"等冠名
为由拒绝而引发。该解释所涉争议的关键，正如董翔飞、刘铁铮、黄越钦
三位"大法官"在不同意见书中所指出的那样，是"台湾是否意含国家
名号"的问题。① 由此可见，本案是"台独"分子谋求突破"去中国化"
法律限制的重要步骤。② "大法官"在解释声请人"去中国化"行为是否
"合宪"时，全然没有任何关于统"独"争议的讨论。在解释文和解释理
由书中对"去中国化"的实质不着一字，仅从"1946 年宪法"第 14 条
导出所谓"结社自由"，又依据第 23 条引进德国法上的"明确性原则"，
将敏感的统"独"争议化解为权利问题，然后以"人权保障者"面目宣
告"内政部"限制"去中国化"行为的规定，因"侵害人民依宪法应享
之结社自由，应即失其效力"。③ 至此，"大法官"轻而易举地将一个可能
引发两岸正面冲突的统"独"问题化解于无形，同时又为"去中国化"
活动找到了"合适"的"法律依据"。采用此子模式的解释，均以"宪
法"增修条文第 11 条（或第 10 条）④ 为先导，首先推出限制人民权利具
有"宪法"依据，然后以"1946 年宪法"第 23 条为依据，运用"法律
保留原则""比例原则"和"明确性原则"，论证限制人民权利"法律"
的合"宪"性，有些解释还从"1946 年宪法"第二章中找出一个或两个

---

① "释字第 479 号解释""大法官"董翔飞、刘铁铮、黄越钦之不同意见书。

② "释字第 479 号解释"的"释宪"声请人"台湾法学会"在"释宪"声请书中罗列了大篇幅
的法律理由后，道出其声请"释宪"的真实原因："政府对人民团体名称的过度干预，实际上反而造
成人民团体融入国际社会的困难，更加深了与对岸的冲突与混淆……（民间团体）扛着在国际社会上
难以被接受的'中华民国'、'中国'或'中华'字样，将使我国面对国际化的挑战时，在政府外交困
境下"，并声言该案"在国内并非单一个案"云云，充分暴露了其借助此案突破"去中国化"法律限制
的"台独"意图。参见"释字第 479 号解释"之"释宪"声请书。

③ 参见"释字第 479 号解释"解释文。

④ 台湾地区自 1990 年进行了多次"宪政改革"，条文序号多有变化。其中授权制定"两岸人民
关系法"的条款于 1997 年第四次"宪政改革"前为"宪法"增修条文第 10 条，1997 年"宪政改革"
后，为"宪法"增修条文第 11 条。

权利条款以作支撑。目前，这一模式已在多个权利型解释中被适用，类似的例子还有"释字第 475 号解释"（"1946 年宪法"第 23 条）、"释字第 497 号解释"（"1946 年宪法"第 10、23 条）、"释字第 558 号解释"（"1946 年宪法"第 10、23 条）、"释字第 618 号解释"（"1946 年宪法"第 7、23 条）等。

其二，宪法理论+规范分析。这一子模式主要运用于制度型解释中，除前述"释字第 328 号解释"外，还有"释字第 329 号解释"、"释字第 467 号解释"与"释字第 481 号解释"等，现以"释字第 467 号解释"说明。"释字第 467 号解释"的实质是"精省工程"的"合法性"，以及"精省"后台湾省的地位问题。但是，"大法官"在解释文和解释理由书中，并未触碰问题的实质，而是依靠构建宪法理论，结合"宪法"增修条文及其他相关规定，否定了台湾省的公法人地位。在解释理由书开篇，多数"大法官""不察……制宪时代背景，亦无视宪政经验及法制层面已形成之共识，复不采公法学上同时也是学术界所公认知……之通说，在方法上亦未建立强有力之理论架构，甚至未见一句说理"，即超出了地域团体所需符合的两项条件，① 继而仅通过罗列"宪法"增修条文相关规定，亦未见任何说理，便径直得出了"台湾省非公法人"的结论。"释字第 467 号解释"对"宪法规范"模式的运用可谓已臻极致，不惜违反学术共识，编造一套毫无说服力的所谓"理论"，将"宪法"增修条文中对省级建置的"调整"篡改为"废除"，② 按照"台独"分子的意图，将"废省"法制化，"释字第 467 号解释"也因此成为调整台湾地区省级建置的重要"法源"。类似的例子还有运用国际法理论作成的"释字第 329 号解释"、运用实质平等理论作成的"释字第 481 号解释"等。

至于"国家发生重大变故"模式与"宪法规范"模式之间的区别，

---

① 参见"释字第 467 号解释""大法官"董翔飞、施文森之不同意见书。
② 参见"释字第 467 号解释""大法官"刘铁铮之不同意见书。

我们可以从"大法官"运用两种模式解决同一性质案件的实践中一窥端倪。"释字第 265 号解释"和"释字第 497 号解释",均针对大陆人民入境限制案件。"大法官"作成的解释也大同小异,均将限制大陆人民入境的规定解释为"合宪",但两者所使用的解释方法完全不同。"释字第 265 号解释",依然沿用"国家发生重大变故"模式,在解释理由书中称"当国家遭遇重大变故,社会秩序之维持与人民迁徙之自由发生冲突时,采取……入境限制,既为维持社会秩序所必要,与宪法并无抵触"。① 而在"释字第 497 号解释"中,"大法官"则从第三个"宪法"增修条文(1994 年)第 10 条〔现为第七个"宪法"增修条文(2005 年)第 11 条〕推导出限制大陆人民入境的"宪法"依据,继而运用"1946 年宪法"第 23 条,指出限制大陆人民入境的规定,符合第 23 条所规定的"比例原则",最终得出"内政部"相关规定与"宪法"并无抵触的结论。可见,两种模式在本质上并无任何区别,只不过是一种语言文字上的转换而已。当然,由于后一模式被包装在大量的法律辞藻之下,较之前者更具隐蔽性和模糊性。

　　需要指出的是,上述所谓"国家发生重大变故"模式与"宪法规范"模式是本书的经验性概括。在实践中,"大法官"解释两岸关系经历了从单纯使用"国家发生重大变故"模式,到两种模式混用,再到单纯使用"宪法规范"模式的过程,其转折点仍为 1990 年。1990 年前,几乎全部解释均以"国家发生重大变故"模式作成,"大法官"在解释文和解释理由书中,几乎不作理论阐述,对于法律条文也仅作简要分析。而自 1990 年后,"宪法规范"模式开始得以适用,但"国家发生重大变故"模式并未被立刻弃用。如"释字第 475 号解释",一方面称"国家发生重大变故,政府迁台,此一债券担保之基础今已变更",另一方面又认为"延缓

---

① 参见"释字第 265 号解释"解释理由书。

债权人对国家债权之形式，符合上开宪法增修条文意旨，与宪法第二十三条限制人民自由权利应遵守之要件亦无抵触"，"大法官"在作成解释时将两种模式混用。以"释字第 497 号解释"为标志，"国家发生重大变故"模式淡出"大法官"解释，"宪法规范"模式取而代之。可以预见，日后台湾地区"大法官"解释两岸关系时将以"宪法规范"模式为主。

将"大法官"解释"政府体制"、人民权利和两岸关系的方法进行横向比较，是一件难度颇大，却饶有趣味的事情。从宪法学一般理论而言，政府权力和人民权利是宪制性规定的主要内容，"释宪"者的主要工作便是通过"释宪"控制政府权力、保障公民权利，这一点已经成为各国（地区）理论界与实务界的共识。然而，台湾地区的情况却有很大不同："大法官"除了承担传统"释宪"者应完成的工作外，还须谨小慎微地处理比此二者更为复杂和敏感的两岸关系。而两岸关系又像是"一个不断冒出浓烟的活火山，复国与建国的板块不断挤压"，①"大法官"的处境就好似在两大板块间走平衡木，稍有不慎便会引发难以预计的后果。就此点而言，"大法官"解释两岸关系的难度远大于解释"政府体制"和人民权利。也正是如此，我们在看到"大法官"层出不穷的关于"政府体制"解释，以及大量关于人民权利的解释时，并未发现多少关于两岸关系的解释。即便是本书提及的 16 个与两岸关系有关的解释，也大多可以纳入"政府体制"和人民权利范畴。据此可知，"大法官"解释两岸关系的方法其实与其解释"政府体制"和人民权利的方法有重叠之处。

如"释字第 261 号解释"，它所须解决的问题同时涉及两岸关系、"政府体制"和人民权利三个方面。既关系到"释字第 31 号解释""法统"的"合法性"，又关系到"万年国大"的任期问题，同时还关系到台湾人民重要的民主权利。面对这样一个三位一体的问题，"大法官"却得

---

① 苏永钦：《大法官解释政府体制的方法》，载《公法学与政治理论——吴庚大法官荣退论文集》，元照出版公司，2004 年版。

出既不否定既有"法统"，又能推进"政府体制"改革，同时兼顾人民权利的结论，其解释方法亦成为台湾地区"释宪"实务中的经典之作。"大法官"首先运用"国家发生重大变故"模式，肯定"释字第31号解释"所创设的"法统"，继而用颇耐人寻味的"当前情势"终止了"释字第31号解释"的效力；然后，"大法官"将"民意代表之定期改选"上升到"反映民意，贯彻民主宪政之途径"的高度，用体系解释的方法，将放之四海而皆准，但却有着极大变化空间的"宪法"理论作为结束"万年国大"任期的理由之一。随即又采用历史解释的方法，举出台湾地区已经办理的若干选举活动，充作结束"万年国大"、即行改选的另一理由。至此，铺垫工作均以完成，"大法官"顺理成章地宣告"第一届未定期改选之中央民意代表……停止行使职权"，并责成有关机关开始办理第二届"中央民意代表"选举。[①]"释字第261号解释"所用的解释方法涉及文义解释、历史解释、体系解释、功能取向解释等多种解释方法，这些方法在运用过程中，很难区分其指向的对象究竟是两岸关系、"政府体制"，还是人民权利。

当然，若仔细横向比较"大法官"解释两岸关系、"政府体制"和人民权利的方法，还是能清晰地发现一些区别。

第一，"大法官"解释两岸关系时，所处的地位及其所发挥的功能与解释"政府体制"与人民权利时不同。因此，"大法官"在选择解释方法时所作的考量亦有不同。对于"政府体制"，在"宪政改革"前，"大法官"基本上充当"政权巩固者"角色，根据政治人物的意愿为当局"执政"套上"宪法"的光环；[②]"宪政改革"以后，"大法官"积极介入政治争议，表现出极强的司法积极主义，一些关于"政府体制"的重要解

---

① 参见"释字第261号解释"解释文与解释理由书。
② 苏永钦：《大法官解释政府体制的方法》，载《公法学与政治理论——吴庚大法官荣退论文集》，元照出版公司，2004年版。

释在台湾地区"宪政改革"过程中占有重要地位。① "大法官"通过"释宪"的方式参与政治实践，对岛内政治生活实施规范控制，俨然是政治纠纷的仲裁人。② 由于"大法官"在解释"政府体制"时，考量的因素集中于如何得出各方均能接受的方案，而不致因解释招致其他政治部门报复，同时能在一定程度上引导台湾地区的政治发展。因此，"大法官"在选择方法时显得比较随意，并无固定模式，方法也较为多元。更有甚者，"大法官"不惜颠倒方法与结果之间的逻辑联系，先按政治形势与个人意识形态决定解释结果，再选择合适的解释方法来包装该结果。至于人民权利，其在"宪政改革"过程中完全被忽视，"从未成为宪政改革之焦点"。③ 也许正是因为如此，"大法官"反倒不必背负沉重的政治压力，得以按照法理与法律的基本逻辑来解释"宪法"。多数台湾学者亦认为，"大法官"在台湾人民权利发展与保障方面着力颇深，贡献也远大于其对"政府体制"和两岸关系的解释。④ 与前述两者相比，两岸关系则较为特殊：按台湾地区学者的观点，"本土化"是台湾地区"宪政改革"的两大重点之一，⑤ 而对两岸关系的任何微小扰动，都可能产生难以估量的政治后果；但从"大法官"关于两岸关系的解释来看，多数解释所涉及的案件与两岸关系之定位的直接关联程度并不高，大多仅触及两岸关系的侧面。因此，"大法官"在选择解释方法时，一方面所背负的责任远大于解

---

① 如诱发台湾地区政权组织形式向"双首长制"方向发展的"释字第419号解释"，促使"国民大会"虚级化及第六次"宪政改革"的"释字第499号解释"，厘清地方自治制度框架的"释字第527号解释"和"释字第533号解释"，确定台湾地区"司法改革"时间表的"释字第530号解释"等。

② 参见苏永钦：《宪法解释——宪政成长的指标》，载苏永钦：《违宪审查》，学林文化事业有限公司，1999年版；苏永钦：《大法官解释与台湾社会变迁》，载苏永钦：《合宪性控制的理论与实践》，月旦出版社股份有限公司，1994年版。

③ 周志宏：《1991年修宪以来人权状况之回顾与展望》，载台湾法学会主编：《廿一世纪宪政风云》，元照出版公司，2004年版。

④ 对"大法官"关于人权权利解释的整理与评价，参见周叶中、祝捷：《台湾地区"宪政改革"研究》，香港社会科学出版社，2007年版，第323页以下。

⑤ 参见颜厥安：《宪法文本与中央政府体制》，载颜厥安：《宪邦异式——宪政法理学论文集》，元照出版公司，2005年版。

释"政府体制"和人民权利，不得不在选择方法时谨小慎微，就事论事，不能如解释"政府体制"和人民权利那样，从大处着笔，用宏大叙事的手法来构建理论体系，以展示"大法官"的学术功底与成就；另一方面，"大法官"又必须至少在表面上远离政治意识形态，通过严谨，甚至纯粹的法学方法来解释两岸关系，在极端情况下甚至不惜借助某些宪法理论来回避对系争案件的解释。凡此种种，说明"大法官"所选择的解释两岸关系的方法，只能是以一定政治目的为价值预设、同时潜藏政治意识形态的"纯粹"法学方法。这一看似矛盾的结论，正是"台独"分子试图借助"大法官"解释的法学外衣包藏其"台独"野心，并赋予"台独"以所谓"正当性"的险恶图谋在"宪法"解释方法论上的直接反映。

第二，"大法官"解释两岸关系的方法在发展方向上与其他两者不尽相同。从方法论意义而言，"大法官"解释两岸关系的空间极小。因此，与"政府体制"和人民权利相比，"大法官"解释两岸关系的方法在发展方向上有所不同，甚至呈现出完全相反的趋势。其一，对于"政府体制"和人民权利而言，从规则到原则是一个显而易见的发展方向，而"大法官"在解释两岸关系时则正好相反。受德沃金"封闭完美法律体系"思想及凯尔森"法规范层级"思想的影响，"大法官"在解释时，除注重从规范本身寻找解释的依据，还将高于法规范的法原则作为"释宪"的依据。当"大法官"无法从规范中寻找解释依据时，他宁愿将解释建立在原则基础上，直接运用含义广泛、包容性强的原则为其解释背书。而在两岸关系上则表现出另一种完全相反的趋势，较之早期的所谓"五权宪法""国家发生重大变故"等抽象的原则言说，"大法官"更加愿意从"宪法规范"中直接寻找解释两岸关系的依据。从法理上而言，规则无论如何比原则更加具体，也更具有确定性，在形式上也更具说服力，用于包装解释结果的效果显然强于后者。因此，"大法官"愿意在敏感的两岸关系上选择具有确定的规则作为其解释依据。其二，与社会科学方法大量运用于解释"政府体制"和人民权利不同，"大法官"在解释两岸关系时，越来越多地运用纯法学方法。有台湾学者认为，宪法解释应与社会科学相联结，走社会科学的道路，甚至让台湾的宪法学渐渐趋近一种社会科学。[①]在"释宪"实务中，诸如博弈论、公共选择理论、公共政策理论乃至社会调查方法已在"大法官"解释中显露出苗头，宪法解释方法论业已从单纯的法学领域拓展到社会科学领域。然而，上述这些趋势与现象与两岸关系是绝缘的。从本质上而言，两岸关系是一个综合各个社会科学门类的综合性问题，与其他社会科学的联系，应强于"政府体制"与人民权利两者，但由于"大法官"在解释两岸关系时，刻意将其对两岸关系的基本态度包装在法学辞藻之下，严格适用纯法学方法，导致两岸关系的解释与其他社会科学方法反而表现出背道而驰的趋势。其三，"大法官"在解释"政府体制"和人民权利时，避免使用"政治问题不审查"理论，表现出较强的司法积极主义，而在解释两岸关系时，则将"政治问题不审查"理论视为最后的救命稻草。截至 2007 年 7 月底，除协同意见书和不同意见书外，"大法官"仅在两个解释中运用了"政治问题不审查"理论：一为"释字第 328 号解释"，二为"释字第 419 号解释"，其中后一解释尚不涉及所涉案件的核心。[②] 可以说，真正完全适用"政治问题不审查理论"的解释，只有"释字第 328 号解释"一例。然而，这并非说明"大法官"在解释"政府体制"和人民权利时没有面临"政治问题"的诘问。"大法官"在作成"释字第 499 号解释""释字第 520 号解释""释字第 585 号解释""释字第 613 号解释"时，都曾有学者及"大法官"建议援引"政治问题不审查"理论，以回避解释有关政治争议，但"大法官"并未以此为借口回避审查，而是积极介入争议，作成相关解释。而

---

① 参见苏永钦：《大法官解释政府体制的方法》，载《公法学与政治理论——吴庚大法官荣退论文集》，元照出版公司，2004 年版。

② 参见周叶中、祝捷：《台湾地区"宪政改革"研究》，香港社会科学出版社，2007 年版，第227 页。

对于两岸关系，"大法官"则将"政治问题不审查"作为救命稻草，在所涉案件必须对两岸关系做出明确定位时，便将该案件定性为"政治问题"，堂而皇之地不予解释。

综合上述纵向与横向两个方面的比较，我们可以清晰地看到，"大法官"解释两岸关系的方法呈现出所谓"去政治化"趋向，"大法官"试图以"统独中立"的姿态，至少在形式上与敏感的两岸关系保持一定距离。与此同时，"台独"分子也正是力图通过维持这种形式上"中立"的法学方法，为其"台独"目的提供"正当化"的外衣。

### 三、国外处理分裂国家行为相关问题的宪法解释研究

国外通过宪法解释处理分裂国家的问题有着大量先例。本书拟以德国联邦宪法法院处理两德统一问题、韩国司法机关处理韩朝问题和加拿大最高法院处理魁北克问题的实践为例加以说明。

### （一）德国联邦宪法法院关于两德统一问题的宪法解释

德国联邦宪法法院在两德统一过程中发挥了重要作用。在两德并存期间，联邦宪法法院曾三次做出关于统一问题的重要判决。

联邦德国《基本法》规定了统一条款，并以其作为联邦德国据以主张统一和实现统一的根本法依据。《基本法》的统一条款共有四处。第一，《基本法》序言规定，"全体德国人民仍应通过自由的自决来实现德国的统一和自由"。《基本法》序言的上述规定，不仅是一种政治上的宣言，而且表明联邦德国《基本法》对于德国分裂状况的一种保留。1956年，联邦德国宪法法院在"共产党解散案"判决中，引据《基本法》序言的上述规定，导出了联邦德国的"国家统一义务"。《基本法》序言的上述规定，对联邦德国政府和人民形成了具有法律拘束力的宪法委托[1]，

---

① ［德］皮特·巴杜拉著，张文郁译：《德国统一之法律问题》，载《辅仁法学》第 23 期，第 4 页。

这种委托要求联邦德国政府和人民致力于实现德国统一。第二,《基本法》第 23 条列举了《基本法》适用的各州名称,并于其第 2 项规定当德国其他地区加入联邦后,《基本法》在其地域范围内开始生效。《基本法》第 23 条通常被解读为《基本法》的地域效力。根据这一条的规定,《基本法》并非是为全德国制定的宪法,而是有着特定的适用范围,亦表明《基本法》并未承认德国永久性分裂的事实。而且,在其第 23 条第 2 项提供了"加入"这种实现统一的制度渠道。第三,《基本法》第 116 条第 1 项规定,"德国人"包括 1937 年 12 月 31 日后被驱逐出德国的难民及其后裔。这一条通过对"国籍"的回溯性确认,将联邦德国塑造成"德意志帝国–魏玛共和国"法统的延续者,标榜了联邦德国对分裂前统一德国的直接继承关系。第四,《基本法》第 146 条规定,《基本法》于德意志民族基于自决制定新宪法时失效。《基本法》第 146 条除规定基本法的时间效力外,为德国复归统一提供了第二条路径,即"制宪"。

两德关系在 20 世纪 70 年代经历了动态发展的过程。1970 年后,联邦德国开始实施新东方政策,注重改善与民主德国的关系,逐渐实现两德关系正常化,有效地促进了两德在经济、政治、文化和社会等各方面的交流和融合,为两德复归统一奠定了现实基础。"新东方政策"有关两德关系的主要内容,是通过两个德国之间的相互接近和关系正常化,结束两德政治对立,其举措之一是对民主德国的承认。但是,这种承认并不是法律意义上的承认,也并非意味着将两德关系视为两国关系,而是承认民主德国在事实上的存在,两德关系仍然是"德意志民族内部的特殊关系"①。《两德关系基础条约》是"新东方政策"的主要成果之一,主要内容包括:(1)两德实现关系正常化,并在平等的基础上发展友好关系;(2)两德互相承认主权、领土完整和独立;(3)两德在国际上互不代表,并

---

① 黄正柏:《德国统一前两德关系发展述评》,《华中师范大学学报(哲学社会科学版)》,1993 年第 6 期。

尊重对方在内政和外交上的独立自主；（4）两德在对方首都设置"常驻代表机构"。《两德关系基础条约》改变了两德之间的对立关系，同时也为联邦德国基本法带来了一场危机。由于《两德关系基础条约》对民主德国改行"承认"的立场，尤其是要求双方互相尊重对方的领土完整和独立自主，联邦德国内外均出现质疑《基本法》第 23 条第 2 项之有效性的声音。联邦德国内部的一些人士认为，在尊重民主德国统治范围的条约义务下，通过"加入"的方式完成德国统一已经没有可能①。联邦德国宪法法院在关键时刻做出了具有历史意义的判决。该判决意旨如下："德意志联邦共和国理解其领土的不完整性，只要可能且德国之另一部分准备加入德国，基于《基本法》的规定，其有义务采取一切必要行为，直到德国之另一部分加入联邦德国，并如同其组成部分时，联邦德国方为完整。"这段判词包含了以下三个方面的内容：第一，《基本法》序言所规定的"国家统一义务"，并不因为"两德关系基础条约"的签订而解除，联邦德国政府和公民仍有义务促进国家统一；第二，《基本法》第 23 条第 2 项所规定的"加入"方式，仍然是完成德国统一的方式之一，该项规定与序言所规定的"国家统一义务"有着必然联系；第三，尽管负有"国家统一义务"，但并不意味着联邦德国必须采取僵化的立场对待民主德国，基于《基本法》的委托，联邦德国可以采取一切必要的措施，以促进德国的统一。根据宪法法院的判决，在《两德关系基础条约》之后，联邦德国的国家形态的确改变了，它从德意志帝国法统的唯一继承者，变成了继承者"之一"。但联邦德国的"国家统一义务"并未因此而消除②，而备受争议的"加入"方式，依然是德国复归统一的宪法途径之一。通过宪法法院判决解释的方式，《基本法》在坚持统一立场的前提下，为适应两德关系的发展进行了政策性微调，肯定了《两德关系基础

---

① Hacker. 1977, Deutsche unter Sich, StuttgartS. 124, pp. 13.

② 苏永钦：《走向宪政主义》，台湾联经出版事业公司，1994 年版，第 52 页。

条约》作为"统一方式"的合宪性，从而为两德关系的发展扫清了法律障碍。

1990 年 8 月 31 日，两德签订《统一条约》，并于同年 10 月 3 日完成法律手续，德国完成统一。《统一条约》的合宪性问题，是两德统一的最后一个法律障碍。《统一条约》对《基本法》的修改是否构成违宪，成为一个主要的争议。这一争议源于《统一条约》对《基本法》做出了多达五处的直接修改，而没有依循《基本法》第 79 条第 1 项的修宪程序。《统一条约》签署后，由联邦德国政府以"条约法案"的形式，依照《基本法》第 59 条提请德国议会，要求德国议会就是否通过该条约进行表决。但是，根据《基本法》第 79 条所规定之修宪程序，对《基本法》的修改，须以"宪法修正案"形式提出，并获得德国议会上下两院各 2/3 的多数通过始得生效。因此，有联邦德国参议院议员质疑《统一条约》以条约形式修改宪法的合宪性。对此问题，联邦德国宪法法院做出了有利于《统一条约》的判决。根据该判决，《基本法》序言所规定的"国家统一义务"，不只是对各国家机关的行为产生拘束，而且也对各国家机关形成授权，各国家机关可以选择对履行"国家统一义务"最为有利的举措，联邦德国政府签订《统一条约》的方式，当然属于"最为有利的举措"。

"统一"条款、《两德关系基础条约》和《统一条约》的宪法争议，是联邦德国《基本法》关于两德统一问题的主要争议。在解决争议中，联邦德国宪法法院起到了至关重要的作用。通过宪法法院的合宪性判决，两德统一的最后一个法律障碍被消除了。通过对《基本法》的解释，宪法法院使《基本法》成为一个开放的体系，后者也在宪法法院的调整中，逐渐与两德关系正常发展和德国复归统一的需要相适应。

（二）韩国法院关于韩朝关系问题的宪法解释

1953 年朝鲜战争停火后，韩国和朝鲜处于分裂状态，双方互不承认，高层政治往来、经贸往来近乎停止。韩国将"反共产主义"作为其基本国策之一，并将其体现在法律中。在实践中，韩国发生多起与韩朝相互关系相关的案件，韩国司法机关（包括最高法院和宪法法院）对此类问题作过多次判决，本书以 1972 年"竞选言论"案和 1993 年《旅北朝鲜游记》案为例说明①。

1972 年"竞选言论"案中，韩国军政府的反对者、总统竞选人苏敏赫在竞选演说中主张，应依据韩朝的人口比例，对双方的武装力量予以同时削减，从而减轻庞大军备开支对双方人民的重负。当时正逢朝鲜参加国际裁军大会和国际奥运会之际，被告在公开演说中由此推定："北朝鲜已被国际社会承认为合法的政治实体。因此，我国也应当承认其主权国家的地位。"韩国当局据此指控苏敏赫触犯了 1961 年的《反共法》，危及到韩国的国家安全和对外政策。汉城地区刑事法院在该案件中，也援用"明显与即刻的危险"标准，对该竞选言论的性质进行界定。法庭认为，宪法保障表达自由并不意味着该自由是不受限制的。当某一言论的内容，对韩国的社会秩序和公共福利构成"明显与即刻的危险"时，言论自由得受法律之限制。尽管被告的言论属于总统竞选者所表达的政治观点，但该言论对韩国社会秩序和政治安全，构成了明显与即刻的危险。因为该言论意味着韩国政府应当承认朝鲜为合法的主权国家，这无疑会提升朝鲜政权的声誉。也就是说，这类政治言论即使是竞选者做出的，也是违法的。最终，苏敏赫被判有罪。

1993 年《旅北朝鲜游记》案中，韩国汉城一家杂志社的编辑易寺甬刊发了作为持不同政见者的小说家黄宿涌的《旅北朝鲜游记》。政府认为刊发该稿件的行为触犯了《国家安全法》，应判定被告有罪。被告则辩

---

①　本部分所引用的韩国法院案件的案情介绍参见高中：《韩国国家安全与表达自由案例研究》，2004 年 9 月 12 日发表于中国法理网，网址 http：//www. jus. cn/ShowArticle. asp? ArticleID = 498，最后访问日期：2011 年 4 月 3 日。

称，该游记在事实上并不会有利于朝鲜；而即使该作品有利于朝鲜，他本人也并未意识到这一作品会产生这样的后果或影响。一、二审法院均认定被告有罪。最高法院在终审中确认了下级法院的有罪判决，认定："该游记并非真实地描述了该作者在北朝鲜的所见所闻。作者在主观上存在着诋毁韩国民主政体之故意，片面强调了北朝鲜在社会制度、意识形态和生活水平上的相对优越性，大肆赞美金日成……的领导才能和独立自主的意识形态，且用极具冲击力和挑衅性的措辞为北朝鲜摇旗呐喊。因此，刊发这样的作品对韩国的国家安全和自由政体构成了威胁。"①

上述两案的核心都是韩国是否承认朝鲜是一个"合法的主权国家"。韩国地方法院并没有对该实质问题表明态度。在前一案中，法官指出，苏敏赫的言论含有韩国应承认朝鲜为合法主权国家的意思，因此，会对韩国国家安全产生"明显与即刻的危险"。据此，我们可以推断，韩国地方法院认为，韩国当时并未承认朝鲜是一个"合法的主权国家"。在后一案中，最高法院法官认为，游记作者的行为系"为北朝鲜摇旗呐喊"，"对韩国的国家安全和自由政体构成了威胁"。据此，我们可以推断，韩国最高法院法官针对的并非是认为游记作者有分裂行为，而是游记作者对朝鲜社会制度的态度，所维护的并非是朝鲜半岛的统一性，而是韩国社会制度的"民主性"。韩国司法机关的法官在坚持其宪法原则基础上，把案件所涉及的政治问题转化为纯法律问题予以解决，回避了宪法争端。

（三）加拿大联邦最高法院关于魁北克独立问题的宪法解释

加拿大是多民族的移民国家，其主要居民是英裔和法裔。而后者主要聚居在魁北克省。20世纪中叶，一部分法裔魁北克政客开始进行有组织、有纲领的分裂活动。而且主张独立的政治团体于1976年赢得魁北克地方

① 参见高中：《韩国国家安全与表达自由案例研究》，2004年9月12日发表于中国法理网，网址 http：//www.jus.cn/ShowArticle.asp? ArticleID=498，最后访问日期：2011年4月3日。

选举，并开始策划通过地区"全民公决"，实现独立。1980 年，魁北克举行第一次"公决"，结果只有 40% 的人支持独立。之后，魁北克地方分裂集团不顾加拿大联邦政府的坚决反对，于 1995 年举行第二次"公决"，并把"公决"内容改成"实现魁北克主权，同时与加拿大其他部分形成伙伴关系"。尽管分裂势力模糊了"公决"内容，但其支持率只增长了九个百分点，仍以失败告终。加拿大联邦政府对魁北克地方分裂集团的"独立"活动进行了长期的斗争，而法律斗争则是其主要形式，其中加拿大联邦司法机关的宪法解释起到了关键性作用。

1998 年，加拿大联邦政府向最高法院提起非正式诉讼，要求最高法院就如下三个问题做出解释：其一，根据加拿大宪法，魁北克省政府是否有权单方面宣布脱离加拿大联邦；其二，根据国际法，魁北克省是否拥有自决权；其三，如果国际法与国内法在魁北克省独立与否的问题上发生冲突，应该适用什么法律。1998 年 8 月，加拿大最高法院做出了历史性的判决，指出"一个省无权单方面决定脱离加拿大联邦"，无论是加拿大的联邦宪法或是国际法都不允许一个省单方面决定独立。[①] 加拿大最高法院的判决，明确否定了魁北克省单方面宣布脱离联邦的合宪性，为加拿大维护国家统一奠定了宪法基础。

加拿大联邦宪法并无条文明确规定省是否有权宣布独立以及实现独立的程序。加拿大最高法院通过解释阐述了宣布独立的宪法性程序要求。在一个民主国家，重大问题应当依照民意来决定。魁北克省方面的主要论点是该省人民具有自己决定是否独立的权利。他们声称加拿大联邦宪法的正当性基础在于"人民主权"原则，制定宪法的人民主权必须允许人民在行使主权过程中通过多数决而自行脱离联邦。鉴于此，法院首先肯定了民主原则在加拿大宪政体制中的地位，加拿大的政治制度建立在民主原则基

---

① Reference re Secession of Quebec, [1998] 2 S. C. R. 217.

础之上，因而一省人民的民主意志表示具有分量，因为这种公投将为魁北克政府通过宪法手段实现分离而启动修宪程序之努力赋予正当性。在这个背景下，法院认为应当将"清晰"多数作为定性衡量。最高法院的判词承认魁北克省通过全民公决所体现的民意必须受到尊重，但为了保证民意在公决中得到充分尊重，法院主张公决所针对的问题以及公决结果的多数都必须足够"清晰"。

如果魁北克省全民公决的程序和内容都满足了"清晰"要求，魁北克是否就可以宣布独立？法院的回答是否定的。法院认为，因为不同层次的人民可能对独立问题有不同的看法；即使魁北克省的多数人赞成独立，整个联邦人民中的大多数可能反对独立。法院认为，不同层次的民意具有平等地位，"加拿大在各省、属地和联邦层面上可能有不同而同样正当的多数。作为民主意念的平等表达，任何一个多数的正当性都不比其他多数更多或更少"。① 联邦制使各省都能根据本省人民的意志和利益追求其政策，但加拿大作为一个整体，也是一个民主社会，其中公民通过联邦政府在其权限范围内采取行动，在联邦层面上实现公意。在局部和整体两种意志发生冲突的情况下，任何一方都无权将自己的意志凌驾在对方之上，双方必须按照宪法设定的程序通过协商来解决冲突。只有通过平等的谈判，才能保证所有当事方的权利获得尊重和协调。因此，地方自治必须和宪法体现的联邦主义原则协调，地方利益应当与联邦利益协调。虽然加拿大联邦宪法既没有明确授权也没有禁止分离，分离行为对加拿大联邦领土治理方式产生了影响，不符合现行宪法的安排。因此，地方独立应当被定性为一个宪法问题，最高法院认为，一省脱离加拿大联邦的行为应当通过修改宪法进行。法院最后指出，在经过一个多世纪的发展，加拿大联邦在经济、政治和社会制度方面出现了高度一体化，而魁北克的分离主张将使联

---

① Reference re Secession of Quebec, [1998] 2 S. C. R. 217.

邦的政治和经济面临着分崩离析的风险。因此，如果联邦和其他地区不同意魁北克独立，那么魁北克必须"顾全大局"；如果修宪进程的结果最终对分离主义主张不利，魁北克不得采取单方面的分离行动。

通过这项解释，加拿大最高法院对维护联邦的统一发挥了重要作用，为和平理性地解决魁北克问题做出了贡献。

# 第三章　海峡两岸和平协议及其
# 实施机制研究

党的十七大报告中首次提出"和平协议"这一概念。如同"九二共识"那样，和平协议将在凝聚两岸最大共识的基础上形成，是构建两岸关系和平发展法律框架的基础性规范，将在两岸关系和平发展中发挥重要作用。可以预见，台湾地区的地位、台湾当局的性质、两岸关系和平发展的基本框架等重大问题，都将在和平协议中有所体现。当然，就目前局势而言，和平协议仅仅是一个基本设想，至于其内容、签订方式以及效力等问题均需进一步研究。

## 一、海峡两岸和平协议的性质与内容

大陆和台湾之间取得共同的认同是两岸签订和平协议的基础。而大陆和台湾以哪一层次的认同为基础协商签订和平协议，将决定和平协议是否签得成以及谁去签等重大问题。我们认为，大陆和台湾在意识形态、政权和国家等层次的认同上，均有较大分歧，短时间内难以取得一致，因此在民族层次上形成"中华民族共识"，是签订和平协议最为现实的选择。

### （一）两岸共同认同的建构

什么是两岸取得共同认同的关键？这是和平协议认同选择面临的第一个问题。通过上述历史脉络和现实状态的整理，大陆和台湾的两岸政策，在认同问题上有着截然不同的特点：对大陆而言，追求国家统一是政府、民众的一致愿望，两岸政策也是围绕统一而展开，因此，大陆两岸政策在认同问题上的基本特征是一元性的；与此相比，台湾的两岸政策，在认同问题上则呈现出多元性特征，即在认同多元化的背景下，台湾的两岸政策中既有部分"台独"的因素，也有部分"中华民国"的因素，甚至还有部分考虑到"中华民国"对大陆在名义上的"统治权"的因素。由于大陆的态度相对固定，因而两岸之间形成共同认同的关键，就转变为先在台湾内部形成共同认同的问题，即先有台湾内部的共同认同，才会有两岸之间的共同认同。观察台湾地区现状，我们认为，"中华民族认同"是目前岛内各党各派最有可能达成共识的层次。

尽管意识形态认同在台湾仍有相当的影响力，但就总体而言，意识形态认同已经不是两岸取得共同认同的主流。马英九在2008年5月20日讲话时认为，"两岸问题最终解决的关键不在主权争议，而在生活方式与核心价值"。台湾也有一部分人以"民主、人权"状况为由攻击大陆，并将此作为"两岸不能统一"的理由。但是，以"民主、人权"为由攻击大陆的观点，在台湾也仅是一家之言，而且多数"台独"分子的"台独"论证脉络，并不是从意识形态角度着眼。从此意义而言，意识形态或许可能成为"台独"分子主张"台独"的理由，但绝不会成为他们赞同统一的原因。况且，大陆在提出"一国两制"后，已经明确改变了在意识形态层次寻求共同认同的态度，因此对大陆再提意识形态认同毫无意义。

在政权层次上，由于"中华民国"已沦为生存策略，因而政权认同没有附丽的基础。在台湾，不少人都持这样一种观点，即"我们"（或者直接说"台湾"）是一个"国家"，依据"宪法"，它的名字是"中华民国"。持这一被称为"B型台独"观点的人，未必都是"台独"分子，这其中也包括一部分支持统一的民众。之所以会出现同一句式为统"独"两方面所共同使用的情况，是因为这里的"中华民国"，已经不再是"中国"的一个政权符号，而是已经沦为"台湾"作为一个"国家"的生存策略。存在于"中华民国宪法"中的"中华民国"透过"宪法"的建构作用,成为台湾作为"国家"的一种"存在方式"。有台湾学者更为透彻地指出,"中华民国"已死,只有"中华民国宪法"一息尚存。因此,"中华民国"的政权意义,不仅在大陆早已不复存在,而且在台湾也逐渐消散。丧失了政权意义的"中华民国"符号,在台湾已难以担当作为共同认同基础的重任。

台湾地区在国家层次认同上已经高度变异,国家认同在台湾因而难以获得一致。由于在两岸关系的框架内,对"台湾"符号的认同没有任何意义,因而台湾内部要在国家层面获得的共同认同,只能是对"中国"的认同。然而,从台湾岛内已经被高度撕裂的统"独"认同来看,如果说经由"B型台独"的表达,台湾地区的统"独"双方对"中华民国"尚能达成共识,那么对去除了政权痕迹的"中国"符号,将难以获得一致认同。

由此观之,"中华民族认同"已成为台湾内部最后也是最为现实的选择。在台湾岛内,"台独"分子虽极力推行所谓"去中国化"运动,但去不了"中华民族"。如果说"中国"作为国家符号,可能成为"去中国化"的对象,那么,"中华民族"这一民族符号不仅去不掉,反而可能被用作国家符号的替代品。因此,台湾内部形成"中华民族认同"是完全可能的。马英九提出的"同属论"也有力地证明了这一点。不仅如此,"中华民族认同"也是两岸间最具现实性的选择,是两岸动力系统作用的结果。两岸之间在民族层次上的认同,有着比较成熟的政策基础,如中共十七大报告提出的"家园论"和"命运共同体论",与马英九主张的"同属论",有着异曲同工之处。这一点,即便是"台独"分子也无法完全否认。从两岸认同的四个层次来看,"中华民族认同"是最不具政治意味的一个,因而有利于两岸在签订和平协议过程中回避敏感的政治问题。"中华民族认同"的感召力,在两岸认同的四个层次中也是最大的。"中华民族认同"以两岸共同的风俗、语言、血缘和历史记忆等因素为纽带,有力地将两岸人民联系起来，从而为签订和平协议奠定民意基础。"中华民族认同"具有较强的包容力，可包容两岸民众对政党、政权和国家的各种不同认知，足以为两岸政治、经济、文化、社会、军事乃至国际事务的交流和合作提供缓冲和发展空间。正如台湾地区著名政治人物邱进益所言："用一个中华民族的概念处理问题，很多问题可以迎刃而解。"

关于"中华民族认同"的选择，有四个值得讨论的问题。第一个问题是为何两岸之间在缺乏对"中国"共同认同的情况下，还能签订包括两岸"三通"协议在内的重大协议呢？这个问题直接关系到两岸能否在"九二共识"的基础上达成和平协议。第二个问题是台湾地区一部分人主张所谓"台湾国族认同"，该主张是否会冲击"中华民族认同"。第三个问题是台湾地区有人认为台湾是一个移民社会，台湾少数民族（即高山族同胞）是台湾真正的主人。如果说闽南、客家和外省人等移民属于中华民族，那么台湾少数民族就"不属于中华民族"，"中华民族认同"的选择如何解决台湾少数民族问题。第四个问题是如何理解"台湾本土意识"和"中华民族认同"的关系。

对第一个问题的回答可以参考江丙坤 2008 年 6 月 6 日在回应民进党籍"立法委员"时的一段讲话。江丙坤说，"两岸复谈，维护国家利益及对等、尊严绝对是最重要的态度，两会签订的协议文件上也不会出现'九二共识'这些文字"。另外在考查同篇报道中一位民进党籍"立法委员"的表现，可以更加清楚地看出其中的端倪：该位民进党籍"立法委员"要求两会复谈时，客运包机、货运包机及观光客赴台必须"三位一体"。由此可见，虽然台湾地区一部分人不一定支持"九二共识"，但出于现实利益的考量，能够接受两岸进行事务性协商。其实，台湾当局当初与大陆方面达成"九二共识"的原因也在于此。由此，应回到两岸达成"九二共识"的时刻，来考查台湾当局与大陆达成"九二共识"的真实目的。曾任国民党前副秘书长、"国家统一委员会"（以下简称"国统会"）研究委员的邱进益曾说，定位"一个中国"主要是因事务性问题所引起，不是用来对付中共。李登辉在"国统会"通过"一个中国"意涵时，也提出"现在说一个中国，不是讲一个中国如何定位的问题，而是说明如果海基会与中共签订事务性书面协议时，其中如有一个中国说法，我们可将自己的意见与立场用文字表达出来"。在另一个场合，台湾当局"国统会"多数委员认为，"目前（1992 年）不宜将'一个中国'原则纳入两岸事务性谈判之协定文字中，以免掉入中共的陷阱"。因此，当时台湾当局之所以能和大陆达成"九二共识"，是为了顺利开展两会框架内的两岸事务性协商，避免掉入中共的"文字陷阱"，而不是因为真心认同"一个中国"。可以说，"九二共识"对于台湾当局而言，只是一项"以退为进"的策略，目的是为了解决两岸事务性协商的基础。对于和平协议这样的政治性协议而言，台湾当局是否会继续沿用"九二共识"作为认同基础是值得怀疑的。马英九本人也曾说过，"九二共识"对两岸"主权争议"，只能是一个"暂时的处理"。大陆和台湾之所以能在"九二共识"基础上达成两岸"三通"协议，是因为两岸"三通"协议是事务性协议，而不是政治性协议，而且尽早签订两岸"三通"协议，也符合台湾地区的利益。在此情况下，"九二共识"完全可以为其提供认同的基础。可以说，协议的性质决定了协议所依赖的认同基础。基于和平协议的政治性质，尽管大陆和台湾都提出将"九二共识"作为两岸继续发展关系的基础，但"九二共识"能否为和平协议提供足够的认同基础，仍值得怀疑。

回答第二个问题的关键是认清"台湾国族认同"的实质。所谓"台湾国族认同"，是指"台湾人"应自成为一族，并按照"一个民族，一个国家"的民族国家理论，建立一个"国"。"台湾国族认同"是"台独"分子所编造的一套理论，它不是杜撰台湾人民的历史，就是歪曲台湾人民的历史。"台湾国族认同"的前提是形成作为"台独"意识的"台湾人"观念。持"台独"主张的学者认为，在台湾反抗"外来政权"（包括日本殖民统治者、国民党威权政府等）的斗争中，来自大陆不同地区的人和台湾本地的少数民族在台湾组成了"台湾人"群体；1945 年台湾光复后，

"台湾人"成为与外省人对抗的符号，随着"台湾民主转型"的深化，绝大多数外省人也认同自己"台湾人"的身份，"台湾人"由此成为全体台湾民众的集体符号，成为"国族"。"台湾国族认同"理论的荒谬之处是显而易见的。其一，"台湾人"观念在历史上的确存在，但它并不是"台独"意识，相反，"台湾人"是针对"日本人"而言的，其本身恰恰是台湾地区民众中华民族意识觉醒的产物；其二，"台湾人"并不是一个独立的民族，它包括来自大陆的人群（以汉族为主体）和台湾本地的少数民族，即便有福佬、客家的区分，也不过是持不同方言的人在语群上的区别，而不是民族学意义上的"族群"；其三，闽南（福佬）、客家、台湾少数民族与外省人的区别，不是民族意义上的区别，而是来台时间上的，两者的冲突不是民族的冲突，而是移民先后来台所造成的社会资源分配出现紧张的结果。可见，所谓"台湾国族认同"理论不过是借了"台湾人"的外壳，篡改了它的灵魂，赋予它本来没有的"国家"意义。因此，所谓"台湾国族认同"是一个伪命题，它所主张的"认同"并不是民族层次上的，而是"台独"分子以"民族认同"为包装所构建的"国家认同"。

对于第三个问题，主张台湾地区少数民族"不是中华民族的一员"的"台独"分子，更是犯了基本常识的错误。台湾地区少数民族来源广泛，有的来自大陆南部山区，是古越人的一支，有的则来自东南亚群岛。他们虽然来源不同，但都是台湾这片土地的主人。中华民族本身就是一个来源广泛的集合体。她以汉族为主体，包括其余55个少数民族，但是，这并不影响中华民族作为一个整体的存在。台湾地区少数民族早已成为中华民族的一部分，构成了高山族的主体，将台湾地区少数民族排除出中华民族大家庭的观点因而是完全错误的。"中华民族认同"的选择，从未削弱、也无意削弱台湾地区少数民族的地位。相反，一部分"台独"分子打着"关怀原住民"的旗号，反而在根本上损害了台湾地区少数族群的利益。

对于第四个问题的解答，关键是如何看待"台湾本土意识"。"台湾本土意识"，亦称"台湾意识"，是台湾人民在特定历史、文化和社会条件下产生的、对台湾特有的情感、观念和认同。"台湾本土意识"起源于台湾人民在漫长的移民、生产和生活的过程中，是台湾人民热爱台湾之情的自然流露，其本身与政治无关。但是，由于受日本殖民统治者长期的殖民统治，以及台湾当局的"动员戡乱"，台湾人民产生了"台湾人祖祖辈辈受人欺侮""台湾人从来受外来人的统治""台湾人曾经被祖国抛弃""台湾人是二等公民"等悲情心态，这些悲情心态也是"台湾本土意识"的一部分。"台独"分子夸大并渲染"台湾本土意识"中的悲情心态，将"台湾本土意识"与"台独意识"画上等号，并且将"台湾本土意识"作为主张"台独"的论据。从"台湾本土意识"出发，"台独"分子利用台湾人民的心结，肆意歪曲和臆造，将台湾描述成一个屡遭"外来政权"压迫的小岛，将台湾人民描述成一个屡遭强权殖民统治的"国族"，意图以台湾人民的悲情情结，引发岛内民众对"台湾"的认同感，并且将这一台湾人民在长期殖民统治和威权统治压迫下产生的心理，描绘成对"外来政权"的不满，从而通过异化"台湾本土意识"，为其"台独"制造文化氛围。早有学者指出，"台湾本土意识"是中国意识的一部分，"台湾本土意识"不等于"台独意识"。胡锦涛在"胡六点"中明确区分了台湾意识与"台独"意识，指出"中华文化在台湾根深叶茂，台湾文化丰富了中华文化内涵"，"台湾同胞爱乡爱土的台湾意识不等于'台独'意识"。由此可见，"台独"分子将"台湾本土意识"等同于"台独意识"，将台湾人民对台湾的情感等同于对台湾"独立"的追求是完全错误的。立足于此认识，所谓"台湾本土意识"与"中华民族认同"之间的对立，其实是"台独意识"与"中华民族认同"的对立，而不是真正的"台湾本土意识"与"中华民族认同"的对立。

（二）两岸共识的定位

大陆和台湾签订和平协议的目的是决定和平协议定位的关键。根据中共十七大报告的有关论述，和平协议的目的是为了正式结束两岸敌对状态，构建两岸关系和平发展框架，开创两岸关系和平发展新局面。可以预见，和平协议签订后，两岸将在政治、经济、文化、社会和军事等诸方面建立互信，形成两岸关系的正常化状态，从而有力地促进两岸关系和平发展。正因为如此，和平协议所形成的两岸关系是一种比较稳定的状态，"和平协议"也因此足以为两岸关系在相当长一段时期内的正常发展和交流奠定基础。临时协议是不具备这些条件的。临时协议建立在脆弱的平衡基础上，所形成的是一种表面的、偶然的稳定状态。临时协议中任何一方的背信行为，都将动摇临时协议及其所形成的稳定状态。因此，两岸关系若要长期稳定地维系下去，就不能仅仅依靠一种临时协议的方式来运作。以具有临时协议性质的"九二共识"为例，由于其基础是两岸之间在国家层次的认同，因而在台湾发生国家认同的裂变后，不仅不能对两岸关系起到稳定作用，而且连自身的存在与否都曾受到怀疑，更遑论以之为依据所形成的稳定状态。立足于上述认识，和平协议不能定位为临时协议。和平协议也不能定位为重叠共识。重叠共识是大陆和台湾就统一所达成的共识。签订和平协议的目的并非是解决两岸统一问题，而是为了实现和保障两岸关系正常化，使两岸关系从对立走向缓和的一个过渡阶段，并不是两岸关系发展的终点。因此，大陆和台湾应在和平协议的框架内继续推进两岸关系，而不是就此停步不前。

综上所述，本书认为，和平协议不是临时协议，也不是重叠共识，而是法理共识。从签订和平协议的目的来看，和平协议完全符合法理共识的特征：其一，和平协议的基础是两岸在民族层次的认同，"中华民族认同"是能在相当长的一段时期内保持稳定的平衡点，因而足以为和平协议提供有力的支撑；其二，和平协议所要营造的不是形式上的、偶然的稳定，而是结束两岸敌对状态，实现两岸关系正常化和和平发展的状态，在两岸统一前，这一状态将成为两岸关系的常态；其三，和平协议为构建两岸关系和平发展框架奠定了基本原则和制度主干，将为两岸关系正常化和和平发展提供制度保障。

当然，达到一种稳定的法理共识需要满足一些基本要求，和平协议要成为稳定的法理共识，至少应该包括三项内容：其一，确定两岸关系中某些最为关键的原则，并赋予其优先性，主要包括坚持"中华民族认同"、正式结束两岸敌对状态、肯定两岸关系和平发展的前景、维护台海地区和平稳定、维护两岸同胞的民生福祉等；其二，由于法理共识"既不深刻，也不广泛，它范围狭窄，不包括基本结构，而只包括制度和程序"，可以说，法理共识的精髓是制度和程序，因此，和平协议在确认一系列重要原则之外，还需形成保障这些原则贯彻落实的制度和程序，包括形成两岸关系和平发展框架的制度主干，奠定建立和平协议的执行机制和监督机制，以期通过制度的建构，为两岸关系正常化和和平发展提供制度保障；其三，为两岸交流和合作提供制度渠道，促使两岸之间发挥中华民族互助、互爱的传统，发扬合作美德，形成合力，共同促进两岸关系和平发展。

和平协议一旦签订，就表明大陆和台湾之间形成了法理共识，因而两岸任何认同"中华民族"的政党、社会团体和人士，都可以进入和平协议所规定的制度渠道，讨论两岸关系和平发展的前景。以和平协议为基础，大陆和台湾持"中华民族认同"的群体可以呼吁其他群体（如连"中华民族"也不认同的极端"台独"分子），超越其狭隘观点，共同参与到两岸关系和平发展的大势中来，通过制度性的沟通和交流，不断扩大共识的深度和广度，从而最终形成两岸之间的重叠共识，实现祖国的完全统一。

和平协议应以两岸原则、功能原则和制度原则为基本原则，以两岸政治互信为优先性内容，以两岸协商机制为主干。和平协议的基本原则包括两岸原则、功能原则和制度原则：两岸原则是和平协议的基础原则，也是和平协议对政治关系定位的基本态度，依据两岸关系和平发展框架的 Z 型整合路径，两岸关系和平发展并不急于实现"统而不合"，而是在两岸现状的基础上推动"合而不统"，从而实现"以合促统"；功能原则是和平协议的核心原则，和平协议就是要按照两岸关系和平发展框架的要求，沿着 Z 型整合路径实现整合，通过经济、文化、社会等低级政治的推动，实现高级政治的突破；制度原则，是指和平协议除规定若干优先性内容外，应只包括制度和程序，而避免对实质问题的判断，从此意义而言，作为"法理共识"的和平协议，其主要内容是制度和程序的集合，目的是通过制度的安排，为两岸关系和平发展提供制度平台。和平协议的优先性内容，是指和平协议所必须确认的、两岸关系中最为关键的内容。和平协议的优先性内容在两岸关系中具有基础地位，是两岸关系在一定历史阶段得以发展的基础。我们认为，和平协议的优先性内容是"两岸政治互信"，即大陆和台湾在政治方面彼此结束对立、互相信任所形成的状态。之所以要将"两岸政治互信"作为和平协议的优先性内容，主要是基于两点考虑：其一，从形式上而言，建立"两岸政治互信"已经成为大陆和台湾的共识；其二，从实质上而言，"两岸政治互信"也是两岸当前可以共同接受的两岸关系发展方向。具体到和平协议的内容而言，"两岸政治互信"包括四点：确认两岸正式结束敌对状态，进入和平发展的新阶段；确认两岸对"中华民族"的共同认同；确认建立两岸基础关系；确认大陆和台湾关于不单方面改变两岸现状的承诺。除了优先性内容外，和平协议应根据制度原则，着力于对两岸协商机制的设计，从而建立起和平协议的主干。两岸协商机制的模式包括"两航模式""隔空喊话""金门模式""两会模式""澳门模式"和"两党模式"等六种。两岸协商机制应分为两岸事务性协商机制和两岸政治性协商机制。两岸事务性协商机制是两岸就经济、文化和社会等低级政治议题进行协商的制度和程序的总称。现阶段以海协会和台湾海基会为主体的"两会模式"是适应两岸事务性协商的主要机制，和平协议对于"两会模式"的增补和调整主要有：第一，两会领导人不定期会谈可以改为年度定期会谈，实现两会领导人会谈的制度化和常态化；第二，由于两岸关系在签订"和平协议"后将实现正常化，原来两岸副职领导人及秘书长层次在第三地会谈的制度可以取消，即两会所有会谈都应在两岸择地举行，以体现两岸关系的"一国性"；第三，两会可以互派主任、处长级代表常驻对方，形成两会日常性来往和信息交换的渠道；第四，明确两岸在两会协商时，可以派遣公权力机关官员以适当名义在场，并可在两会模式的框架内，实质性地参与会谈；第五，实行"复委托"制度，允许两会对两岸行业协会（同业公会）、非政府组织等社会团体以及个人进行复委托，允许这些团体或者个人在必要时与对方相关团体在专业领域进行事务性协商，增强协商机制的灵活性和针对性。两岸政治性协商机制需要多种模式相互配合，也需要两岸协商机制的创新。作为"中华民族认同基础上的法理共识"，和平协议在两岸原则和制度原则的作用下，对于两岸政治性协商机制最大的贡献，并不在于确定协商议题或提供协商的机制，而在于开放协商的可能性，为两岸就政治问题的协商与交流提供进一步延展的空间。

## 二、海峡两岸和平协议实施机制研究

和平协议的实施机制，是指和平协议在正式产生法律效力后，在两岸域内和两岸间贯彻和落实的制度的总称。从和平协议实施的场域而言，和平协议的实施包括在两岸域内的实施和在两岸间实施。前者是指和平协议在两岸各自管辖领域内的实施，目的是通过和平协议，对两岸在制定、修改和解释相关法律时，产生"缓和的效力"。后者则是指和平协议调整两岸之间在政治、经济、文化、社会和有关国际事务中相互往来的过程与状态。与和平协议的域内实施相比，和平协议的两岸间实施是更为重要的问题：其一，从性质上而言，和平协议是大陆和台湾在"中华民族认同上的法理共识"，调整两岸关系是和平协议的题中应有之义；其二，和平协议的主体是两岸，因此，和平协议的主要调整对象是两岸关系，主要适用的场域因而应是两岸间，而在两岸域内的实施由于只涉及一方主体，所以，和平协议在两岸域内的实施方式也仅仅是根据和平协议对域内法进行相应调整；其三，和平协议的主干是两岸协商机制，实施和平协议的主要方式是两岸透过和平协议所规定的协商机制开展两岸协商，而域内实施则主要涉及和平协议的接受和效力等技术性问题，与和平协议的两岸间实施尚有相当距离。

立足于上述认识，和平协议的实施机制涉及以下三个方面的问题：其一，和平协议由谁实施，即和平协议的实施主体；其二，和平协议在实施过程中，必然涉及解释的问题，谁解释和平协议、如何解释和平协议等问题都值得探讨；其三，和平协议不是一成不变的，而是应该随着两岸关系和平发展的不断深入而进行必要的变更，因此，有必要讨论和平协议的变更问题。基于上述认识，本书对和平协议的两岸间实施的论述，将按照主体、解释和变更三个方面展开。

## （一）和平协议的联系主体

在和平协议中被指定为负责和平协议实施的主体，是和平协议的实施主体。根据本书对和平协议内容的设计，实施和平协议的主要方式是两岸之间在两岸协商机制下的政治性协商和事务性协商，因此，和平协议的实施主体实际上是负责两岸协商的主体，根据两会协议的惯例，可以称之为和平协议的联系主体。按照和平协议内容的设计，海协会和台湾海基会是主要从事两岸协商的主体，但是，和平协议并不禁止两会通过复委托的形式，将两岸事务中的一部分委托其他组织负责。因此，和平协议的联系主体包括两个层次：其一，海协会和台湾海基会是和平协议的联系主体，也即和平协议的实施主体；其二，经海协会和台湾海基会复委托的其他组织在从事复委托事项时，也是和平协议的联系主体。

两会是和平协议的联系主体，同时得对其他组织实行复委托。这里涉及三个值得探讨的问题：一是两会何以作为和平协议的联系主体；二是两会是否可以对其他组织进行复委托，由其他组织作为和平协议的联系主体；三是两会可否向对方派驻常驻代表。对第一个问题的探讨，有必要对联系主体的产生原因进行分析。如果仔细分析两会协议中有关联系主体的文字，可以发现，有的联系主体是负责"联系实施"，而有的联系主体仅仅是负责"联系"。

由于两会协议是大陆和台湾高度关注的规范性文件，任何表述都经过了两岸反复协商。① 因此，没有理由认为协议文本中用"联系"还是用"联系实施"是协议制定者的随意为之。立足于此认识，"联系"和"联系实施"应有着特殊的含义。考查协议文本中对"联系"和"联系实施"的使用，可以发现，如果联系主体能以自己的名义，并以自己所享有的权能完成有关业务的，协议文本大多使用"联系实施"一词；如果联系主体不能运用自己名义而仅负责联系，具体事务由其他有相应权能的主体完成的，则多使用"联系"一词。如《海峡两岸邮政协议》中，被指定为联系主体的海峡两岸邮政交流协会与财团法人台湾邮政协会不能直接从事两岸邮政业务，因此被协议规定为是负责"联系"的联系主体，而负责具体邮政业务的邮件处理中心是可以以自己名义、运用自己所享有的权能直接从事两岸邮政业务的组织，因此是负责"联系实施"的联系主体。由此可见，负责"联系"的联系主体只负责与相关主管部门及对方相应组织"联系"，而不从事具体的实施工作；负责"联系实施"的主体除完成上述工作外，还要从事具体的实施工作。两会协议之所以会出现上述安排，是为了在两岸公权力机关互不接触的情况下，使两岸可以通过联系主体就协议规定事项进行相互联系。至于联系主体和实施主体的关系，本书认为，大多数两会协议所规定的联系主体是专为两岸事务性交往的方便而设置的组织，因而缺乏实施两会协议的能力，而且两会协议大多涉及两岸公权力机关才能有效开展的事务。因此，除了被两会协议明确规定负责

---

① 参见张惠玲：《欧盟"共同外交暨安全政策"之整合谈判过程与台海两岸协商经验之比较》，台湾中山大学大陆研究所，2002 年博士论文，第 146 页以下。

"联系实施"的联系主体外，联系主体一般只负责"联系"两岸公权力机关，避免两岸关系中公权力机关直接接触的情况出现，而两岸公权力机关才是大部分两会协议真正的实施主体。[①] 综上所述，联系主体一般不是两会协议真正的实施主体，只有在负责"联系实施"时，联系主体才是两会协议真正的实施主体。

和平协议的情况与两会协议完全相同。由于和平协议是一项法理共识的考量，和平协议除确认两岸政治互信等优先性内容外，并不解决两岸实质性问题，而是为解决实质性问题开辟制度通道。按此思路，和平协议并不解决两岸是否承认对方公权力机关的"合法性"这一敏感议题。因此，在和平协议必须获得两岸公权力机关参与和配合才能实施的情况下，和平协议仍有必要设置联系主体制度，为两岸公权力机关具体实施和平协议提供联系的制度渠道。

回答第二个问题需观察到两会协议的另一个现象：大多数两会协议的业务联系主体不是海协会和台湾海基会，而是两岸从事相关业务的组织，只有其他有关事宜的联系主体才是海协会和台湾海基会。出现上述现象的原因，是因为两会协议具有高度的专业性，而海协会和台湾海基会作为两岸半官方性质的民间团体，具有综合性的特点，是两岸交流的"窗口单位"，所处理的事务都是两岸关系中具有综合性、宏观性的事务，因而由专业组织承担联系工作，有助于贯彻和落实两会协议。和平协议亦需考虑上述因素。作为一项法理共识，和平协议具有制度框架的性质。因此，和平协议的联系主体必须是具有综合性的海协会和台湾海基会，也只有将两会作为和平协议联系主体，才能有效统筹两岸关系和平发展的各方面事务。但是，海协会和台湾海基会毕竟是综合性组织，专业性不强的缺点将

---

① 需要指出的是，《海峡两岸食品安全协议》中出现了"两岸业务主管机关"字样，这一现象的出现是否意味着两岸公权力机关可以通过更加便利的渠道开展联系，而联系主体制度是否因此将逐渐退出历史舞台，值得进一步观察。

有可能影响和平协议的贯彻落实。因此，和平协议有必要规定复委托制度，允许两会委托其他专业性组织完成专业性较强的事务。

由此，和平协议的联系主体机制基本形成，海协会和台湾海基会是和平协议的联系主体，但是基于专门化业务的考量，和平协议亦应规定复委托制度，允许两会委托其他专业性组织完成专业性较强的事务。

第三个问题殊为敏感。在两会成为两岸协商的主体后，两会向对方派驻常驻代表在事实上成为两岸派驻对方的代表。从和平协议实施的需要而言，两会向对方派驻常驻代表既是一种事务性的需要，也是一种策略性的考量。台湾学者张亚中曾经提出两岸互设"常设代表处"的设想。① 根据张亚中的设想，两岸设置"常设代表处"，类似于国家间互设的大使馆，只不过"两岸并非一般国与国关系"，因而用"常设代表处"的名称。② 台湾地区著名政治人物邱进益也曾提出两岸互设官方机构的建议。按照邱进益的设想，"代表机构是官方的，但为了避免任何政治符号，用地名表示……不牵涉任何主权、国名、政府的问题"，而且名称也不是一成不变的，"可以按照双方关系进展作更动"。③ 上述两位台湾人士的建议，都是要在两岸建立官方性质的常驻机构，虽然意识到了为避免"国家""主权"等争议而使用与政治无涉的名义，但仍涉及台湾当局的性质、大陆到底如何定位等敏感问题，因而在现实中也是不可行的。考虑到和平协议是"中华民族认同基础上的法理共识"这一定位，对于台湾当局的性质等问题，都不必在和平协议中解决，因此，两岸也不适宜以"官方"名义向对方派驻常驻代表处。立足于此认识，为方便两会就实施和平协议事宜进行联系，可以由两会以联系和平协议实施为名，向对方（指两会中的一方，而不是两岸中的一方）派驻常驻代表。在名称上，可以使用

①　参见张亚中：《〈两岸和平发展基础协定〉刍议》，《中国评论》，2008 年第 10 期。
②　参见张亚中：《〈两岸和平发展基础协定〉刍议》，《中国评论》，2008 年第 10 期。
③　参见邱进益：《提出〈两岸和平合作协议草案〉的心路历程》，系邱进益在"两岸和平合作论坛"（中国评论通讯社、《中国评论》月刊主办）上的发言稿，《中国评论》，2008 年第 11 期。

"海协会常驻海基会代表"和"海基会常驻海协会代表"等。通过两会向对方派驻常驻代表的形式，不仅可以降低两岸互派常驻代表的政治敏感性，而且可以使两岸公权力机关透过两会框架，达到互派常驻代表的作用。

### （二）和平协议的解释

本书所称和平协议的解释，是指通过对和平协议文本含义的阐明，使和平协议能够在实践中得以适用。由该定义可见，和平协议的解释是和平协议实施的重要环节，与和平协议的适用具有同一性。和平协议的解释亦可能在两岸域内和两岸间两个场域发生，立足于此，确定和平协议解释制度的基本思路是：和平协议在两岸域内的解释由大陆和台湾地区根据各自的法律解释制度确定，在两岸间的解释则通过建立和平协议解释机制来解释和平协议。需要指出的是，和平协议在两岸间的解释虽然不涉及两岸域内的法律解释制度，但是从解释和平协议的效率、制度适应性和解释结果的可接受性等方面考虑，和平协议在两岸间的解释不能忽视两岸域内法律解释制度，而应以两岸域内法律解释制度为基础。

除《海峡两岸空运补充协议》外，其余两会协议中均没有协议解释的直接规定，但有的两会协议包括有"争议解决"条款，通过"争议解决"条款的设置，这些协议实质上规定了协议在两岸间的解释。

考查两会协议文本，共有九份协议规定有"争议解决"条款，具体又可分为两种表述模式。第一种表述模式为"因适用本协议所生争议，双方应尽速协商解决"，《两岸公证书使用查证协议》《两岸挂号函件查询、补偿事宜协议》《海峡两岸关于大陆居民赴台湾旅游协议》《海峡两岸海运协议》《海峡两岸空运协议》《海峡两岸邮政协议》《海峡两岸食品安全协议》和《海峡两岸共同打击犯罪及司法互助协议》均属此类。第二种表述模式为"因执行本协议所生争议，双方应尽速协商解决"，该表述模式仅有《海峡两岸金融合作协议》一份协议采用。上述"适用"

与"执行"的使用，自有其根据，系因协议内容而做的表述，本书不作过多分析，但无论是"适用"还是"执行"，按照解释学的观点，其本质均为对协议的"解释"。

在两会协议中，"适用"与"执行"的基本依据都是两会协议的文本。因此，"适用"与"执行"的基础都是对两会协议文本的"理解"。由此可见，"适用"和"执行"两会协议的过程，实际上包括两个阶段：第一阶段为理解文本，第二阶段则在对文本理解的基础上，按照适用者或执行者对文本的理解，作出适用行为或执行行为。显而易见，适用行为和执行行为都不过是对文本理解的外在表现。对文本的理解，是适用行为和执行行为的内在本质。由于理解与解释的同一性，所以，在解释学的论域内，对两会协议的"适用"与"执行"，就是对两会协议的解释。

根据上述分析，对两会协议"适用"或"执行"中争议的解决，并非是确定两岸到底谁对谁错，而是确定何者是有权决定谁对谁错的主体。显然，在当前的两岸局势下，两岸只能通过协商，以获得两岸对协议文本"共同的解释"。由此可见，两会协议通过设置"争议解决"条款，形成了对两会协议的解释制度。结合两会协议中有关联系主体的规定，两会协议有关解释的规定可以概括如下：第一，解释的原因只能是因"适用"或"执行"两会协议中出现争议，属于具体解释，而不包括单纯对文本理解不一、而与具体事务无涉者；第二，适用"争议解决条款"解释两会协议的情形，只包括对两会协议的两岸间解释，而不涉及两会协议在两岸各自域内的解释；第三，解释的主体是双方共同组成的协商机制，这里的"双方"，应根据争议所涉对象所属的事务范围决定，亦即若属于"议定事项"的范围，应将"双方"确定为两岸有关"议定事项"的联系主体，若属于"其他相关事宜"的范围，应将"双方"确定为两岸有关"其他相关事宜"的联系主体。

2009 年 4 月签订的《海峡两岸空运补充协议》第 13 条第 2 款在两会

协议中第一次出现了"解释"一词，规定"双方对协议的实施或解释发生争议时，由两岸航空主管部门协商解决"。该条的规定，在两会协议解释制度上，有着两点突破：第一，明确提出"解释"一词，使解释的范围不限于"适用"或"执行"范围，亦即将对两会协议的解释从具体解释扩展到抽象解释。第二，明确地将"双方"确定为"两岸航空主管部门"，从而将解释主体明晰化。

两会协议有关解释的规定，尤其是《海峡两岸空运补充协议》所体现出来的新变化，值得和平协议采用。

同时，不可能所有的解释者对和平协议的解释都有效力。为了保证解释的有效性和被接受性，和平协议必须规定一个权威的"有权解释者"（有权解释主体），由这个"有权解释者"对和平协议作出具有规范意义的解释。因此，确定和平协议的有权解释主体，并对和平协议的解释权进行分配，对于有序解释和平协议是最为重要的问题之一。《基本法》解释权分配的三个特点对于和平协议的解释既有值得借鉴之处，也有不适宜之处。

第一，对和平协议的解释权进行分配时，应考虑到两岸关系的现实，按照场域原则，而不是事务原则，确定解释权的分配标准。考虑到两岸关系的现实，可以依据场域原则，以和平协议的解释发生在两岸域内、还是两岸间为标准，将和平协议的解释权分配划分为两个层面：一是两岸域内谁有权解释和平协议；二是两岸间谁有权解释和平协议。对于前者，应由两岸按照各自法域内的有关法律确定有权解释者，对于后者，应另设和平协议解释机制。

第二，对于两岸域内解释权的分配，可以借鉴香港《基本法》的有关规定，按照大陆和台湾法律解释的传统和现行制度对和平协议的解释权进行分配。由于和平协议在两岸域内的实施，属于两岸的内部事务，大陆和台湾因而可以根据各自法律解释的传统和现行制度自行确定。大陆方面，根据 1982 年宪法、《立法法》和《全国人民代表大会常务委员会关于加强法律解释工作的决议》的有关规定，全国人大常委会负责解释法律，国务院、最高人民法院和最高人民检察院在具体适用法律时，也有权解释法律。可以说，大陆采取的是立法解释、行政解释和司法（包括审判和检察）解释并存的法律解释体制。至于谁解释和平协议的问题，可以参照香港《基本法》的规定，由全国人大常委会独享对和平协议的解释权，而行政机关和司法机关均无权解释和平协议，但可参照《立法法》第 43 条，向全国人大常委会提出解释和平协议的要求。全国人大常委会在解释和平协议时，可以参照《基本法》第 158 条第 3 款最后一句的规定，要求全国人大常委会在解释和平协议时，征询涉台单位如国台办或海协会的意见。台湾方面，根据台湾地区现行"宪法"，"司法院大法官"享有"宪法"的解释权和对"法律"、命令的统一解释权，而"立法"、行政、司法（包括各级法院和法官）以及地方自治团体均可解释"法律"和命令，但在对"法律"和命令有不同理解时，"司法院大法官"的统一解释具有最终法律效力。[①] 可以预见，和平协议签订后，台湾地区仍会沿用上述制度，由"司法院大法官"对和平协议进行统一解释，而"立法"、行政、司法以及地方自治团体亦可在具体适用过程中解释和平协议，但"大法官"的统一解释在岛内是具有最终法律效力的解释。

第三，对于和平协议在两岸间的解释，大陆和台湾应另设和平协议解释机制。就两岸关系的现状而言，两岸关系不能等同于中央与香港特别行政区之间的关系，所以，《基本法》中有关中央与特别行政区关系的条款由全国人大常委会解释的规定，不适用于两岸间的和平协议解释。就现实状况而言，全国人大常委会对和平协议的解释，在台湾当局不承认的情况下，也无法产生实际效力。借鉴两会协议有关解释的规定，和平协议在两

① 参见周叶中、祝捷：《台湾地区"宪政改革"研究》，香港社会科学出版社有限公司，2007 年版，第 94 页以下。

岸间的解释，可以通过两岸共同参与的解释机制完成。两岸共同参与的和平协议解释机制主要在两种情况下发挥作用：其一，在两岸之间就政治、经济、文化、社会和国际事务等方面开展合作时，需要进一步明确和平协议的具体含义，或者出现了新的情况，需要明确是否可以适用以及如何适用和平协议，和平协议解释机制应对和平协议作出解释；其二，对于两岸在各自域内解释出现不一致、而且有可能影响两岸间事务的，两岸应共同通过和平协议解释机制对和平协议进行统一解释。在具体的操作上，和平协议的解释机制可以作为两岸协商机制的一部分，于需要解释和平协议时，由两会作为联系主体作具体协商。

根据不同的标准，和平协议在两岸间解释的特征，有着如下几个问题：其一，根据有权解释者是否主动，可以分为主动解释和被动解释，那么和平协议的两岸间解释是主动解释还是被动解释？其二，根据和平协议的解释是否与具体案件或争议（case or controversies）有关，可以分为具体解释和抽象解释，亦可称为主观解释和客观解释，[①] 那么和平协议的两岸间解释是具体解释还是抽象解释？其三，根据解释的结果是否具有拘束力，可以分为拘束性解释和咨询性解释，[②] 那么和平协议的两岸间解释是拘束性解释还是咨询性解释？

回答上述三个问题，明确和平协议两岸间解释的特征，必须首先对"和平协议"的两岸间解释的实质加以澄清。根据和平协议在两岸间解释的制度设计，和平协议在两岸间的解释，实际上是两岸围绕和平协议的含义而进行的协商，与严格意义的法律解释有着较大差别。

---

① 参见汤德宗：《论违宪审查制度的改进——由"多元多轨"到"一元一轨"的改进方案》，载汤德宗：《权力分立新论》（卷二），元照出版公司，2005年版，第187页；关于主观解释和客观解释的提法，是我们根据主观诉讼和客观诉讼改造，参见吴庚：《宪法的解释与适用》，三民书局，2003年版，第365页。

② 参见汤德宗：《论违宪审查制度的改进——由"多元多轨"到"一元一轨"的改进方案》，载汤德宗：《权力分立新论》（卷二），元照出版公司，2005年版，第191页。

根据和平协议联系主体的论述，两会实际上是在两岸公权力机关无法直接接触时，为两岸能开展有效交流而设置的半官方机构。在和平协议的实施中，两会并不是真正的实施主体，而仅仅是联系主体，其所有的权力均来自于两岸公权力机关的授权。因此，两会在和平协议实施过程中不具有独立地位。由此可知，两会构成的和平协议解释机制亦不具有独立地位。立足于此认识，两岸对和平协议都产生"误解"时，由于两会对两岸的依附性，不可能作出一个"正确的理解"。由此可见，和平协议解释并不是由两会组成的和平协议解释机制所作出的独立判断，将和平协议解释机制的"误解"通过其有权解释者的地位，上升为"正确的理解"，而是通过两个"误解"之间的互相妥协、折中、融合，最终产生的"正确的理解"。因此，和平协议的两岸间解释机制，最符合罗尔斯所言之"公共理性论坛"的特征，[①]体现了"中华民族认同基础上的法理共识"。立足于此认识，和平协议的特征将得以厘清。

第一，和平协议在两岸间的解释应采被动解释。被动解释是指有权解释者只能在被要求解释和平协议时，才能对和平协议进行解释，而不能依自己的主观意愿，主动对和平协议进行解释。之所以将和平协议在两岸间的解释确定为被动解释，并排除主动解释，主要是基于两岸关系现实的考量。如前所述，两会是在两岸有关部门的授权和委托下从事两岸协商，必须依照授权主体和委托主体的意思行事，而不具有独立地位，由两会构成的和平协议解释机制也不具有独立地位。在此情况下，对和平协议的主动解释没有存在的基础，因为两会不可能在无授权或委托的情况下，自行解释和平协议。因此，和平协议在两岸间的解释，只能是由有关主体提出，通过两会构成的和平协议解释机制进行协商，最终形成对和平协议文本含义的共识。

---

① ［美］罗尔斯著，万俊人译：《政治自由主义》，译林出版社，2000年版，第226页。

　　第二，和平协议在两岸间的解释兼具具体解释和抽象解释的特点。具体解释和抽象解释以是否涉及具体案件或争议为标准所进行的解释种类划分。仅就定义而言，抽象解释与具体案件或争议无关，只要提起解释的主体适格，有权解释者就应对被提起解释的法律规范进行解释。考查两岸的法律解释制度和实践，大陆方面全国人大常委会的法律解释有着抽象解释的特点，但是对香港《基本法》的解释，都是针对"具体案件或争议"进行的；台湾方面"司法院大法官"的"宪法"解释及统一解释，具有具体解释的特点。① 在两种截然不同的解释类型中，和平协议的解释应作何定性呢？我们认为，一种解释类型是具体解释还是抽象解释，与解释的目的和主体有着密切的联系。大陆方面全国人大常委会解释法律的主要目

---

　　① 根据《立法法》第42条规定，全国人大常委会在两种情况下可以进行法律解释：其一，法律的规定需要进一步明确具体含义的；其二，法律制定后出现新的情况，需要明确适用法律依据的。由此规定可见，《立法法》第42条只规定了全国人大常委会解释法律的情况，并未规定全国人大常委会在解释法律时，是否必须以具体案件或争议为前提。另考查《立法法》第90条，国务院等五类主体有权在认为行政法规等规范性文件与宪法、法律相抵触时，向全国人大常委会提出审查要求。此处的"认为"是否需要与具体案件或争议有关、是否与该五类主体行使职权有关，《立法法》第90条都未作出明确规定。由此分析可知，全国人大常委会的法律解释既可以是抽象解释，也可以是具体解释。但是，从实践而言，全国人大常委会没有针对具体案件或争议作出过法律解释，所有的法律解释都是为了解决法律适用问题，尤以对《刑法》的立法解释为最多。台湾地区"司法院大法官释宪"机制由于其司法性，将"具体案件或争议"作为声请"释宪"或统一解释的要件。有台湾学者认为，"司法院大法官审理案件法"（以下简称"审理法"）第4条和第5条的规定，"大法官"可以进行"宪法释疑"，而"中央"及地方各机关、三分之一以上"立法委员"联署，均可声请审理"宪法释疑"案件，由于"宪法释疑"案件"并无得以附丽的事实基础"，具有高度抽象性，与"司法为个案争议解决之本质"不符，据此认为"宪法释疑"案件属于抽象解释。但是，依据"审理法"之规定，上述主体并不是在任何情况下，都能要求"大法官"进行"宪法释疑"的，而是必须符合"行使职权"的要件，即只能在"行使职权"的过程中遇到的"宪法疑义"，方可提出"释宪声请"，且该"宪法疑义"应与"行使职权"有关。根据台湾学者的观点，由于"行使职权"要件的存在，"宪法释疑"案件有了"相对主观化"的趋势。当然，亦有比较纯粹的抽象解释，如德国联邦宪法法院的抽象审查权。参见台湾地区"司法院大法官审理案件法"（1993年）第4条、第5条，第7条和第19条，台湾地区"宪法增修条文"（2005年）第2条；周叶中、祝捷：《我国台湾地区"违宪审查制度"变革评析》，《法学评论》，2007年第4期；蔡宗珍：《我国宪法审判制度之检讨》，载蔡宗珍：《宪法与国家》（一），元照出版公司，2004年版，第113页；汤德宗：《权力分立与违宪审查》，载汤德宗：《权力分立新论》（卷二），元照出版公司，2005年版，第79页以下；吴庚：《宪法的解释与适用》，三民书局，2003年版，第367页；吴信华："行使职权"作为机关声请法令违宪解释要件之探讨》，载宪孔中、陈新民主编：《宪法解释之理论与实务》（第三辑），"中央研究院"中山人文社会科学研究所，2002年版；刘兆兴：《德国联邦宪法法院的抽象审查权》，《外国法译评》，1997年第2期，等等。

的是为了明确法律的适用，台湾方面"司法院大法官"解释"宪法"和法律的直接目的是为了解决具体个案，而且前者是具有抽象性特征的立法机关，后者是具有个案性特征的司法机关，两者在解释的类型上自然会出现截然对立的局面。从解释的目的而言，和平协议在两岸间的解释主要是为了使两岸在和平协议的认识上取得一致，进而有效地促进和平协议在两岸间的适用。从主体的角度而言，两会既不是立法机关，也不是司法机关，和平协议解释机制因此不必受到立法机关抽象性和司法机关个案性的限制。基于上述认识，和平协议的两岸间解释较全国人大常委会的法律解释制度和"司法院大法官"的"释宪"机制更加灵活和务实，兼具具体解释和抽象解释的特点。具体而言，包括以下两个方面：其一，和平协议既可以是抽象解释，也可以是具体解释，即不必以"具体案件或争议"为限，只要是遇到两岸对和平协议含义需要明确时，都可启动和平协议解释机制，通过和平协议解释机制予以解释；其二，在对和平协议进行抽象解释时，应明确规定前提条件，防止滥用和平协议解释权，从而保证和平协议的抽象解释不偏离设计和平协议解释机制时的目的。具体的限制条件可以参照台湾地区"审理法"对"宪法释疑"案件的限制，规定提起解释和平协议的主体，只有在行使与两岸关系有关的职权过程中，涉及对和平协议的具体含义的理解时，方可向和平协议解释机制提起解释和平协议的申请。

第三，和平协议在两岸间的解释同时具有咨询性解释和拘束性解释的特点。和平协议在两岸间的解释具有法律效力，对两岸产生拘束性。和平协议解释的拘束性与和平协议自身的效力有关。若承认和平协议的效力，自不必怀疑和平协议在两岸间解释的拘束性。和平协议在两岸间解释的咨询性应从国际法上的"咨询"来理解。基于上述认识，当两岸双方或任何一方拟采取与两岸关系有关的行动前，无论该行动是立法性质、行政性质还是司法性质，均可就该行动所涉及和平协议的含义提供咨询意见。

和平协议解释机制是两岸协商机制的一部分，和平协议解释机制的程序可以遵循两岸协商机制的程序框架。根据所解释事项的不同，和平协议解释机制可分别按照两岸事务性协商机制和两岸政治性协商机制所规定的程序进行。但是，和平协议的解释有其特殊性，尽管总体上遵循两岸协商机制的程序，仍应根据和平协议解释的特性进行修正和补充，尤其是在如何降低和平协议解释可能对两岸关系产生的消极影响、保证和平协议解释的有效性方面，应作专门的程序设计。

由于和平协议的极端敏感性和社会影响力，任何对和平协议的解释，尤其是对和平协议在两岸间的解释都有可能对两岸关系产生重大影响。即便是有权解释主体亦应保持解释者的谦抑性，而不能对和平协议进行随意解释。根据诠释学的基本原理，所有理解、适用和平协议的主体都是和平协议的解释主体。因此，对解释权进行分配的意义，不过是确定了有权解释主体。对有权解释主体的确定，并不意味着该有权解释主体垄断了对和平协议的解释，更不意味着有权解释主体可以随意解释和平协议。考虑到和平协议在两岸间解释的实质，随意解释的风险已经降至最低。但是，这仍不能保证和平协议的两岸间解释不出现随意解释的局面。在此方面，程序控制发挥着极为重要的功能。从诠释学的角度而言，宪法解释所需考虑的因素具有多元性。这里的多元性，并不单指解释主体的多元性，还包括宪法文本、环境、社会影响等因素。可以说，一个科学的、具有可接受性的释宪结果的生成，乃是多元视域融合的结果。[①] 基于此认识，在承认多元主体共同参与解释的背景下，控制随意解释和平协议的最佳办法是构建和平协议解释的秩序，即通过科学的程序安排，使所有适用和平协议的主体，而不仅仅是有权解释主体，都参与到对和平协议的解释中来，使他们

---

① 参见祝捷：《从主体性到主体间性——宪法解释方法论的再反思》，载《广东社会科学》，2010年第5期。

对和平协议的解释都能有畅通的表达渠道。①

　　参考上述观点，我们认为，降低和平协议解释的随意性，科学的程序安排将扮演关键性的角色（key role）。科学的程序安排有助于形成合理的和平协议解释秩序。这一点，和平协议的两岸间解释有着先天优势：和平协议的两岸间解释并不是通过"有权解释者"的"自我解释"实现的，而是两岸在各自对和平协议理解基础上的妥协、折中和融合。因此，和平协议在两岸间的解释先天地具有了多元视域融合的特征。程序所起的作用是体现并强化这一特征，进而将这种多元视域融合从两岸公权力机关扩展到两岸所有主体。上述思想应贯彻到具体的程序设计中，主要包括：第一，明确两会是和平协议的有权解释者的同时，应承认多元解释主体的地位，赋予多元解释主体知情权和表达权，使多元解释主体能有效影响最后解释结果的作成；第二，明确规定除两会外的多元解释主体参与解释和平协议的程序，通过听证、公众参与、公开辩论、就解释结果征求意见等方式，广泛吸取两岸各界的意见；第三，建立补充解释制度，允许两会通过和平协议解释机制，对已经生效的解释加以补充，以使和平协议能在文本不变动的情况下，与两岸关系和平发展的实际情况始终保持一致。

　　最后需要解决的是和平协议解释程序中的几个技术问题：其一，解释结果以何种形式表现于外；其二，和平协议的解释如何为两岸所接受；其三，和平协议的解释效力如何。这三个问题的核心是第一个问题，一旦确定了和平协议解释结果的表现形式，其接受和效力都可根据该表现形式的特点加以确定。我们认为，既然和平协议解释机制被纳入两岸协商机制的一部分，因而可以将和平协议在两岸间解释的结果以两会协议的形式表现出来，解释的对象可以在协议的名称中加以说明，如《两会关于和平协

---

　　① 参见祝捷：《宪法解释方法论之困境与重构》，载《公法评论》（第5卷），北京大学出版社，2008年版。

议第×条的解释》或者《两会关于和平协议中××问题的解释》等。由此，对和平协议解释的接受及其效力，可以按照对前述两会协议的处理方式进行。唯需说明的是，和平协议解释的效力高于其他依据和平协议制定的规范性文件（包括和平协议确认的两会协议，以及依据和平协议制定的两岸协议），而与和平协议等同。

和平协议以文本的形式存在，和平协议的文本不仅体现出某种规范性的存在，还试图体现出和平协议的意蕴。意蕴是某种比语言的逻辑系统更深层的东西，是先于语词并与语言同样原始的东西。① 和平协议通过和平协议文本的语言表示意蕴，语言形成了意蕴的内涵与外延，可是语言的可变性又模糊了和平协议的意蕴。因为语言总是在描述一物时，又同时指示另一物。② 语言的可变性决定了规范的开放性，而和平协议本身在制定过程中为了回避政治争议就被高度抽象化以符合包容性的要求，其所用语言相对于其他文本的语言更加多变。一个词语具有多个特定的指向性含义，特定词语的"指"（signifier）和"所指"（signified）③ 之间，如何进行取舍需凭借解释者的意愿和价值取向。在此我们试图通过程序的建构来限制对和平协议的随意解释。但是，当多元解释主体围绕和平协议的文本展开解释博弈时，仅仅通过程序的限制，至多只能再次降低随意解释的风险，而不可能将风险完全消除。为此，有必要明确和平协议解释的界限，不允许和平协议解释机制解释某些因体现和平协议核心精神而具有极端重要性的内容，从而回避因随意解释而破坏和平协议核心精神的风险。

明确和平协议解释的界限是为了更好地保护两岸关系。两岸关系敏感而脆弱，和平协议作为一项法理共识，虽然有助于在两岸间形成一个比较

---

① 洪汉鼎：《诠释学——它的历史和当代发展》，人民出版社，2001年版，第204页。

② 殷鼎：《理解的命运》，生活·读书·新知三联书店，1988年版，第85页。

③ 前者是指符号的使用，后者是意指符号所表达出的对象，由符号组成的一个词句，可以是毫无意义的胡言乱语，也可以是有意义的表达。参见殷鼎：《理解的命运》，生活·读书·新知三联书店，1988年版，第182页。

稳定的状态，但是由和平协议所规定的稳定状态以和平协议所规定的制度为基础。因此，和平协议的变化，即便只是通过解释的隐性变化，都将削弱甚至彻底动摇这种稳定的状态。为了保护两岸关系这种来之不易的稳定状态，必须对和平协议中某些核心制度加以特殊保障。

第一，确立不解释优先性内容原则。所谓不解释优先性内容原则，是指禁止大陆和台湾任何有权解释者以及两会构成的和平协议解释机制解释和平协议所确定的优先性内容，而无论该解释的场域是两岸域内还是两岸间。确定不解释优先性内容原则主要是出于以下两点考虑。其一，和平协议中的优先性内容在和平协议中处于核心地位，而且具有极端敏感性。其二，根据功能原则，对和平协议所规定的优先性内容，属于解释和平协议时应予回避的对象。

第二，确立在解释中不引用政治关系定位的原则，即不引用政治关系定位解释原则，是指两岸任何有权解释者以及由两会构成的和平协议解释机制在解释和平协议时，无论解释发生的场域是在两岸域内还是两岸间，都禁止引用大陆和台湾的政治关系定位作为支持其观点或否定其他观点的依据。确立不引用政治关系定位解释原则，将彻底杜绝两岸在和平协议实施过程中，于政治关系定位共识之外表达自己观点的机会，消除可能妨碍和平协议实施的隐患。

第三，确立以和平协议解释和平协议的原则。以和平协议解释和平协议原则，包括两层含义：其一，就实体面而言，和平协议的有权解释者于解释和平协议时，应以和平协议有规定者为限。和平协议未规定者，不应作扩大解释或通过解释填补漏洞，绝对排斥和平协议的有权解释者借解释和平协议之名、行修改和平协议之实；① 其二，就方法面而言，对和平协议的解释，应以和平协议文本为依据，注意和平协议前后文本的协调，即

---

① 对"以和平协议解释和平协议原则"在内容方面的含义，参考了吴庚对"宪法解释宪法"的定义。参见吴庚：《宪法的解释与适用》，三民书局，2003 年版，第 572 页以下。

不是通过社会上的字典或历史上的字典来解释和平协议，而是将和平协议本身当作一本字典，通过条文之间的逻辑关系来推知和平协议的含义。[①]"以和平协议解释和平协议"原则的确立，可以尽可能地将和平协议之外的因素排除出和平协议解释的范围，从而确保和平协议自身的安全和稳定，也可防止有权解释者对和平协议的无形修改和曲解。

第四，确立历史解释优先原则。法律解释是法律适应社会变迁的方式之一。从此意义而言，对和平协议的解释，是和平协议适应两岸关系和平发展的重要机制。通过历史解释这一制动阀的作用，可以使和平协议的变迁与两岸关系和平发展保持协调，从而始终使和平协议的含义处于两岸关系所能接受的状态。

不解释优先性内容原则和不引用政治关系定位解释原则，是在内容方面划定解释和平协议的界限，以和平协议解释和平协议原则和历史解释优先原则，是从方法的角度划定了解释和平协议的界限。通过该四项原则在内容和方法两个方面的界定，和平协议可能出现随意解释进而危及和平协议存在基础的可能性被降至最低。

（三）和平协议的变更

和平协议的变更，亦即和平协议的修改，是指对和平协议文本的增补、删除和变动。按照两会协议的惯例，这里我们将和平协议的修改称为和平协议的变更。和平协议的文本反映了签订和平协议时两岸关系的发展状况。随着两岸关系和平发展的深化，和平协议的文本将出现不适应两岸关系和平发展的地方。虽然对和平协议的解释能在一定程度上使和平协议与两岸关系和平发展保持协调，但解释毕竟要在文本的文义射程内方有可

---

① 对"以和平协议解释和平协议原则"在方法方面的含义，参考了美国学者阿麦尔（Amar）的交互文本主义（Intratextualism）。See Akhil Reed Amar: Intratextualism, *112 Harvard Law Review.* 788–789（1999）。另可参见祝捷：《宪法解释方法论之困境与重构》，载《公法评论》（第5卷），北京大学出版社，2008年版。

能。在两岸关系和平发展超出文本的文义射程之外时，仅凭解释的方法已经无法满足和平协议变迁的要求。况且和平协议在实施过程中，可能出现一些规范上的漏洞，由于前述对和平协议解释的限制，仅靠和平协议的解释是无法填补这些漏洞的。因此，允许变更和平协议，以保证和平协议与两岸关系和平发展的适应性，有其必要。

考查两会协议的文本，两会协议的变更包括三种形式：一是具体的狭义变更，即在两会协议中明确规定可以变更的内容；二是概括的狭义变更，即两会协议虽明确规定不可变更，但未规定变更的内容，从理论上而言，两会协议的任何内容都属于可变更的范围；三是对未尽事宜的补充，即两会协议规定未尽事宜的处理方式。由于后者可以理解为对两会协议的增补，因而也纳入两会协议的变更中一并讨论。在两会签订的 16 份协议中，规定有变更（包括狭义变更和对未尽事宜的补充）的有 11 份，另有一份系对两会协议的增补。考查八份规定有变更内容的两会协议，可以发现，两会协议对于狭义变更和对未尽事宜的补充的规定，已经形成了固定的模式。在实践中，迄今为止，两岸对于两会协议的变更共有两次。第一次是 1994 年对《两岸公证书查证协议》中适用公证书种类的增补。根据《两岸公证书查证协议》第 2 条第 2 项，两岸有关方面于 1994 年 11 月决定扩大寄送公证书副本的范围，并经两会确认后生效。从模式上而言，对《两岸公证书查证协议》的此次变更依据上述第一种模式的变更。① 在变更程序上，此次变更经历了两个阶段。第一阶段为商谈阶段。1994 年 11 月 21 日至 28 日，两会副秘书长孙亚夫和许惠祐在南京进行预备性磋商，就包括"扩大寄送公证书副本种类"在内的议题进行商谈，初步达成"扩大寄送税务、病历、经历及专业证明等四项公证书副本"的共识。②

---

① 《关于增加寄送公证书副本种类》中明确说明，对公证书副本种类的增加，是依据《两岸公证书查证协议》第二条。

② 参见张惠玲：《欧盟"共同外交暨安全政策"之整合谈判过程与台海两岸协商经验之比较》，台湾中山大学大陆研究所，2002 年博士论文，第 149 页。

第二阶段为确认阶段。两会副会长、秘书长级官员在负责人会谈上正式达成"关于增加寄送公证书副本种类"的共识后，两会通过"换文"的形式分别予以确认，"关于增加寄送公证书副本种类"自1995年2月1日正式生效。第二次对两会协议的变更，是2009年对《海峡两岸空运协议》的补充。根据《海峡两岸空运协议》第1条、第3条和第4条，海协会和台湾海基会于2009年4月27日签订《海峡两岸空运补充协议》，将《海峡两岸空运协议》中的常态化包机改为空中定期航班，从而实现了两岸航空运输业务正常化。从模式上而言，对《海峡两岸空运协议》的此次变更，属于前述第一种模式。① 在变更程序上，此次变更基本上依循制定新协议的程序，主要经历了两个阶段：第一阶段是协商阶段。2009年4月18日，两会有关负责人在台北进行预备性磋商，就两岸空中直航定期航班议题的主要内容及协议文本进行了工作性商谈，并达成原则共识；② 第二个阶段为签订阶段。2009年4月27日，海协会领导人陈云林和台湾海基会领导人江丙坤在南京进行第三次会谈，签署了《海峡两岸空运补充协议》，从而完成了对《海峡两岸空运协议》的变更。

至于两会协议变更的另两种模式，虽未在实践中出现，但对变更程序亦有着概括性规定：第二种表述明确规定通过"双方协商同意"的形式变更，第三种则规定"双方得以适当方式另行商定"。对于后者，虽未明确规定"适当方式"为何，但由"商定"二字可见，其方式仍是"双方协商"，只不过在具体方式上可以更加灵活，如可以通过换文、函告、口头表述、默许等。

尽管两岸在两会协议的变更上只有一次实践，但仅此一次实践就已证

---

① 《海峡两岸空运补充协议》的前言中明确说明，将常态化包机改为空中定期航班的依据中，包括《海峡两岸空运协议》第4条。

② 参见《海协会与台湾海基会商定两会领导人第三次会谈4月26日在南京举行》，2009年4月18日，资料来源：http://www.gwytb.gov.cn/gzyw/gzyw1.asp?gzyw_m_id=1945，最后访问日期：2009年4月28日。

明两会协议有关变更的规定是适宜的，其中一些有益之处值得和平协议设计变更机制时参照。当然和平协议亦应根据自身特点加以取舍和修正。这是我们主要讨论和平协议变更的表述模式、程序及限制。

对和平协议的变更应注意两个方面：其一，对和平协议的变更应在和平协议文本有规定的框架内；其二，对和平协议的变更不应减损和平协议的权威性。和平协议虽然将功能原则作为其基本原则，但毕竟与单纯事务性的两会协议不同。作为"中华民族认同基础上的法理共识"以及两岸关系和平发展框架的基础性规范，和平协议是在两岸高度共识基础上形成的。和平协议所规定的内容、规定的用语等，都是在高度妥协、审慎斟酌的基础上确定的，和平协议没有被涉及的部分以及没有使用的用语，都应当作为有意之省略，而不应认为是会谈中的疏忽或者开放可通过普通的两会协商机制加以变更的可能性。因此，对和平协议的变更同对一般事务性两会协议的变更不同，应仅在和平协议已有文本框架的基础上对现有规定加以补充和完善，而不应在已有文本框架之外，另行规定新的内容。同时，和平协议的效力主要依靠政治力的尊重来维持，规范意义上的效力是极其微弱的。因此，对和平协议的变更应注意在实现和平协议适应性的同时，维护和平协议的权威性。

在有关变更的表述模式上，和平协议可以采取第一种和第二种模式，但不适宜第三种模式，亦即对和平协议的变更应采狭义变更的表述模式，而不宜以"未尽事宜"为名做任何扩张，防止动摇和平协议的基础，偏离和平协议的性质，减损和平协议的权威性。再者，大陆和台湾若对和平协议"未尽事宜"达成共识，可以通过两岸协议形式加以体现，而无必要变更和平协议。第一种"具体的狭义变更"模式和第二种"概括的狭义变更"模式，由于明确了变更应仅在和平协议文本框架内，符合和平协议的性质和地位，也有助于在不减损其权威性的情况下，提高其适应性，因而可以为和平协议所采用。

　　在变更程序上，和平协议可以参照前述《海峡两岸包机会谈纪要》等五份两会协议的方式，由两会通过协商、以书面方式确认。值得注意的是，依该变更程序所进行的协商，其直接依据是和平协议，而不是两岸有关部门的再次授权。因此，与两会根据两岸有关部门的授权进行签订和平协议的谈判有所不同。由于两会对和平协议的变更没有两岸有关部门的再次授权，依照和平协议的规定变更和平协议因而应受到限制，而不能由两岸通过两会机制随意为之。

　　当然，对变更规定模式的限制，也是对和平协议变更的限制之一。但是，通过狭义变更的模式对和平协议的变更在理论上仍有改变和平协议性质和地位的可能。为了消除这种可能性，有必要采取其他方式限制和平协议的变更。对于此，还有两种思路可供选择：一是程序的思路，即规定和平协议应采取比变更其他两岸协议（主要是两会协议）更为严格的程序；二是实体的思路，即规定和平协议中不得按照变更程序予以变更的事项。首先考查程序的思路。由于包括和平协议在内的所有两岸协议都不是依照普通立法程序中的多数决获得通过的，而是两岸协商所取得的共识，对和平协议的变更亦是如此。因此，虽然和平协议居于基础性地位，但在变更程序上仍与其他两岸协议（主要是两会协议）基本相同，而与宪法修改比普通法律的修改适用更为严格的程序不同。考虑到和平协议的此种特征，程序的思路不适用于和平协议。由此可见，对和平协议变更的限制，只能按照实体的思路进行。因此，确定和平协议中不允许通过变更程序予以变更的内容是限制和平协议变更唯一可行的方法。

　　我们认为，确定和平协议中不得依其自身所规定的变更程序予以变更的事项，可以依下列三项原则：其一，空洞化原则，即若变更该事项，则导致和平协议的空洞化；其二，授权原则，即若变更该事项，则超出两会获得的和平协议谈判时所委托的范围；其三，核心领域原则，即若变更该事项，则因变更和平协议的核心领域而导致无法实现两岸签订和平协议的目标。[①] 基于此考虑，并结合和平协议的制度原则，我们认为，和平协议中不得变更的事项，是和平协议所确认的优先性内容。除此以外，其余有关两岸协商机制的所有内容，均可通过和平协议所规定的变更程序加以变更。

---

① 对于和平协议变更的限制，我们多参考对宪法修改的限制。参见陈慈阳：《宪法学》，元照出版公司，2005 年版，第 117 页以下。

# 第四章 构建两岸关系和平发展框架的
# 法律障碍及解决机制

两岸关系和平发展不仅仅是复杂严峻的政治问题，更是宪法法律问题。构建两岸法律机制是两岸关系和平发展的必然趋势，是运用宪法思维处理台湾问题的必然产物，也是遏制"台湾法理独立"的必然选择。① 两岸关系和平发展框架的法律障碍及解决机制，是构建两岸关系和平发展框架的法律机制的主要内容，是保障两岸关系和平发展、解决两岸发展法制阻碍的重要方式。为此，在梳理台湾地区法治发展历史和现状的基础上，通过对两岸理念、规范和制度的比较研究，探讨两岸和平的法律障碍，在一个中国原则构建下，思考和建构两岸关系和平发展框架的法律障碍解决机制。

## 一、两岸法制发展概述

两岸关系法制发展并不是一成不变的，而是两岸在国内外情势不断变换，两岸政治、经济、文化等不断发展导致两岸关系微妙变化的过程中不断形成的。两岸关系和平发展框架下的法律障碍及其解决机制也是一个形成中的概念，需要从历史、现实和未来发展三方面综合考察，从而从中总

---

① 周叶中：《论构建两岸关系和平发展框架的法律机制》，《法学评论》，2008 年第 3 期。

结经验、深化对法律障碍的理解、加深对法律障碍的研究。

## （一）台湾地区法律制度的历史演进、现状及其特点

台湾地区法律制度的历史总体上有三个大的阶段，分别是中日战争后日本对台湾地区的殖民统治阶段、国民党退踞台湾地区后的阶段，以及"后蒋时代"至今的发展阶段。

第一阶段：日本对台湾地区的殖民统治时期。中国自古就享有对台湾地区的管辖权。在明朝时候始称台湾，后经过清朝建府、光绪建省，才最终定名为"台湾省"。从法律体系上，台湾地区长期以来属于中华法系的统治区域。这个时期，台湾地区在中国政府的有效统治之下，其与大陆在法律适用和执行方面没有太大差异。因此，这个时期的基本特点是，在法律基本理念上坚持儒家学说的指导思想，注重伦理法制和尊亲关系。其次，礼法合一。礼作为整个宗法体系和皇权控制的核心概念，也深刻体现在法律制度中。在刑事审判和民事裁决中，讲求亲疏远近、尊贵卑贱、长幼次序，这种以礼为核心、融礼入法的过程，贯穿于整个封建统治时期。其三，以刑为主、诸法合体。整个中华法系在法律规范上主要是刑事实体规范为主、民事实体规范为辅，掺杂行政和其他程序性规范。

20 世纪末，清朝统治摇摇欲坠、国内积贫积弱、国外列强盘剥。中华民族陷入分崩离析、国将不国的艰难时刻。1895 年《马关条约》的签订，标志着日本对台湾地区殖民统治的开始。自 1895 年《马关条约》签订到 1945 年 10 月 25 日日本投降，日本在台湾地区统治了 50 年零 156 天。这半个世纪，日本对台湾地区的殖民统治的特点是：其一，政治上的独裁统治。在立法中，赋予总督在辖区内有制定具有法律效力的命令的权力。总督据此权力，可以恣意剥夺和限制居民的财产和自由、克减居民的各项基本权利。司法上，总督可以任意开设临时法院，一审裁决。行政上，总督享有对台湾的人事任免权以及警察治安、政治、经济的专制性权力。其二，经济上的压榨。主要体现在通过立法剥夺台湾居民的权利，压

制台湾民众反抗，掠夺台湾资源。比如，1895 年"官有林野取缔规则"、1898 年"台湾地籍令"、1905 年"土地征收规则"等。其三，奴化教育和文化同化。1919 年及 1922 年的"台湾教育令"，不仅在官方禁止使用汉语和民族方言，还强迫民众放弃中国信仰和风俗。

第二个阶段：国民党退踞台湾地区后的时期。这个时期是"两蒋"统治时期，但主要是指蒋介石主政的时期。1949 年，国民党退踞台湾，两岸法治发展呈现出不同的发展进程和表现形态。台湾地区的法制基本上沿用了中华民国时期的法律体制和传统。即，台湾地区法制体系的主体是中华民国时期制定的"六法全书"，即"宪法、民商法、刑法、行政法、民事诉讼法、刑事诉讼法"等。但随着 20 世纪 50 年代以来，台湾地区经济的飞速发展，除了"宪政"体系不断变化外，民商和经济相关规定也做了较大的修改和调整。这个历史时期的基本发展特点是：

1. 两岸之间主要是对抗和破坏，缺乏沟通和对话，法律层面没有直接的接触和发展。在国际上不断展开和新中国的外交争夺赛，两岸之间不接触、搞暗杀和破坏。所以这个时期的两岸法制是对立的，法律交往最大的障碍就是政治分裂。这种情况一直到 1990 年"国家统一委员会""行政院大陆委员会"和"海峡交流基金会"的陆续成立才得以解决，以及 1992 年"台湾地区与大陆地区人民关系条例"的出台，两岸之间才有了较为规范化的交流平台，两岸法制交往才慢慢走上新的阶段。

2. "宪政法统"的危机。蒋介石国民党退踞台湾后，在台湾地区主要依靠国民党政权在大陆时期制定的"中华民国宪法"和"动员戡乱时期临时条款"进行所谓的"法统"统治。"中华民国宪法"于 1946 年在南京制定，至 1991 年，历经 44 年未作任何修改。1948 年"动员戡乱时期临时条款"赋予总统以超越宪法的"紧急处分权"，成为一部可以架空宪法的临时宪法。蒋介石退踞台湾后，仍旧以中国政府正统自居，出现了所谓"万年国代""万年立委"的滑稽景象。为了缓和专制统治和民主发展的危机，蒋介石政权不得不通过修改"临时条款"的方式，实行"增选补选"和"增额选举"。至 1972 年，对"临时条款"共进行了四次修订。

3. 法律体系的逐步完善。台湾地区长期适用旧中国的法律体系，但随着社会经济的不断发展，它已不能满足现实的需要。为此，台湾当局进行了民商事的立、改、废。其特点是：

其一，注重学习、借鉴和移植资本主义的法治原则、规范和制度。在发展完善实体法的同时，也重视程序法制的建设。台湾地区的法律属于资本主义的法律，宣扬主权在民、实行立法、司法、行政、考试、监察"五权宪法"，实现权能分离，分权制衡的目的；经济上，保障和维护私有财产，立、改、废不适应经济发展的民商事法律，从而促进资本主义经济的发展。在立、改、废"实体法"的同时，也注重"程序法"建设，制定了"中央程序标准法"等，规范"法律"与"命令"，"中央"和"地方""法律"的适用、修改等各项程序和原则，从程序法制的角度完善法律体系。

其二，为维持和巩固国民党一党专制，有意识地对法律制度进行区别建构。台湾地区法律体系的内容不是同步进步协调发展的。涉及国民党专制统治的"临时条款"，"中华民国宪法"并没有得到及时修改和完善。而为了适应台湾地区经济建设的需要，台湾当局对民商事规定进行了大量的制定和修正，一批近现代意义的"公司法""经济法""金融证券法"等相继颁布，从法律规范和制度上，为台湾地区的经济发展、招商引资、社会稳定等提供了相对稳定的环境。

其三，注重"立法"和修改"法律"，坚持"基本法"和"特别法"相结合的法律体系。现有法律体系中，形成了以"宪法"为核心、以其他五法为主体的法律体系，做到从实体到程序、从"宪法""民商法"到"刑法"的全面覆盖。同时，台湾当局根据不同时期形势发展的特点，制定颁布大量的"特别法"以补充"基本法"的不足。尤其是加强对民商经济"立法"的力度，以便为台湾地区的经济发展提供制度支撑。

4. 在法律技艺上，侧重学习德日大陆法系国家的法律技艺，但也吸收欧美等国的优点。"六法全书"中的"宪法""民商法""刑法"等就是对德日法律的移植。此外，还加强对普通法系判例的学习和比较分析。

第三个阶段："后蒋时代"至今的发展阶段。即在蒋经国逝世后，"两蒋时代"基本结束的阶段。这个阶段"宪政"改革、民商事"法律"完善和两岸交流机制的初步建立。

1. "宪政"改革方面，主要是七次"修宪"运动。分别在 1991 年、1992 年、1994 年、1997 年、1999 年、2000 年和 2004 年。"宪政改革"对"宪法"做了大量修正，废除了"国民代表大会"，扩大包括"公民复决""公投"和"直接选举"等直接民主；对"总统"和"五院"的职能进行了调整，限制、缩小和虚化"国会"，扩充"立法院"的职能和权力，"总统"在"宪法"和政治体系中的地位得到强化。从法理规范看，七次"修宪"基本上架空了"五权体制"，实行了"三权体制"，弱化了"双首长制"而采取了"总统制"，"立法院"权力空前膨胀。

2. 民商事法律的继续完善。民商事方面法律的发展主要是为了适应 20 世纪 70 年代以来经济和社会高度发展的需要。在经济上，由于"土地改革"效果明显，经济结构外向型转型，以及中产阶级的壮大，要求对民商事"法律"进行及时的修正和完善。在"立法"方面，修改了"民法典"，加强了对社会公益的保护。为适应社会发展的需要，增列了民事"特别法"，增酌规定"司法院解释""最高法院判例"等内容，体现了从个人本位向社会本位拓展，注重私权与公共利益保障的平衡。商事方面，修改"公司法"，放松对公司的管制、强化对公司的有效监管、提高公司管理效率；修改"票据法"，采取"三票一法"的立法模式，确立流通证券制度；修改"保险法"，形成总则、保险契约、财产保险、人身保险、保险业和附则的体系；修订"海商法"，突出"海商法"的组织法和活动法性质、债权证券和物权证券的功能，以及"海商法"和"民法"互动的运行形式等。① 除此以外，还加强了对"民事诉讼法及相关法律"、"刑事诉讼法及相关法律"等的修订和完善。总之，该时期民商事"实体法"和"程序法"发展的特点是，内容上更为充实详尽、规范上更为具体协调、体系上更为丰富完善，基本满足了台湾地区经济发展和社会进步的客观需要，体现了一定的"立法"技术和"法律"修订技巧，是台湾地区"法律"现代化发展较快的时期。

3. 两岸交流机制的初步建立及两岸关系立法的制定。随着"叶九条"及大陆方面对台政策的陆续出台，在两岸经贸存在实际往来、民间发展压力较大的情况下，台湾方面逐步加强了两岸交往方面的"立法"。1991年，台湾当局终止"动员戡乱时期"，重新定位两岸关系。随后，又通过"中华民国宪法增修条文"，为制定新时期两岸人民关系立法提供了"宪法"基础。1992 年通过"台湾地区与大陆地区人民关系条例"（简称"两岸人民关系条例"），这成为指导和规范两岸关系最重要的"法律"文件。同年，又制定了"台湾地区与大陆地区人民关系条例实施细则"。该细则至 2003 年共修正、增订六次，目前共计 73 条。"实施条例"作为"台湾地区和大陆地区人民关系条例"的配套规定，在"台湾地区和大陆地区人民关系条例"的具体运行上给予操作指导和规范。"台湾地区和大陆地区人民关系条例"制定后至 2008 年也经过 13 次修正、增订，分为六章 96 条，即总则，言明"立法"的目的和宗旨；行政，包括两岸人民往来相互许可，雇工、缴税、投资、货币等；民事，包括各种"准据法""法律"行为、物权、婚姻、继承等"法律"适用问题；刑事，主要是两岸刑事犯罪问题，涉及劫持航空器等；罚则，对违反关于两岸往来关系的

① 参考曾宪义主编：《台湾法概论》，中国人民大学出版社，2007 年版，第 99 页。

"法律"规定的行政处罚或刑罚；最后附则，即关于生效的规定。因此，性质上，它是一部"特别法"；从内容上看既包括"实体法"，又包括"程序法"。"台湾地区和大陆地区人民关系条例"及其"实施条例"，是当前台湾地区处理两岸关系最重要最具有操作性的"法律"规范。整部条例反映了台湾当局对两岸关系的政治认同度，突出强调台湾地区对"本土安全"的维护，对两岸民间往来的限制。同时，该条例采取大量"委任立法"的技术，有意为将来两岸往来预留发展空间。在"立法"规范的同时，为了能处理好两岸交往中的新问题，台湾当局也成立了一些新机构，主要有：一是"国家统一委员会"。该会于1990年成立，期间通过"国家统一纲领"，但于2006年年底被终止。二是"行政院大陆委员会"。该会1990年成立，是"行政院规划研究制定和执行大陆政策"的职能机构。三是"海峡交流基金会"。于1990年成立，主要是受"行政院"委托，办理两岸民间交流事务。当前，两岸当局除了各自的立法外，两岸往来的有关问题主要还是依靠海协会与台湾海基会的商谈机制，通过达成共识和签订协议的方式逐步解决的。这个方面的磋商成果包括签署了事关两岸人员往来、经济贸易、医疗卫生、知识产权、教育协作、司法合作等方面的协议。

综上可见，台湾地区法制发展的三个阶段，主要有三个突出特点：

1. 台湾地区法制发展是台湾法制现代化的产物。台湾地区终结了日本殖民法统后，法制发展的过程都属于近现代法制现代化的一部分。首先，国民党败退台湾，带去的体现"法统"和"正宗"的"六法全书"，本身就是清末民初中国法制现代化发展的产物。其后孙中山的"五权宪法"体现了"权能分离""均权制衡"及其他民主思想；而民商合一的"立法"体例和"刑法"的制定等，都明显地学习和借鉴了德日等国的立法经验。同时，台湾地区基本上建立了类似西方的代议制政治体系，确立了选举制、议会制、政党制等"宪政"制度，宣扬"法律面前人人平等"，基本确立了资本主义的法律体系。其次，逐步建立了诸"法"分离，实体与程序区分的法律体系。整个法律体系学习了大陆法系的法典编纂方式，已经形成了"宪法法规""民法及其关系法""民事诉讼法及其关系法""刑法及其关系法""刑事诉讼法及其关系法""行政法规"和"国际法"等七法体系。其中的民商事"法律"相对比较发达，法律规范体系也比较完善。最后，法律文化和法治意识比较强。台湾地区在结束"两蒋"统治及国民党专政后，民众有较强的民主思想和抗争意识；20世纪50年代后经济的腾飞也造就了大批的"中产阶级"，市民社会得到较快发展；文化教育国际化程度比较高，法律意识比较强。

2. 政治民主、经济发展是"法律"变革的主要动力。政治民主的觉醒和经济发展的需要，客观上要求台湾立足本土、面向世界建构完善的法律体系。"宪政改革"缓解了民众民主发展的要求，强化了权力监督和社会监督，扩展了民众参政的政治诉求，尽可能地维护和保障了台湾地区民众的基本权利。经济"立法"则适应了经济国际化和岛内经济转型的需要，为招商引资、扩大贸易、保障投资、促进经济发展提供了"法律"保证。然而，法律变革中也凸显了政治考量和意识形态斗争的权力思维，"两蒋时期"政治性"法律"和非政治性"法律"的非均衡发展，以及现代台湾当局制定的以"台湾地区和大陆地区人民关系条例"为核心的"两岸关系法制"体系，都是以"两岸分治"为前提，意图"永久性"维持现状，成为造成"台湾事实独立"的"法律"依据。① 这些"法律"依据，再加上台湾地区"宪政改革"的"修宪""入联公投"等实践，成为目前阻碍两岸关系和平发展最核心的"法律"障碍。

3. 地域性是台湾地区法制的主要特色。台湾法制与大陆法制既不可能是国与国之间的关系，也不同于单一制国家内不同区域之间的法律关

---

① 周叶中：《论构建两岸关系和平发展框架的法律机制》，《法学评论》，2008年第3期。

系，而是存在相当复杂的特殊性。这种特殊性影响台湾地区与大陆内地、港澳特别行政区，以及本地法制的统一、协调和发展。同时，两岸之间的法律障碍，不仅存在法治理念、法律体系、法律制度、法律实施等各个方面的差异，也深受两岸政治关系和国际格局的影响。这种特殊性要求两岸关系和平发展的法律障碍解决机制，不仅要在研讨两岸法制发展特色的基础上，促进两岸法制的沟通、衔接和协调，也要考虑政治、社会、经济、文化、国际等多种因素。总之，随着两岸往来日益紧密，法律交流和冲突也会逐步增多，但不论这种法律冲突有多么尖锐，始终都只是在一个国家主权下不同领土范围之间的区际法律冲突，不是国与国之间的冲突。

## （二）两岸法制发展的差异及其影响

两岸关系和平发展框架的法律障碍首先受到两岸不同的政治、经济、社会文化因素的影响。这些因素的综合作用造成了两岸法治理念、法律体系、法律制度和法律实施的巨大差异。因此，加强两岸法律的比较研究，对于分析两岸关系和平发展框架法律障碍的解决意义重大。

首先，政治制度不同。大陆实行的是社会主义制度，实行工人阶级领导、以工农联盟为基础的人民民主专政。人民代表大会制度是根本政治制度。目前，台湾地区已进行多次"宪政改革"，"五权宪法"已经被"三权分立"所代替，实行权能分立，地方自治，制定了适应资本主义发展的"七法"全书。需要指出的是，20世纪末台湾地区民主化运动，尤其是"宪政改革"后，台湾地区的政党制度和选举制度成为我们研讨两岸关系和平发展的重要切入点。大陆实行中国共产党领导的多党合作和政治协商制度。而台湾地区实行的是多党制度，目前主要是国民党和民进党争夺对台湾地区执政权力的控制权。由此形成了具有台湾特色的政党政治。政党之间为了执掌地区领导权，会为了争取少数选民的支持和各自政党的利益，而相互倾轧、消极工作，对台湾地区"法律"的制定、执行和实施影响很大，对两岸法制交往的连贯性、协调性和可执行性都提出了新的考验。

其次，经济制度不同。大陆实行社会主义的经济制度，台湾实行资本主义经济制度，生产资料资本主义个人所有。私有经济在台湾经济中的比重相当大。大陆土地和自然资源归国家和集体所有，不存在个人对土地的所有权，而台湾则允许私人占有土地所有权。从经济结构看，大陆自改革开放以后，经济结构逐步多元化，形成了公有制为主体，个体经济、私营经济并存的经济制度，国有经济占主导地位；同时国家鼓励、支持和引导非公有制经济的发展，并对非公有制经济依法实行监督和管理。在多种所有制结构制度和分配形式下，大陆的经济发展呈现多元化、市场化、国家化、法治化的发展趋势。在坚持对外开放，对内搞活的基础上，市场因素和创新活力、社会生产力和财富得到极大提高。当前，大陆经济总量和发展潜力在世界经济体系中占有极其重要的地位。台湾地区在20世纪中后叶逐步腾飞，在高新科技、制造业、金融产业、教育业等方面发展较快。但是随着大陆经济持续高速稳定发展，两岸经济、贸易、物资、人员往来日益紧密，台湾对大陆的经济依赖逐步加深。为此，"两会协商"签订和实施了不少有利于经济贸易和人员往来的协议。在日益活络和广泛交往的利益驱动下，两岸间的经济贸易摩擦和冲突日益显现，问题有的还较为突出和急迫，特别是在两岸都加入WTO，中国—东盟自由贸易区建立、区域和国际化融合方面，存在很多现实和理论上的法律问题，都亟待认真解决。

最后，社会文化的差异。改革开放以来，社会形态和文化建设取得较大发展，整个社会阶层呈现出一系列特点：中产阶级崛起的加快，社会中下层规模比例进一步缩小等。① 因此形成了目前大陆利益主体多元化、价值诉求多样化以及现代公民意识的觉醒。而台湾地区政治民主化改革后，大力发展外向型经济，市场因素活跃，推行地方自治，市民社会发育比较

① 陆学艺主编：《当代中国社会结构》，社会科学文献出版社，2010年版，第401页。

健全和完善。台湾地区的民主意识、公民意识、法治意识、权利意识比较突出。而大陆随着市场经济的深入和政治改革的稳步推进，公民意识等也得到一定提高。但是，权力崇拜、特权思想、人治观念仍需要进一步消除。同时，台湾地区法律文化不同于大陆。从法律性质看，大陆是社会主义法律，台湾地区是资本主义"法律"。前者是中国特色社会主义法律体系，后者属于大陆法系。两者相比，台湾法律文化具有几个鲜明的特色，第一，在继受中华法系法律传统的基础上，又接受"西风东渐"的成果，大力地学习和借鉴西方，尤其是德日等大陆法系国家的法律。第二，由于台湾实行资本主义，经济自由化内在地推动和完善立法、司法，以及行政的经济职能，因此，台湾地区的经济"立法"比较健全和完善。此外，台湾参加国际经济贸易的活动较早，国际经贸的"法律"制定、研究也很突出。第三，法律教育与实践培育了一批具有国际化视野、专业化态度的法律共同体成员，他们推动并繁荣了台湾地区的"法律"发展、促进了法律文化的形成。在理论和实践上，法律共同体的发达，对台湾地区民主法治的影响和法律文化的培育起到较大的作用。

综上所述，大陆和台湾地区在政治制度、经济制度，以及社会文化等方面存在客观上的差异。这些差异中，有些属于本质的差异，我们决不能混淆，在处理两岸法律纠纷冲突的时候，要坚持原则绝不含糊。而有些只是法律规范和应用技艺上的差异，我们可以相互参照学习比对，通过合作沟通寻求可以衔接和协调的连接点。因此，在探讨两岸关系和平发展框架的法律障碍及解决机制的时候，我们要坚持原则性和灵活性的统一、本着求同存异、协商合作的态度，通过循序渐进、稳步推进的方式，逐步实现两岸法律解决机制的构建。

## 二、两岸关系和平发展框架法律障碍的主要问题

关于两岸关系和平发展法律障碍的原因，有的学者从宏观"宪政"

实践，到中观法律运行，直至微观规范差异角度，列举了六条之多。这实际上已经抓住和把握住了两岸关系和平发展的核心。从部门法的角度看，两岸关系和平发展中的法律问题，涉及政治、经济、文化以及社会等多方面，其突出表现就是民商事法律问题、刑事法律问题、行政法律问题，以及相关的程序性问题。因此，两岸投资贸易法律问题、人员外来法律问题、司法协助法律问题、刑事司法法律问题等在实践中比较集中。

### （一）两岸关系和平发展法律障碍的主要表现

#### 1. 经贸投资方面的法律障碍

目前，大陆是台湾最大的贸易伙伴、出口市场和贸易顺差来源地。大陆与台湾已经在包括"三通"、保险、证券、金融、农业、医疗、知识产权保护等方面进行了深入的交流合作，修订并出台了包括《海峡两岸经济合作框架协议》《海峡两岸知识产权保护合作协议》《海峡两岸医疗卫生合作协议》等一系列条例、实施办法和合作协议。两岸经贸投资方面的法律障碍主要在台湾方面。经贸投资往来本来是有利于台湾民众，也是惠及两岸各方的事情。但是，台湾方面囿于所谓的"主权问题"，害怕和大陆的过度交往，尤其是法律文件的定位和性质，会阻碍其谋求"台湾独立"之路。因此，从宏观层面看，法律障碍即表现为是鼓励投资还是限制投资，是开放市场还是封闭市场，是"国民待遇"还是低于"国民待遇"的问题，体现于投资的领域、范围、合作方式、实施形式等方面的法律限制问题。从中观层面看，就是关注协议的性质、签订的方式和实施的制度，通过具体制度构建，赋予大陆投资主体什么样的权利、苛责何种义务，以及设立门槛的限度。从微观层面，就是享有权利的多少、优惠的程度，以及管控的力度等方面。以《海峡两岸经济合作框架协议》（ECFA）为例，台湾当局为避免协议内容涉及一个中国原则和"一国两制"字眼，因而排斥内地与香港、澳门之间签订的 CEPA 模式。为了防止所谓"矮化"台湾的考量，缓和台湾岛内不同政见力量的诉求，而将经济合作协议名称修改为 ECFA。其实，ECFA 只是一个综合过渡性的经济合作框架，只订宗旨和目标，具体实施则需日后逐步完善。尽管以这样的方式妥协，在协议签订后，台湾岛内仍旧有不少势力声言"矮化"台湾，扬言要废除协议。此外，陆资入岛在台湾也受到不少不公平待遇，台湾当局把两岸投资严格限定在"民间、间接、单项"的格局内，在大陆投资规模、投资项目正面列表和违规处罚等方面实行严格限制，很多领域还禁止大陆投资。可以说，台湾地区有关陆资入岛的制度对陆资施以"差别待遇"，不仅没有优惠政策，反而加以重重限制。[1] 而且，一方面台湾当局对大陆贸易进行"限制性"和"防御性"管控，另一方面，对台商投资大陆以外的其他国家或地区进行鼓励和保护。

**2. 人员往来方面的法律障碍**

大陆为了吸引更多台湾投资和人员交流，制定了相当详尽的制度。除促进两岸经贸往来的制度外，还在两岸人民往来的管理制度、入学和就业保障、司法考试、婚姻登记管理等方面提供相当的便利。此外，还在各省、自治区、直辖市以及部分副省级以上单位设立保障台胞权益的联系机构并公示联系方式。总体上看，两岸人员往来涉及的法律有如下几类：首先，人员往来的法律问题，包括台湾地区居民入出境审批、签注、居留时限。大陆居民赴台许可、基于何种理由申请探亲、旅游、工作，以及相关活动保障。其次，就学、学历资格认可问题，包括是否对等承认学历及有关资格认证，是否给予居民同本地居民同等的就学条件和优惠，是否可以参加各类考试，以及执业申请和限制。再次，就业问题保障，涉及劳工工资待遇、福利保障、生活环境、人身安全，以及其他侵权案件处理。还有通航和旅游问题，即是否可以直接通航，航线安排和保障，旅游申请审

---

① 周叶中、祝捷：《两岸关系的法学思考》，香港社会科学出版社有限公司，2010 年版，第 233 页。

批、旅游者权益保障等问题。最后，在民间捐赠、新闻采访、商业演出、广播电视、文化科技展览等方面也都存在相关的法律障碍。

**3. 刑事和司法协作方面的法律障碍**

刑事问题比较复杂和敏感。实体上涉及的法律问题主要是国家安全和公共安全、经济犯罪、侵犯人身权利的犯罪、侵犯公民民主权利的犯罪、妨害社会管理及婚姻自由等，其中还涉及诉讼时效、追溯期间、刑期的减免等具体执行问题。程序上，存在对涉台或对大陆互涉刑事案件的管辖协作问题，案件审理程序的特殊安排、执行刑罚的方式等问题。而司法协作涉及共同打击犯罪，包括情报收集、交换、追捕、遣返、审理和审判执行等问题，以及法律文书、证据文件等查证采信，调查取证问题等，还有司法文书的承认、送达与执行问题，仲裁协议、仲裁形式和仲裁执行等问题。

除了这三类法律障碍外，两岸关系和平发展的法律障碍还涉及港台、澳台交往中的法律问题，台湾对外交往中的法律问题，等等。

**（二）两岸关系和平发展法律障碍的主要特点**

第一，政治对立和不信任是两岸关系和平发展法律障碍解决机制建立的症结所在。两岸关系和平发展法律障碍的总根源是"台独"分裂势力的分裂活动。他们通过街头运动、政党政治和舆论鼓噪，在很大程度上从立法、行政和司法等多个方面，影响两岸关系和平发展法律障碍解决机制的建立。实际上，两岸法律障碍背后的政治考量和政党利益诉求已成为两岸关系和平发展法律障碍的矛盾和斗争中心，各种政治因素和法律因素相互交织，并在"宪政"改革、司法解释、各部门法中具体化为法律事务而表现出来。以不具有完全政治性的两岸经贸交往投资权益制度为例，大陆初步形成了以《反分裂国家法》和《中华人民共和国台湾同胞投资保护法》等对台工作专门立法为核心，以行政法规、部门规章和地方性法规为支撑的保护台湾同胞投资权益的制度体系。[①] 这一制度体系涉及贸易、海运、旅游、劳工合作、经济技术展览等多个方面。相比国内其他经济立法，呈现出涉台投资立法"高位阶"和其他经济立法"低位阶"，从中央立法到地方法规的，包括法律、行政法规、部门规章、地方性法规的多元立法体系，在横向和纵向两个维度上，建构了涉台经济立法的基本法律保障体系。[②] 台湾也制定了"台湾地区与大陆地区人民关系条例""大陆地区人民来台投资许可办法""大陆地区之营利事业在台设立分公司或办事处许可办法""台湾地区与大陆地区金融业务往来许可办法"等陆资入岛的制度体系。相比大陆，基于政治考量，台湾地区在陆资投资的审批与许可、投资范围、对投资个人权益保障、对投资者的税收与金融支持、有关投资权益保障等方面，进行了严格限制。整个"立法"表现出行政"立法""泛化"和"缺位"的现象，即行政部门的"法规命令"在台湾有关大陆经贸"法律"中占据重要地位，而涉及的"法律"及配套"子法"却"缺失"严重，从而导致行政部门的行政权被高度放大，不同执政党执政会有不同解读，使两岸经贸投资的核心领域得不到保障。总体上看，大陆对台湾投资的宽松和"最优惠待遇"与台湾地区对大陆资本进入的防范和限制形成鲜明对比。此外，政治性因素还体现了两岸关系和平发展法律机制的运行，受到两岸形势和现实发展的客观影响和约束。比如，两会在事务性商谈中确定的关于两岸公证书使用查证协议、共同打击海上走私、抢劫等犯罪活动、海商渔事纠纷处理等议题，由于各种政治原因，要么未能正式签署生效，要么签署后未能有效执行。可见，政治性因素及两岸关系的现实发展，贯穿于两岸和平发展法律障碍解决机制建立的全过程。

第二，历史发展中的遗留问题和新时期的新情况为两岸法律障碍解决

---

① 周叶中、祝捷：《两岸关系的法学思考》，香港社会科学出版社有限公司，2010年版，第221页。
② 彭莉：《两岸互涉性经济立法：演进路径、框架构成及待遇问题》，《当代亚太》，2008年第4期。

机制的建立提出了新的时代课题。两岸关系和平发展中的法律问题，存在于法律制度的历史演进、法律问题的产生及内容、纠纷解决的各个阶段。从法律制度的历史演进看，大陆在1949年后逐步建立了中国特色的社会主义法律体系。它不仅与国民党实行的资本主义法律体系不同，也与中国古代文明以来的法律文化和传统割裂，体现了社会主义的时代特征和发展规律。而台湾地区继续延续并发展了"六法全书"的"法统"秩序，并在"宪政改革"，经济立法等方面与世界资本主义经济制度进行对接。两种法律制度的历史演进造成了两岸法治理念、法律制度和管理体系的不同。其次，在法律问题的产生及内容上，主要经历了长期的对立隔离、甚至严重对峙的历史过程。因此，一些法律问题本身就带有明显的历史痕迹。如在民事和刑事法律中，两岸婚姻关系的长期隔离，必然容易导致刑事"重婚"的问题；20世纪90年代中期，两岸频发的劫机事件又凸显两岸的政治对立和司法协作的问题。随着时代的发展，两岸在人员往来、经贸发展、权益保障等多个方面提出了许多新的时代问题。尽管历史的因素有所削弱，但作为历史文化一部分的法律制度及其运行所体现的理念，需要两岸不断扩大共识、缩小争议、求同存异地共同协商解决。最后，纠纷解决机制的矛盾也不可避免。在实践中，台湾地区在经贸国际化、行政执法和某些制度建构方面，都有值得两岸共同学习改进的地方。以海事执法看，两岸海事交往的发展，海事执法和执行制度的差异，造成了两岸纠纷和矛盾的产生。而在刑事司法中的政治犯问题、"引渡"问题、严重刑事犯罪和司法协助方面，历史形成的制度差异和差距，成了阻碍两岸关系和平发展法律障碍的客观制度因素。总之，两岸必须正视历史、立足现实、面向未来，本着求同存异、互利互惠、协商发展的原则，才能为法律障碍的解除创造条件。

第三，两岸关系法律问题本身的性质，也制约着法律纠纷解决机制的建立和完善。首先，大陆和台湾地区同属一个中国，法律问题属性的冲突是单一制国家内不同地区的区域法律冲突。它不是西方典型的联邦制或邦联制，也不同于欧盟主权国家法律冲突的情况。台湾地区是单一制国家结构形式下的一个地方行政区域和政权组织。虽然统一后它将享有比香港澳门特别行政区更多的自治权利，在国际法层面享有更多的自治和活动范围，但它不能与一个中国的基本原则相抵触，更不能违反有关两岸关系的宪政性法律文件。可以看到，由于两岸关系法律定位和实践发展的复杂性，两岸法律问题的特殊性和严峻性将更加突出。其次，法系特点和阶级属性的双重冲突。大陆和台湾地区分别属于社会主义法系和大陆法系，虽然大陆社会主义法制建设学习和借鉴了大陆法系的一些法治原则、法律制度和技术规范，但大陆进行了较多的本土化改造，体现了中国社会主义建设的发展规律和运行特点，有着自己的特色和内容。而两岸法系的阶级冲突，即社会主义与资本主义法律的内在冲突则更加突出。相比西方其他国家的区际法律冲突，如美国州之间的法律冲突等，两岸法律问题的性质变得更加尖锐。在经贸、文教、人员往来等私法领域，这些问题比较容易协商解决，但在宪法、行政法、刑事司法等公法领域，法律的政治背景和阶级属性则不容易消解。最后，两岸的政治对立和分离使一个主权国家的法律未能覆盖整个主权统辖的范围。即，政治上有两个客观存在的政权组织实体，在公法和主权问题上互不承认，各自的法律只能覆盖各自统辖的地域，没有共同和最高的立法、行政和司法机关。因此，两岸之间的法律交往合作、经贸投资保障、法律执行等方面，既不能简单移植其他国家不同区域间通过统一的主权立法和司法判断解决的方式，也不同于香港澳门基于《基本法》下的政治运行模式和纠纷解决方式。这种特有的表现形式和矛盾特点，使构建两岸关系和平发展法律障碍的解决机制更加困难。其中涉及相当多艰难的理论问题，如主权及其行使的形式和方式，就将是一个重要的突破口。

## 三、两岸关系和平发展框架法律障碍消解之路径

### （一）基本原则

#### 1. 坚持一个中国原则

一个中国原则是包括两岸经贸投资、人员往来、科、教、文、卫等在内全部法律问题的核心原则和底线，任何个人、政党、团体和政治实体都不能跨越和背离这个核心原则。两岸关系和平发展的历史经验和实践发展证明，只有坚持这个政治底线，两岸关系才能良性互动，互惠互利，共同发展。任何背离、歪曲和否认一个中国原则的言论和举动，都不能得到两岸人民的支持和拥护，最终必将损害两岸人民共同的发展和福祉。目前两岸之间关于这个问题的讨论仍旧十分激烈。尤其在台湾当局内部，一些党派和"台独"人士为了谋取私利，胁民族公益而自肥，不断为两岸和平发展法治建构设置制度上的障碍。从法律角度看，一个中国原则是两岸在"九二共识"中初步确认，并为两岸宪制性法律所确认的一项宪政原则。虽然两岸在法治和政治层面都坚持一个中国原则，但对"一个中国"的政治涵义则认知不同，即采用"一中各表"的做法。在两岸事务性协商中，也可不涉及"一个中国"的政治涵义。这是考虑到两岸历史和现状的折中选择，是双方尽最大诚意为两岸和平发展谋福利创发展的阶段性举措。不谈"一个中国"的政治涵义不代表这个原则不重要，更不是一种可以肆意放纵、任意解读的纵容之举。台湾当局应该本着为台湾民众谋利益和创未来的立场，适时采取措施为两岸和平发展法律框架的建立提供便利和创造条件。

#### 2. 互惠互利、共同发展原则

互惠互利、共同发展是一项基本原则。它要求大陆和台湾地区在解决法律问题纠纷的时候，能够互谅互让、照顾彼此的关注和利益，通过互惠互利、循序渐进的方式，创造共同发展的局面。大陆在这方面较为主动和

积极，已制定了一系列关于经贸投资、人员往来、司法协作的法律、法规及其他规范性制度，并且从中央到地方都设立了对台事务保障机构，以保障台胞在大陆投资的权益，以及在大陆学习、工作、生活、定居的权利和在大陆文教科技发展的权利。大陆在对台司法文书的认证、经贸投资的优惠、学习工作的便利上，不仅给予台胞以"国民待遇"，有的甚至是"超国民待遇"。相比台湾，台湾当局主要依据"台湾地区与大陆地区人民关系条例"，在经贸投资、所有权和物权保障、婚姻继承、资格认证和司法协作等方面，都苛以很多不合理限制。这些理念和制度无疑有违互惠互利、共同发展的原则，不仅不利于大陆对台投资和人民交往，更是对台湾自身利益的损害。

**3. 原则性与灵活性相结合原则**

在建构法律障碍解决机制中，不仅需要考量国内外的政治形势，尤其是台湾当局的政局变换，更要考虑两岸人民的共同福祉，采取轻重缓急、循序渐进的策略。因此，原则性与灵活性相结合原则尤为重要。"一个中国"是最根本的原则和底线，同时考虑到两岸关系中的诸多因素，灵活性就显得十分突出。目前，两岸两会通过事务性商谈达成一系列的合作协议和框架，在坚持一个中国原则下，循序推进了很多事项，体现了一定的灵活性。但这里有两个问题值得注意：一是必须防止执其一端的做法，注意平衡和协调，即原则性与灵活性必须良性平衡；二是注意适时地推进与政治相关联的议题，完全规避政治或者忽视政治肯定是不可取的。

（二）基本内容

两岸关系和平发展的法律障碍可以归纳为三个方面：第一，缺乏完善的法律机制协调两岸交往中出现的法律问题；第二，两岸就有关法律事项缺乏共识和认知，同时，由于在社会制度、政治体制和法律规范上的客观差异，现有制度无法吸收和解决现实中不断涌现的新问题；第三，出于政治考量和国内外局势的变化，现有制度和规范不能得到有效贯彻，签订的协议不能得到有效执行。为了解决这些问题，我们认为可以从下面几方面予以推进。

第一，加强两岸关系和平发展的法律问题对应的立法工作，包括对现有法律制度的修订及完善。加强两岸法律问题立法的突出问题有两个：首先，梳理现有两岸关系立法的基本状况，保证现有法律规范能够将实体和程序相结合，具有现实性和可操作性。由于大陆和台湾的相关法律法规都将适时修订，一些新的法律冲突点有可能产生，因而两岸相关法律有必要审查、修订，以满足时代发展的需要；同时要分步骤分阶段地立法推进两岸合作协议和发展框架的具体实施。这涉及《海峡两岸经济合作框架协议》《海峡两岸知识产权保护合作协议》《海峡两岸医药卫生合作协议》等协议的进一步细化和制度化。其次，两岸协商促请台湾当局就经贸往来中的"差别待遇"进行修正，为两岸往来提供公平合理的法治保障。当前两岸经贸往来中直航条款、陆资对台投资等重要法律都缺乏配套子法，大量行政立法和行政命令成为两岸经贸往来的主体法律。这些经贸立法级别低、重要配套法律缺失，导致实践中两岸经贸发展的制度不对等、权利不对称等问题，因此，"差别待遇"甚至"歧视待遇"成为两岸协商下一步亟待磋商解决的问题。

第二，明确两岸法律问题的管辖和执行，深入探讨包括民商事和刑事司法协作等的执行问题。两岸可以就法院管辖和判决的承认执行进行双边会谈协商，通过协议的方式将这个问题明晰化，以尽可能减少和降低现有法律冲突的频率。具体措施是，在协议签署的主体上可以沿用两会商谈形式，即通过海协会与台湾海基会授权协商的方式逐步推进，商谈的协议交由双方权力机关批准生效。协议中可以采取详尽列表和概括排除的方式，明确管辖的事项和范围，排除不予以承认执行的内容。对于判决的承认和执行，可以采取分开处理的方式，即在确认有权管辖的前提下，先对判决的承认进行确认，再根据情形通过法庭命令的方式再予以执行。至于两岸互设犯罪管辖的协调问题，可以采取以犯罪行为地管辖为原则，以最初受理和优先控制管辖为补充，辅之以协商管辖的方式。[①] 而行政管理活动中产生的行政诉讼、行政复议、国家赔偿等管辖和执行问题则更为复杂。我们认为，基于行政事务中立和行政政治有限分离的原则，可以就有关行政执行和管理的相关事项，通过两岸有权机关签订区域性行政协议的方式分阶段逐步解决。可以在行政协议中协定管辖的事项和范围、解决的途径、双方权利义务和救济方式，通过实践和会商的过程不断完善。

第三，逐步建立统一的区际冲突法规范。目前学术界有三种意见：类推适用国际私法解决海峡两岸法律冲突，海峡两岸各自制定冲突法规范，以及全国统一的区际冲突法规范。第一种观点，现有法律规范和配套规定不够完善；第二种容易加大区际法律冲突的复杂性和难度；第三种，全国性中央立法机关统一制定缺乏现实的政治条件。因此，我们认为可以通过分阶段的方式，循序渐进地制定大陆与台湾地区的统一冲突法规范。首先，类推适用两岸各自现有的国际私法规则来解决冲突，适时制定以调整海峡两岸为主要内容的冲突特别法。与此同时，大陆与台湾地区临近及贸易频繁的省份，可以先行先试，在坚持一个中国原则下，通过平等协商的方式，形成地区间协议以避免冲突的产生。他们之间的协议可以作为台湾地区与大陆其他省份交往冲突的参考，并为两岸统一冲突法规范的制定提供经验。在冲突处理方式上，除上述适用国际私法规范、地区间协议的方式外，对部分经贸冲突，可以采用 WTO 纠纷解决机制，或者《海峡两岸经济合作框架协议》中确定的商谈解决机制。最后，在充分经验积累和试错磨合过程中，累积互信，创新方式，在平等协商的基础上，适时共同制定海峡两岸冲突规范法。该法可先以学术稿的方式在文化界讨论改进，经过修订和完善后由各方有权机关公示民众，在听取和吸收各方意见后，

---

① 高铭暄、徐宏：《海峡两岸互涉犯罪管辖协调问题探讨》，《中国刑事法杂志》，2010 年第 1 期。

再由各方有权机关审议通过。这种方式照顾了历史和政治现实，同时也灵活处理和关照了各方利益和问题，是一种可资探讨的解决途径。

第四，规范和支持两岸学术交流和民间往来。学术交流和民间往来对于两岸法律接触、沟通和了解有着官方接触不可替代的作用。大陆学生赴台就读和台湾学生来大陆学习的双向交往，为两岸年轻人增进理解、培养友谊提供了沟通平台。此外，一些不具有官方性质的民间组织和团体，如海协会与台湾海基会、红十字会、宗亲联谊会等，同学术机构和研究团体一样，为两岸民间沟通、学术交流与经贸往来提供了渠道。目前，两岸关系和平发展法律障碍解决机制，需要发挥这些学术和民间团体的积极功能，但仍旧需要从以下几方面予以改进：首先，规范两岸学术和民间团体的制度，既要保障民间交流的正常运行，同时也要注意国家安全和公共利益。对于台湾学术团体赴大陆学习，和大陆学生赴台研究给予更多的指导，规范包括申请审批、居留学习权益保障等制度。其次，加大对两岸学术交流和民间往来的支持力度。对涉及两岸和平发展的课题、致力于两岸共同利益的团体，给予一定的政策和资金支持，并制定详尽的细则予以制度化保障。最后，着力推动两岸文化交流，尤其是青年人的文化交流。加强两岸民间文化交流，发展文化产业，对于提升文化和民族认同，彼此理解，提高交往水平意义重大。

两岸关系和平发展框架的法律障碍既有两岸历史演进、政治发展、法律制度等多方面促成的实际差异，还受到国内外，尤其是台湾当局内部政局变换的深刻影响。因此，两岸关系和平发展法律障碍解决机制的建立，必定是建立在对历史和现实的尊重、对政治和社会的考量，以及为两岸人民谋福利的基点之上。在理论和实践中，坚持"一个中国"，互惠互利共同发展，原则性与灵活性相结合的原则，通过循序渐进、协商一致的方式，为两岸关系和平发展法律障碍的解决寻求新的突破口和解决途径，最终必定为两岸关系和平发展提供良好的制度基础。

# 第五章  两会协议实施机制与构建
## 两岸关系和平发展框架

两会协议的实施是指两会协议在正式产生法律效力之后，在两岸域内和两岸间贯彻和落实的制度的总称。从两会协议的场域而言，两会协议的实施包括在两岸域内的实施和两岸间的实施。前者是指两会协议在各自管辖领域内的实施，目的是通过两会协议，对两岸在制定、修改和解释相关法律时，产生"缓和的效力"。后者则是指通过和平协议等调整两岸之间在政治、经济、文化、社会和有关国际事务中相互往来的过程和状态。

### 一、两会协议实施机制

两会协议的实施机制涉及以下五个方面的问题：其一，两会协议的接受，即以何种方式落实的问题；其二，两会协议由谁实施，即两会协议的实施主体；其三，两会协议在实施过程中需要解释时，由谁解释，如何解释的问题；其四，两会协议不是一成不变的，而应该随着两岸和平发展关系不断深入而进行必要的变更；其五，两会协议的实施机制对解决两岸法律障碍有何作用。基于上述认识，对两会协议的实施进行论述，将按照接受、主体、解释和变更四个方面展开。

### （一）两会协议的接受

1990 年 11 月 21 日，为应付两岸关系发展的需要以及推行有限的大陆政策，台湾当局成立了"财团法人海峡交流基金会"（简称海基会），并于 1991 年 3 月 9 日正式挂牌工作。与之相对应，1991 年 12 月 16 日，大陆社会团体法人性质的民间团体"海峡两岸关系协会"（简称海协会）在北京成立。两会成立之后发挥了重要的沟通桥梁的作用。大陆和台湾通过海协会和台湾海基会进行接触商谈，并以双方的名义签订了一系列协议，这些协议被称为两会协议。1993 年 4 月 27 日至 30 日，在"九二共识"的基础上，海协会会长汪道涵与台湾海基会董事长辜振甫，在新加坡正式举行第一次"汪辜会谈"。这次会谈达成了四项协议，包括《汪辜会谈共同协议》《两会联系与会谈制度协议》《两岸公证书使用查证协议》和《两岸挂号函件查询、补偿事宜协议》。2008 年 6 月 12 日至 14 日，海协会与台湾海基会在北京复谈，海协会会长陈云林和台湾海基会董事长江丙坤共同签署《海峡两岸包机会谈纪要》与《海峡两岸关于大陆居民赴台湾旅游协议》。2008 年 11 月 3 日至 7 日，陈云林率团访问台湾，两会领导人第二次会谈在台北举行。此次会谈签署了《海峡两岸空运协议》《海峡两岸海运协议》《海峡两岸邮政协议》和《海峡两岸食品安全协议》。2009 年 4 月 25 日至 26 日，两会领导人第三次会谈在南京举行。此次会谈签署了《海峡两岸空运补充协议》《海峡两岸金融合作协议》《海峡两岸共同打击犯罪及司法互助协议》三项协议。2009 年 12 月 21 日至 25 日，陈云林二度率团访台，与江丙坤在台中市举行两会领导人第四次会谈，签署了《海峡两岸渔船船员劳务合作协议》《海峡两岸农产品检疫检验合作协议》《海峡两岸标准计量检验认证合作协议》三项协议。2010 年 6 月 29 日，海协会会长陈云林与台湾海基会董事长江丙坤 29 日在重庆举行两会恢复协商以来的第五次领导人会谈，签署《海峡两岸经济合作框架协议》和《海峡两岸知识产权保护合作协议》。2010 年 12 月 21 日，海协会会长陈云林 21 日与台湾海基会董事长江丙坤在台北签署了《海峡两岸医药卫生合作协议》。到目前为止，两会协议共计有 19 项。两会协议主要有两种形式：一是以"协议"为名的两会协议；二是以"纪要"为名的两会协议。尽管这些协议绝不是"国与国"之间签订的条约，但在分析这些协议在两岸各自管辖区域内的适用问题时，可以在理论层面运用国际法的相关理论进行类比。

按照通行的国际法准则和国际法理论，国家有落实条约①的义务，至于如何落实，一般有两种方式：其一，若条约包含直接适用的内容，则条约无需转化立法，而直接以并入方式接受为国内法的一部分；② 其二，若条约不包含直接适用的内容，则缔约国应采取措施，使条约得适用于内国。条约的接受是采取直接适用的方式，还是采取不直接适用的方式，完全以条约自身如何规定为依据。③ 对于不包含直接适用内容的条约，有两种使用方式：一是将条约规定转变为国内法；二是将条约规定纳入国内法。④ 前者（转化）实质是为了国际法能够在国内有效地加以适用，通过其立法机关，将国际法有关具体规则变成国内法体系，用国内法的形式表现出来；后者（纳入或并入）是指为了使国际法能在国内适用，一般作出原则规定，从总体上承认国际法为国内法的一部分。⑤ 当然，也有国家将两种方式结合起来，根据条约的性质和具体内容，对有些条约以转化的方式适用，而对有些条约以纳入的方式适用。至于到底应采取何种方法，则由各国宪政体制所决定。

考查两会协议文本，两会协议的生效条款先后采取过四种模式。第一，签订后经过一定期间后生效，即两会协议在双方签订后经过一定期

---

① 条约，若无特别声明，均指广义上的条约，即"一个或更多国家和一个或更多国际组织间或国际组织相互间以书面缔结并受国际法支配的国际协议，不论其载于一项单独的文书或两项或更多有关文件内，也不论其特定的名称为何"。参见《维也纳条约法公约》（1986 年）第 2 条。

② 参见余敏友、陈卫东：《欧共体围绕 WTO 协议直接效力问题的争论及其对我国的启示（一）》，《法学评论》，2001 年第 3 期。

③ 黄异：《国际法在国内法领域内的效力》，元照出版公司，2006 年版，第 37 页。

④ 李浩培：《条约法概论》，法律出版社，2003 年版，第 314 页。

⑤ 参见梁西主编：《国际法》，武汉大学出版社，2003 年版，第 16 页。

间，待该期间届满后方产生效力。该模式首见于《汪辜会谈共同协议》，主要为20世纪90年代签订的两会协议所采用。根据《汪辜会谈共同协议》协议第5条规定，"本共同协议自双方签署之日起三十日生效实施。"《两会联系与会谈制度协议》《两岸公证书使用查证协议》《两岸挂号函件查询、补偿事宜协议》《海峡两岸关于大陆居民赴台湾旅游协议》以及《海峡两岸包机会谈纪要》等两会协议均以此模式生效。第二，待双方确认后确定的日期生效，即两会在确认两会协议内容后，从一个确定的日期起生效。该模式常用于两会复委托其他组织或个人签订的两会协议中。如《港台海运商谈纪要》第4条规定，"本商谈纪要经海峡两岸关系协会、财团法人海峡交流基金会核可并换文确认，于今年（1997年）7月1日起正式生效"。第三，签订后一定的期间内生效，即两会协议在两会签订该协议后一定期间内产生效力，但在实践中一般为期间届满之日起生效。该模式为两会在2008年11月签订的四份协议中所采用。如《海峡两岸空运协议》第13条规定，"本协议自双方签署之日起四十日内生效"。第四，最长过渡期后生效，即两会协议规定一个最长的过渡期，由双方进行相应准备工作，待准备工作完成后生效，但不得超过给定的最长过渡期。如《海峡两岸共同打击犯罪及司法互助协议》《海峡两岸金融合作协议》和《海峡两岸空运补充协议》都规定，"协议自签署之日起各自完成相关准备工作后生效最迟不超过六十日"。

第一种模式和第二种模式都是两会协议在20世纪90年代所采取的模式，第三种模式和第四种模式是在2008年之后所采用的模式。从表面上看，第三种模式和第四种模式都是在一定期间届满后生效。但是，第三种模式对给定期间没有作出明确的界定，导致两岸对此理解不一，而第四种模式则将给定的期间明确为"缓冲期"。在对于第三种模式中给定的期间的理解上，大陆方面认为，该给定期间为"生效缓冲"期，即便任何一方没有完成接受程序，协议亦自动生效；台湾方面则认为，该给定期间应是"生效决定"期，如果有任何一方在此期间内作成否定协议的决定，则该协议不产生效力。上述争议归结到一点，就是两会协议，是否必须经过有形的接受程序。

2008 年 11 月 12 日，台湾当局"立法院"将当月 4 日海协会和台湾海基会领导人签订的四项协议交有关"委员会"审查。① 根据台湾地区"立法院职权行使法"第 8 条规定，"交付有关委员会审查"属于"立法院"进行"议案审议"的"一读程序"，以及被"交付相关委员会审查"的议案不必然产生法律上的效力。但台湾地区"立法院"将上述四项协议"交付有关委员会审查"时，距两会领导人 11 月 4 日签订《海峡两岸食品安全协议》已过七天。若按《海峡两岸食品安全协议》第 9 条规定，该协议已经生效。那么，台湾当局"立法院"在《海峡两岸食品安全协议》生效后，仍然按照将其"交付有关委员会审查"，是否有两会协议非经台湾地区"法律"所规定的程序不具有法律效力的意味？值得注意的是，国台办发言人范丽青于 2008 年 11 月 26 日召开的国台办例行新闻发布会上，针对有记者问及台湾当局"立法院"对《海峡两岸食品安全协议》等四项协议的审查是否可能影响其执行和生效时指出："两岸所签署的三项协议，规定在签署后 40 天内生效，目前双方都在进行一些内部的各自准备的工作。两岸同胞都期望三项协议生效以后尽快推动两岸三通，以达到扩大两岸交流合作，促进两岸的经贸发展，共同应对当前日益严峻的经济形势的目的。"② 考查国台办发言人的表述，至少有两处值得注意：第一，虽然台湾地区"立法院"将四项协议都"交付有关委员会审查"，但国台办发言人仅提及规定有"签署后 40 天内生效"的三份协议，从而将《海峡两岸食品安全协议》排除在外，这一表述是否意味着大陆方面

①　《陈江会四协议"立院"付委审查》http：//www. takungpao. com. hk/news/08/11/21/che-nyunlin01-993630. htm，最后访问日期：2011 年 4 月 10 日。

②　参见《国台办新闻发布会实录》，2008 年 11 月 6 日，资料来源：http：//www. gwyb. gov. cn/xwfbh/xwfbho. asp？xwfbh_m_id=103，最后访问日期：2009 年 5 月 8 日。

认为依《海峡两岸食品安全协议》第 9 条之规定,《海峡两岸食品安全协议》已经生效? 第二, 国台办发言人并未正面回应记者所提 "立法院审查" 一事, 而仅以 "双方都在进行一些内部的各自的准备工作" 代替之, 这里的 "准备工作" 含义为何, 发言人并未作出具体说明。虽然国台办发言人的表述并不能直接体现出大陆对四项协议是否生效的态度, 但就上述分析而言, 大陆方面的态度应更多偏向认为 "协议应按协议之规定生效而不受台湾地区内部原因影响"。由此, 两岸至少在表述上存在矛盾之处。而且台湾地区民进党 "立法院" 党团公开表示, 若四项协议并非经 "立法院" 决议, 而是 "自动生效" 将 "不会承认效力"。[①] 民进党的这一态度与大陆方面的观点完全相左。上述围绕《海峡两岸食品安全协议》等四项协议所产生的争议, 基本上可以反映出两岸在两会协议接受上的主要冲突在于: 在两会协议中给定的期间到底是协议生效的缓冲期, 还是两岸依照各自域内的法律批准协议的期限?

两岸显然意识到了第三种模式的缺陷, 是造成上述争议的原因之一, 因而在 2009 年 4 月签订的三份两会协议中发展出第四种模式, 以防止再度引发不必要的争议。与第三种模式相比, 第四种模式不仅将给定期间明确为 "生效缓冲期", 而且对两岸在 "缓冲期" 内的工作也做了规定。在第四种模式的表述中, 双方在缓冲期内应完成 "相关准备工作"。这里 "准备工作" 有着深刻的内涵: 第一, "准备工作" 固然包括人员物资、装备等工作, 同时也包括法制工作, 尤其是两岸应以合适方式使两会协议成为各自法域内法律体系的一部分亦即对两会体系的接受, 可以说 "准备工作" 依此可以作为两会协议接受机制的直接渊源。第二, "准备工作" 又是一个相当含糊的中性词。它并非严格意义上的法律用语, 可以有效回避 "批准" "接受" 等国际法学意义上的词语, 以确保两会协议的

---

① 参见《江陈会/四项协议 王金平: 行政部门应思考如何处理争议》, 资料来源: http: // www. nownews. com/2008/11/17/11490-2366588. htm, 最后访问日期: 2011 年 4 月 10 日。

"一国性",防止因协议文本的缺陷,引发所谓两会协议"条约化"的话题。当然,至于两岸以何种方式完成"接受"这个"准备工作",则由两岸依据其各自的法律自行决定,第四种模式不便也无必要加以规定。

大陆认为,两会协议具有直接适用性质,因而以两会协议的直接适用性为基础,形成三种具体的适用方式。需要说明的是,这些具体的适用方式并没有制度化,而是根据实践进行的总结。第一,直接适用方式。直接适用方式,是指两会协议在依据其自身规定生效后,即成为大陆法律体系的一部分,自然具有法律效力。按照大陆方面在实践中的做法,"直接适用"的内涵是广泛的:其一,在对象上,"直接适用"系指两会协议适用于包括公权力在内的所有公民、法人和其他组织;其二,在方式上,"直接适用"不仅是有关部门处理具体案件的规范依据,而且是指定规范性文件的依据。如根据司法部1993年颁布的《海峡两岸公证书使用查证协议的实施办法》第1条,司法部制定这一实施办法的目的就是"为履行《两岸公证书使用查证协议》"。[①] 可以说,两会协议在大陆至少可以作为行政立法上的依据。第二,先行立法适用方式。先行立法适用方式,是指大陆在两会协议签订前先行制定相关法律,并以该法律为调整两会协议所涉事项的依据。如两会虽于2008年6月才签订《海峡两岸关于大陆居民赴台湾旅游协议》,但国家旅游局、公安部和国台办早在2006年就制定了《大陆居民赴台湾地区旅游管理办法》,在事实上起着管理和规范大陆居民赴台旅游事务的作用。[②] 第三,纳入适用方式,是指大陆有关部门在两会协议签订前后,以印发、通知等形式将两会协议纳入到法律体系中。如国台办、公安部和海关总署于1995年联合下文,以通知形式将《两会商定会务人员出入境往来便利办法》印发给各地台办、公安机关和海关,

---

① 《海峡两岸公证书使用查证协议实施办法》(1993年)第1条。
② 《大陆居民赴台湾地区旅游管理办法》(2006年)。

要求上述单位遵照执行。① 大陆方面为实施两会协议所颁布的规范性文件（截至 2011 年 4 月 10 日），参见下表 5-1 所示：

表 5-1

| 规范性文件名称 | 发文单位、时间 | 落实两会协议的名称、时间 | 适用方式 |
|---|---|---|---|
| 《海峡两岸公证书使用查证协议实施办法》 | 司法部，1993 年 | 《两岸公证书使用查证协议》 | 直接适用 |
| 《司法部关于增加寄送公证书副本种类事宜的通知》 | 司法部、1994 年 | 《海协关于增加寄送公证书副本种类事函》，1994 年 | 纳入或并入 |
| 《两会商定会务人员出入境往来便利办法》 | 国台办、公安部、海关总署，1995 年 | 《两会商定会务人员出入境往来便利办法》，1995 年 | 纳入或并入 |
| 《大陆居民赴台湾地区旅游管理办法》 | 国家旅游局、公安部、国台办，2007 年 | 《海峡两岸关于大陆居民赴台湾旅游协议》 | 先行制定 |
| 《关于台湾海峡两岸间海上直航实施事项的公告》 | 交通运输部，2008 年 | 《海峡两岸海运协议》，2008 年 | 直接适用 |
| 《台湾海峡两岸直航船舶监督管理暂行办法》 | 交通运输部，2008 年 | 《海峡两岸海运协议》，2008 年 | 直接适用 |
| 《关于促进两岸海上直航政策措施的公告》 | 交通运输部，2009 年 | 《海峡两岸海运协议》，2008 年 | 直接适用 |
| 《关于公布进一步促进海峡两岸直航政策措施的公告》 | 交通运输部，2009 年 | 《海峡两岸海运协议》，2008 年 | 直接适用 |
| 《最高人民法院关于人民法院认可台湾地区有关法院民事判决的规定》 | 最高人民法院，1998 年 | 《海峡两岸共同打击犯罪及司法互助协议》，2009 年 | 先行制定 |
| 《最高人民法院关于人民法院认可台湾地区有关法院民事判决的补充规定》 | 最高人民法院，2009 年 | 《海峡两岸共同打击犯罪及司法互助协议》，2009 年 | 先行制定 |
| 《最高人民法院关于涉台民事诉讼文书送达的若干规定》 | 最高人民法院，2008 年 | 《海峡两岸共同打击犯罪及司法互助协议》，2009 年 | 先行制定 |
| 《最高人民法院关于审理涉台民商事案件法律适用的规定》 | 最高人民法院，2010 年 | 《海峡两岸共同打击犯罪及司法互助协议》，2009 年 | 直接适用 |

---

① 《国务院台办公安部海关总署关于印发〈两会商定会务人员出入境往来便利办法〉的通知》（1995 年）。

续表

| 规范性文件名称 | 发文单位、时间 | 落实两会协议的名称、时间 | 适用方式 |
|---|---|---|---|
| 《商务部办公厅关于进一步落实〈海峡两岸渔船船员劳务合作协议〉有关工作的通知》 | 商务部，2010 年 | 《海峡两岸渔船船员劳务合作协议》 | 纳入或并入 |
| 《海关总署公告 2010 年第 86 号（关于发布〈海峡两岸经济合作框架协议〉货物贸易早期收获产品的产品特定原产地规则）》 | 海关总署，2010 年 | 《海峡两岸经济合作框架协议》 | 纳入或并入 |
| 《关于发布〈台湾地区商标注册申请人要求优先权有关事项的规定〉及相关书式的公告》 | 国家工商行政管理总局，2010 年 | 《海峡两岸知识产权保护合作协议》，2010 年 | 直接适用 |
| 《关于台湾地区申请人在大陆申请植物新品种权的暂行规定》 | 农业部、国家林业局，2010 年 | 《海峡两岸知识产权保护合作协议》，2010 年 | 直接适用 |
| 《关于台湾同胞专利申请的若干规定》 | 中国专利局，2010 年 | 《海峡两岸知识产权保护合作协议》，2010 年 | 直接适用 |

与大陆肯定两会协议的直接适用性不同，台湾地区对两会协议的直接适用性持否定态度。因此台湾方面认为，对两会协议的接受应经过有形的批准或审查程序，但以何程序接受两会协议则曾产生过争议。争议产生的原因是台湾地区一部分政治人物和学者基于所谓台湾地区的"国家"属性，认为大陆和台湾签订的两会协议是"两国间的条约"。1993 年，陈建平等 84 名台湾地区"立法委员"针对汪辜会谈签订的四项事务性协议，认为"何种协定应送立法院审议、何种协定仅须送立法院备案，涉及……有关'条约案'之意义与范围之厘清"，故声请台湾地区"大法官"解释。[①]"大法官"针对陈建平等 84 人的解释，作成"释字第 329 号解释"。在解释理由书中，"大法官"明确指出："台湾地区与大陆地区间签订之协议，因并非本解释所称之国际书面解释，应否送请立法院审议，不

---

① 参见陈建平等 84 人的"释宪声请书"。

在本件解释之范围，并此说明"①，从而否定了两会协议的"条约性"。"释字第 329 号解释"是台湾地区有关两会协议接受的根本法源，在法律层面解决了两会协议是否是"条约"的问题。依照"释字第 329 号解释"的意旨，对两会协议的接受不应按照条约的接受程序为之，而应依据"台湾地区与大陆地区人民关系条例"的有关规定进行。

"台湾地区与大陆地区人民关系条例"对于两会协议的接受形成了比较成熟的制度框架，但并非没有缺陷。"台湾地区与大陆地区人民关系条例"对两会协议接受的体制共分两部分：第一，界定"协议"的概念，以明确两会协议接受机制的适用对象。根据"台湾地区与大陆地区人民关系条例"第 4-2 条第 3 项，台湾方面将"协议"定义为"台湾地区与大陆地区间就涉及行使公权力或政治议题事项所签署之文书"，而"协议之附加议定书、附加条款、签字议定书、同意记录、附录及其他附加文件，均属构成协议之一部分。"根据此定义，一项两会协议若要进入"台湾地区与大陆地区人民关系条例"所规定的接受机制，必须涉及公权力之行使或政治议题事项。当然，两会协议的行使均涉及台湾地区公权力的行使，也当然适用"台湾地区与大陆地区人民关系条例"所规定的程序。第二，将两会协议依其内容是否涉及台湾地区"法律"之修改或"法律"保留事项，分别规定不同的接受程序。根据"台湾地区与大陆地区人民关系条例"第 5 条第 2 项，两会协议之内容"若涉及法律之修改或应以法律定之"，"协议办理机关应于协议签署后三十日内报请行政院核转立法院审议"，反之，若两会协议"其内容未涉及法律之修正或无需另以法律定之者，协议办理机关应于协议签署后三十日内报请行政院核定，并送立法院备查"。在核转、审议、核定和备查四个程序中，核转和备查不具有实质性的审查意义，仅具有形式上的转交、备案等意义，而核定和审议

---

① 台湾地区"司法院大法官释字 328 号解释"解释理由书。

则具有实质性的审查意义。"行政院"经由核定程序、"立法院"经由审议程序，可以对两会协议作成实质性的决定，亦即不能排除两会协议在这两个阶段被否决的可能。由此可见，两会协议的接受权限是：若协议之内容涉及台湾地区"法律"之修改或"法律"保留事项，两会协议应经由"立法院"审议，在"立法院"审议通过后，才能在台湾地区法域内生效；若协议之内容不涉及台湾地区"法律"之修改或"法律"保留事项，则由"行政院"核可，经"行政院"核可后，两会协议即告在台湾地区域内生效。

当然，根据"台湾地区与大陆地区人民关系条例"第5条第1项之规定，两会协议在签订前必须经过台湾地区"行政院"同意。因此，若台湾地区对两会协议的接受仅适用于"行政院"核定、"立法院"备查的方式，则被接受的几率较大。所以说，真正能产生两会协议被否决效果的，主要是适用"行政院"核转"立法院"审议的方式接受两会协议。问题的关键在于：如何判断两会协议是否涉及台湾地区"法律"之修改或"法律"保留事项。下面就以《海峡两岸海运协议》为例说明。2008年11月两会签订《海峡两岸海运协议》后，台湾地区"行政院"和"立法院"就是否应将该协议交由"立法院"审议产生争议。"立法院法制局长"刘汉廷认为，《海峡两岸海运协议》第3条"双方统一两岸登记船舶自进入双方港口至出港期间，船舶悬挂公司旗，船艉及主桅暂不挂旗"的规定，与台湾地区"商港法"关于"船舶入港至出港时，应悬挂中华民国国旗、船籍国国旗及船舶电台呼叫旗"的规定相悖。因此，要实施《海峡两岸海运协议》，必须修改"商港法"的上述规定，或修改"台湾地区与大陆地区人民关系条例"，将"商港法"排除出两岸关系适用范围。① 按照刘汉廷的观点，《海峡两岸海运协议》无论如何都涉及台湾地

---

① 参见《警惕民进党将两岸协议扭曲为"两国条约"》，资料来源：http://news.qq.com/a/20081116/001190.htm，最后访问日期：2011年4月10日。

区有关"法律"的修改，因而必须由"行政院"核转"立法院"审议。但依台湾地区"立法院议事规则"之规定，"立法院"难以在协议规定之40日内完成规定程序，从而可能导致《海峡两岸海运协议》无法按期生效。因此"行政院"以变通办法，依据"台湾地区与大陆地区人民关系条例"第95条，将《海峡两岸海运协议》作为实施台湾地区与大陆直接通商的办法，交由"立法院""决议"。据"台湾地区与大陆地区人民关系条例"第95条之规定，"立法院"若在30日内不能做出"决议"，则被推定为（视为）同意。后续实践证明，《海峡两岸海运协议》正是凭借"台湾地区与大陆地区人民关系条例"第95条的"推定同意"规定于协议规定的生效期间届满前被台湾地区接受。

围绕《海峡两岸海运协议》的争议之所以能得到妥善解决，主要取决于两点：第一，协议内容特殊，涉及两岸"三通"事项，可以在"台湾地区与大陆地区人民关系条例"找到变通处理的法律依据；第二，"台湾地区与大陆地区人民关系条例"第95条规定了"推定同意"制度，使《海峡两岸海运协议》是否直接适用的问题在"推定同意"的名义下被绕开。因此，《海峡两岸海运协议》（依此方法通过的还有性质与其类似的《海峡两岸空运协议》）的接受，仅属个案，而不具有普遍性。在实践中，两会协议是否涉及台湾地区"法律"之修改或"法律"保留事项，除非如《海峡两岸海运协议》般明确找到需修改或违背"法律"保留原则之处，否则，全属于法律解释问题，台湾地区主管两会协议所涉事项的部门，具有相当大的发言权。

至于两会协议被接受后是以转化形式适用，还是以纳入或并入形式适用，台湾地区并未作进一步规定。2009年5月，台湾地区"法务部"关于《两岸共同打击犯罪及司法互助协议》的新闻稿，透露出台湾方面适用两会协议的具体方式。根据该新闻稿，"法务部"声言："相关之合作内容，系在我方现行的法令架构及既有的合作基础上，以签订书面协议之方式，强化司法合作之互惠意愿，同时律定合作之程序及相关细节，提升合作之效率及质量。与对岸律定合作事项涉及人民权利义务部分，均在现行相关法律下执行，未涉及法律之修正，亦无须另以法律定之。"① 按此新闻稿的态度，台湾方面对两会协议的适用被分为三种情况。第一种情况，两会协议涉及"法律"之修改或"法律"保留事项，而"立法院"否决了两会协议。此时，按照台湾地区"法律"，两会协议不产生法律效力，台湾方面自适用原有关"法律"。第二种情况，两会协议涉及法律之修改或法律保留事项，而"立法院"未否决两会协议，从而产生"修法"（涉及"法律"之修改时）或"立法"（涉及"法律"保留事项时）的效果。此种情况下，台湾方面执行修改后的有关法律，并因而间接适用两会协议。第三种情况，两会协议不涉及"法律"修改或"法律"保留事项。按照上述新闻稿的理解，发生第三种情况时，两岸签订协议尽在"强化……意愿，同时律定合作之程序及相关细节"，台湾方面对于合作事项涉及人民权利义务部分，均在现行相关"法律"下执行，至于两会协议，只是在执行相关"法律"时，产生间接的适用效果。② 从上面分析可以看出，台湾方面对于两会协议的具体适用方式为转化，亦即将两会协议的具体规则转化为其域内"法律"中，再通过执行其域内法律达到适用两会协议的效果。

对比两岸接受条约和两会协议的时间，可以说出现了正好相反的情况：大陆方面在实践中对条约是否具有直接适用性持谨慎态度，但认为两会协议具有直接适用性；台湾方面在实践中认为"条约""协议"等"国际协定"具有直接适用性，甚至直接适用台湾地区不能参加的"条约"，但却否认两会协议的直接适用性。这一状况是大陆和台湾对两会协议态度的真实反映：大陆方面积极推动两岸关系和平发展，将两会协议作为两岸

① 台湾地区"法务部"："'海峡两岸共同打击犯罪及司法互助协议'不涉及制定及修正法律"，2009 年 5 月 5 日新闻稿。

② 周叶中、祝捷：《两岸治理：一个形成中的结构》，《法学评论》，2010 年第 6 期，第 14 页。

关系和平发展的重要依据和方式，因而在两会协议的接受上亦采取较为积极的态度；反观台湾方面，由于所谓"主权""国家"等观念作祟，担心两会协议会侵害台湾所谓的"主权"，因而对两会协议采取消极态度，意图通过有关部门的批准方可在台湾地区生效。

可喜的是，由于看到现有两会接受机制存在包括上述问题在内的诸多问题，两岸在实施两会协议时运用了一套新的做法，即在两会协议签订后由两岸相关主体签订谅解备忘录，让双方相关主体建立制度性的对话模式。这一步还"为两岸互动开启了第三条道路"①。2009年4月26日，海协会、台湾海基会签署了《海峡两岸金融合作协议》，建立了两岸金融合作框架。2009年11月16日，银监会主席刘明康、保监会主席吴定富、证监会主席尚福林分别与台湾金融监督管理机构代表陈冲正式签署了《海峡两岸银行业监督管理合作谅解备忘录》《海峡两岸保险业监督管理合作谅解备忘录》以及《海峡两岸证券及期货监督管理合作谅解备忘录》。这三份金融监管合作备忘录的签署，是落实《海峡两岸金融合作协议》的具体举措。

这种通过双方协商、谈判从而达成共识，并用文本加以记录的协议，在大陆被称为"合作备忘录"，在台湾被称作"谅解备忘录"，其英文全称为Memorandum of Understanding，MOU是其英文的简写。此次两岸金融监管合作备忘录（MOU）的签署可谓低调、从简。这一两岸金融界翘首期盼多年的备忘录，以"专差传递"的方式完成，又称"邮签"。16日当天，两岸相关机构各派一位工作人员，将文件送到对岸机场交收。其后，两岸四位负责人约好在同一时间完成历史性的签署，并同步对外宣布。这份两岸中国人之间的备忘录，没有英文版本，只有中文简体和繁体

---

① 见台湾《经济日报》2009年11月17日刊出的社论：《MOU让两岸经贸开大门走大路》，资料来源：http://money.eastmoney.com/news/798, 2009111818533891.html，最后访问日期：2011年4月10日。

两种版本。台湾金融管理部门指出：备忘录只是两岸有关协商结果的记录，并无法律约束力。但作为两岸金融合作实质性的一步，意义十分重大。用一位蓝营"立委"的话说，是"位阶虽低，地位重要"。① 双方以务实的简体文及繁体文、使用"大陆方面"及"台湾方面"的名称、采纳换文等作为，让各方鹄候多时的 MOU 终于完成签署程序，实是在 WTO 模式（世界贸易组织下的关税领域）及两会模式（台湾海基会、海协会用"两岸 crossstraight"）之外，开启了第三条签署协议的路径。这是兼顾世界惯例、形式对等及双方需求下难能可贵的成果，不禁要给参与努力的各方拍拍手，新模式也让未来合作有了更多可能。② 三份合作备忘录的签订也为两会在 2010 年 6 月 29 日签订《海峡两岸经济合作框架协议》奠定了基础。

（二）两会协议的联系主体

联系主体是两会协议的特色，截至 2010 年 4 月 10 日，两会协议中的联系主体，可整理列表 5-2 如下：

**表 5-2　两岸协议中的联系主体**

| 协议名称 | 联系主体 |
|---|---|
| 《两岸公证书使用查证协议》 | 1. 关于寄送公证书副本及查证事宜，双方分别以中国公证员协会或有关省、自治区、直辖市公证员协会与财团法人海峡交流基金会相互联系。<br>2. 其他相关事宜，由海峡两岸关系协会与财团法人海峡交流基金会联系。 |
| 《两岸挂号函件查询、补偿事宜协议》 | 1. 挂号函件之查询由中国通信学会邮政专业委员会与财团法人海峡交流基金会或其指定之邮件处理中心（航邮中心）相互联系。<br>2. 其他相关事宜由海峡两岸关系协会与财团法人海峡交流基金会相互联系。 |
| 《海峡两岸关于大陆居民赴台湾旅游协议》 | 1. 议定事宜，双方分别由海峡两岸旅游交流协会（以下简称海旅会）与台湾海峡两岸观光旅游协会（以下简称台旅会）联系实施。<br>2. 协议的变更等其他相关事宜，由海峡两岸关系协会与财团法人海峡交流基金会联系。 |

---

① 王尧、吴亚明、杜榕、楠桠：《大幕初起好戏在后》，《人民日报》，2009 年 11 月 27 日，第 16 版。

② 见台湾《经济日报》2009 年 11 月 17 日刊出的社论：《MOU 让两岸经贸开大门走大路》，资料来源：http://money.eastmoney.com/news/798，2009111818533891.html，最后访问日期：2011 年 4 月 10 日。

| 协议名称 | 联系主体 |
|---|---|
| 《海峡两岸包机会谈纪要》 | 议定事项，由海峡两岸航空运输交流委员会与台北市航空运输商业同业公会相互联系。必要时，经双方同意得指定其他单位进行联系。 |
| 《海峡两岸空运协议》 | 1. 议定事项，由海峡两岸航空运输交流委员会与台北市航空运输商业同业公会相互联系。必要时，经双方同意得指定其他单位进行联系。<br>2. 其他相关事宜，由海峡两岸关系协会与财团法人海峡交流基金会联系。 |
| 《海峡两岸海运协议》 | 1. 议定事项，由海峡两岸航运交流协会与台湾海峡两岸航运协会联系实施。必要时，经双方同意得指定其他单位进行联系。<br>2. 其他相关事宜，由海峡两岸关系协会与财团法人海峡交流基金会联系。 |
| 《海峡两岸邮政协议》 | 1. 议定事项，由海峡两岸邮政交流协会与财团法人台湾邮政协会相互联系。具体邮政业务由双方邮件处理中心联系实施。<br>2. 其他相关事宜，由海峡两岸关系协会与财团法人海峡交流基金会联系。 |
| 《海峡两岸食品安全协议》 | 1. 议定事项，由双方食品安全等业务主管部门指定的联络人相互联系实施。必要时，经双方同意得指定其他单位联系实施。<br>2. 其他相关事宜，由海峡两岸关系协会与财团法人海峡交流基金会联系。 |
| 《海峡两岸共同打击犯罪及司法互助协议》 | 1. 议定事项，由各方主管部门指定之联络人联系实施。必要时，经双方同意得指定其他单位进行联系。<br>2. 其他相关事宜，由海峡两岸关系协会与财团法人海峡交流基金会联系。 |
| 《海峡两岸金融合作协议》 | 1. 议定事项，由双方金融监督管理机构、货币管理机构指定的联络人相互联系实施。必要时，经双方同意得指定其他单位进行联系。<br>2. 其他相关事宜，由海峡两岸关系协会与财团法人海峡交流基金会联系。 |
| 《海峡两岸空运补充协议》 | 议定事项的实施，由双方航空主管部门指定的联络人，使用双方商定的文书格式相互联系。 |
| 《海峡两岸农产品检疫检验合作协议》 | 1. 议定事项，由双方业务主管部门指定的联络人相互联系实施。必要时，经双方同意可指定其他单位联系实施。<br>2. 其他相关事宜，由海峡两岸关系协会与财团法人海峡交流基金会联系。 |
| 《海峡两岸渔船船员劳务合作协议》 | 1. 议定事项，由双方业务主管部门指定的联络人相互联系实施，经双方同意可指定其他单位负责实施。<br>2. 其他事宜，由海峡两岸关系协会与财团法人海峡交流基金会联系。 |

| 协议名称 | 联系主体 |
|---|---|
| 《海峡两岸标准计量检验认证合作协议》 | 1. 议定事项，由双方业务主管部门指定的联络人相互联系实施。<br>2. 其他事宜，由海峡两岸关系协会与财团法人海峡交流基金会联系。 |
| 《海峡两岸经济合作框架协议》 | 业务事宜由双方业务主管部门指定的联络人负责联络。 |
| 《海峡两岸知识产权保护合作协议》 | 1. 议定事项，由双方业务主管部门指定的联络人相互联系实施。必要时，经双方同意得指定其他单位进行联系。<br>2. 其他相关事宜，由海峡两岸关系协会与财团法人海峡交流基金会联系。 |
| 《海峡两岸医药卫生合作协议》 | 1. 议定事项，由双方相关业务主管部门指定的联络人相互联系实施。必要时，经双方同意得指定其他单位进行联系。<br>2. 其他相关事宜，由海峡两岸关系协会与财团法人海峡交流基金会联系。 |

除表 5-2 所列两会协议外，其余两会协议均未规定联系主体。未规定联系主体的协议除了《港台海运商谈纪要》外，都是两会框架式的协议，包括《汪辜会谈协议》和《两会联系与会谈制度协议》。可以说，绝大多数规范两岸间具体事务的协议，均规定有联系主体。由于表 5-2 中采取广义的 "联系主体" 定义，在两会协议文本中出现的 "联系方法" "联系机制" 等，已作为联系主体列入上表 5-2。① 从表中可见，两会协议的联系主体可以归纳为三类：

第一类是业务联系主体。由于规定有联系机制的两会协议都是专门规定某一具体事务的协议，所涉事务具有高度的专业性，因此，两会协议一般规定由两岸从事相关业务的组织负责协议的联系。业务联系主体的特征是专业性，其所负责联系的事项也都是协议所直接规定的事项。

业务联系主体是两会协议中联系主体的主要部分，具体包括四种模

---

①　需要说明的是，《海峡两岸空运补充协议》中有 "联系机制" 一条，但该条所规定的 "联系机制"，实际上并非是协议的联系机制，而是就两岸航空运输的相关事宜进行沟通并交换意见的联系机制，因而并非是我们在此所言的联系机制。

式。其一，大陆和台湾的联系主体都是从事相关业务的组织。如《海峡两岸海运协议》因涉及两岸海航业务，因而规定由海峡两岸航运交流协会与台湾海峡两岸航运协会负责联系。其二，两岸中一方的联系主体为从事相关业务的组织，另一方的联系主体是负责综合性事务的组织或其指定的组织。如《两岸公证书使用查证协议》中，大陆方面的联系主体是中国公证员协会或有关省、自治区、直辖市公证员协会，而台湾方面的联系主体是海基会。再如《两岸挂号函件查询、补偿事宜协议》，大陆方面联系主体是中国通信学会邮政专业委员会，台湾方面的联系主体是台湾海基会指定之邮件处理中心。其三，将议定事项和具体业务分开，分别指定联系主体。如《海峡两岸邮政协议》规定，议定事项由海峡两岸邮政交流协会与财团法人台湾邮政协会负责联系，而具体邮政业务则由双方邮件处理中心联系实施。其四，两会协会采取授权方式，只规定授权单位，而不规定具体的联系主体，由授权单位指定联系主体，而协议所规定的授权单位，一般是两岸各自管理协议所涉事项的主管部门。如《海峡两岸食品安全协议》规定，议定事项由双方食品安全等业务主管部门指定的联络人负责联系实施。随着两岸事务性交流的不断深化，采取授权方式、由两岸有关事务主管部门指定联络人的模式，已经为越来越多的两会协议所采用。

第二类是另行指定的业务联系主体。包括《海峡两岸包机会谈纪要》在内及其以后签订的协议中共有八份两会协议，除明确规定业务联系主体外，还规定了经双方同意，两会可在协议明确的业务联系主体之外，另行指定业务联系主体。但是，上述两会协议并未规定另行指定的业务联系主体负责联系何种事务。规定另行指定的业务联系主体，是两会协议所采取的预防措施，目的是防止因明确规定的业务联系主体不便联系或联系不畅，而导致两岸联系中断的情形发生。协议文本并未对另行指定的业务联系主体负责联系的事务范围进行规定。从文本分析角度而言，另行指定的业务联系主体被规定在"议定事项"的条款下,因而可以将另行指定的业务联系主体理解为业务联系主体的一个特例,其所负责联系的事务范围不得超过协议的议定范围。

第三类是其他相关事宜的联系主体。除《海峡两岸包机会谈纪要》、《海峡两岸空运补充协议》和《海峡两岸经济合作框架协议》外,17份规定联系主体的两会协议中,有14份规定了联系机制的两会协议,都规定台湾海基会和海协会是协议"其他相关事宜"的联系主体。两会协议并未规定"其他相关事宜"的范围,但从两会签订协议的目的可知,所谓"其他相关事宜",是指虽然没有明确规定在两会协议中,但却是与协议所规定的事项密切相关的事宜。

联系主体作为两会协议中的一个特有现象,符合两岸关系发展的现状,为两会协议的贯彻落实提供了有效机制。

(三)两会协议的解释

除《海峡两岸空运补充协议》和《海峡两岸经济合作框架协议》外,其余两会协议均没有协议解释的直接规定。另有一些两会协议包括有"争议解决"条款,通过"争议解决"条款的设置,在实质上规定了协议在两岸间的解释。

在两会签订的协议中,有14份协议规定有"争议解决"条款,具体又可分为两种表述模式。第一种表述模式为"因适用本协议所生争议,双方应尽速协商解决"。《两岸公证书使用查证协议》《两岸挂号函件查询、补偿事宜协议》《海峡两岸关于大陆居民赴台湾旅游协议》《海峡两岸海运协议》《海峡两岸空运协议》《海峡两岸邮政协议》《海峡两岸食品安全协议》和《海峡两岸共同打击犯罪及司法互助协议》等采用了此种模式。第二种表述模式为"因执行本协议所生争议,双方应尽速协商解决"。该表述模式仅有《海峡两岸金融合作协议》采用。在两会协议中,尽管对适用与执行区别使用,但都是为落实协议内容而进行的活动,无论是适用还是执行，按照解释学的观点，其本质都需要对协议进行解释。

在两会协议中，适用与执行的基本依据，都是两会协议的文本，因此，适用与执行的基础都是对两会协议文本的理解。据此原理，适用和执行两会协议的过程，实际上包括两个阶段：第一阶段为理解文本；第二阶段为在对文本理解的基础上，按照适用者或执行者对文本的理解，做出适用行为或执行行为。适用行为和执行行为是对文本理解的外在表现，对文本的理解是适用行为和执行行为的内在本质。由于理解与解释的同一性，在解释学领域内，对两会协议的适用与执行过程，必然存在对两会协议的解释。

按照解释学的观点，适用与执行两会协议的主体，就是解释两会协议的主体。因此，两会协议的解释主体出现了多元化的特征。多元解释主体在解释两会协议时，必然将产生对两会协议不一致的解释，此时，就产生了解释上的争议。由此可见，所谓适用或执行中产生的争议，其本质是解释上的争议。对于解释争议的解决，关键并非在于确定什么（what）是正确的解释。因为按照解释学的原理，任何解释者在解释文本时，都将受到其前理解的支配，并且都会根据自己的利益进行解释。① 因此，所谓解释，不过是围绕文本所展开的利益博弈。故而，不可能提出一种正确的解释。于是，解释学的问题从一个本体论问题转变为一个认识论问题，亦即解决解释争议的关键，在于确定谁（who）是有权解释主体，然后将该有权解释主体的解释作为正确的解释。

根据上述分析，对两会协议适用或执行中争议的解决，并非是确定两岸到底谁对谁错，而是确定何者是有权决定谁对谁错的主体。显然，在当前的两岸局势下，两岸只能通过协商，以获得两岸对协议文本共同的解

---

① 关于"前理解"对法解释的影响，参见祝捷：《通过释宪的权力控制——一种诠释学的诠释》，载肖金明主编：《人权保障与权力制约》，山东大学出版社，2007 年版。

释。由此可见，两会协议通过设置"争议解决"条款，形成了对两会协议的解释制度。结合两会协议中有关联系主体的规定，两会协议有关解释的规定可以概括如下：第一，解释的原因只能是因适用或执行两会协议中出现争议，属于具体解释，而不包括单纯对文本理解不一而与具体事务无涉者；第二，适用"争议解决条款"解释两会协议的情形，只包括对两会协议的两岸间解释，而不涉及两会协议在两岸各自领域内的解释；第三，解释的主体是双方共同组成的协商机制，这里的双方，应根据争议所涉对象所属的事务范围决定：若属于"议定事项"的范围，应将双方确定为两岸有关"议定事项"的联系主体；若属于"其他相关事宜"的范围，应将双方确定为两岸有关"其他相关事宜"的联系主体。

2009年4月签订的《海峡两岸空运补充协议》第13条第2款的规定，是"解释"一词在两会协议中的第一次出现。该条规定，"双方对协议的实施或解释发生争议时，由两岸航空主管部门协商解决"。该条的规定，在两会协议解释制度上有着两点突破：第一，明确提出"解释"一词，使解释的范围不限于适用或执行范围，亦即将对两会协议的解释从具体解释扩展到抽象解释；第二，明确将双方确定为"两岸航空主管部门"，从而将解释主体明确化。

2010年6月29日签订的《海峡两岸经济合作框架协议》第10条规定：1. 双方应不迟于本协议生效后六个月内就建立适当的争端解决程序展开磋商，并尽速达成协议，以解决任何关于本协议解释、实施和适用的争端。2. 在本条第一款所指的争端解决协议生效前，任何关于本协议解释、实施和适用的争端，应由双方通过协商解决，或由根据本协议第十一条设立的"两岸经济合作委员会"以适当方式加以解决。在第11条中，赋予由双方成立的"两岸经济合作委员会"以"解释本协议的规定"和"解决任何关于本协议解释、实施和适用的争端"的职能。《海峡两岸经济合作框架协议》之所以对解释问题做出如此明确的规定，并设立了一个独立的机构进行解释，是因为较之之前所签订的两会协议，该协议涉及单位多、内容广、复杂性高。不仅解释主体非常明确，且解释的工作也独立于"实施"和"适用"而存在，抽象解释的功能更加突出。

两会协议中有关解释主体的规定，随着两岸交流的不断深入而呈现出明显的变化。"解释"这一字眼的从无到有，解释主体从概括规定到明确授权，解释手段从适用或执行中的附带解释发展到专门解释，解释范围从具体解释扩展到抽象解释。

### （四）两会协议的变更

考查两会协议的文本，对两会协议的变更包括三种形式：一是具体的狭义变更，即在两会协议中明确规定可以变更的内容；二是概括的狭义变更，即两会协议虽明确规定变更，但未规定变更的内容，从理论上而言，两会协议的任何内容都属于可变更的范围；三是对未尽事宜的补充，即两会协议规定未尽事宜的处理方式。由于后者可以理解为对两会协议的增补，因而也纳入两会协议的变更中一并讨论。在两会签订的 19 份协议中，规定有变更（包括狭义变更和对未尽事宜的补充）的有 14 份，另有一份是对两会协议的增补。考查规定有变更内容的两会协议，可以发现，两会协议对于狭义变更和对未尽事宜的补充规定，已经形成了固定模式。

第一，两会协议中对具体的狭义变更的描述。有三份两会协议明确规定了可以变更的具体内容：《两岸公证书使用查证协议》第 2 条规定，双方得根据公证书使用需要，另行商定增、减寄送公证书副本种类；《两岸挂号函件查询、补偿事宜协议》第 1 条规定，挂号函件的开办范围，双方得以书面协议增减；《海峡两岸空运协议》第 4 条规定，双方同意尽可能在协议实施半年内，就定期客货运行作出安排。需要指出的是，有些协议虽然也涉及对协议（或其附件）的变更，如《海峡两岸空运协议》和《海峡两岸海运协议》，分别规定可以对附件所列的包机班次和开放港口进行数量上的变动，但我们认为，该规定并不涉及两会协议变更的问题，而仅有对有关协议具体执行方式的规定。

第二，两会协议中对概括的狭义变更的表述。两会协议对于概括的狭义变更共有两种规定方法。《两岸公证书查证协议》《两岸挂号函件查询、补偿事宜协议》和《两会联系与会谈制度协议》对概括的狭义变更的规定相同，是两会协议中对概括的狭义变更表述的第一种方式。上述三项协议中均将概括的狭义变更规定为"协议变更……经双方协商同意"。2008年两会复谈后签订的12份协议对于概括的狭义变更的方式在前述三项协议规定的基础上增加了"并以书面方式确认"的规定，从而将概括的狭义变更的形式进行了明确规定，是两会协议对概括的狭义变更表述的另外一种方式。由于在公开资料上未见两会依据概括的协议变更条款变更两会协议，因此，仅从协议文本上不能推断第一种概括的狭义变更，是否意味着两会可以通过非书面方式确认对两会协议的变更。

第三，两会协议中对未尽事宜的补充的表述。两会协议规定未尽事宜的补充的方式只有一种，即规定"本协议如有未尽事宜，双方得以适当方式另行商定"。这里值得讨论的问题是两会协议的"未尽事宜"与前文讨论联系主体时所涉及的"其他相关事宜"有何区别。对于此两种表述的区别，至今尚未见两岸官方的正式说明，也无学者在公开场合进行过讨论。按照我们的理解，"其他相关事宜"是指虽然没有规定在两会协议，但却是与协议所规定事项有关的事宜。按此理论，"其他相关事宜"实际上是指虽然没有规定在协议中，但是从协议所确定的事项中可以明确推知的事宜，只要是那些为了实现议定事项，必须落实和联系的事宜。因此，对"其他相关事宜"的确定，属于对两会协议的解释。与此相对，"未尽事宜"是指那些既没有规定在两会协议中，也不能通过协议所确定的事项明确推知的事宜，主要是那些尚未被规定在协议中，但属于协议应该规定或可以规定的事宜。对"未尽事宜"的确认，不是通过解释两会协议就可以完成的，因而必须通过对两会协议的变更。

以上分析仅以两会协议的文本为分析对象。在实践中，迄今为止，两岸对于两会协议的变更共有两次。第一次对两会协议的变更是 1994 年对《两岸公证书查证协议》中使用公证书种类的增补。根据《两岸公证书查证协议》第 2 条第 2 项，两岸有关方面于 1994 年 11 月决定扩大寄送公证书副本的范围，并经两会确认后生效。从模式上而言，对《两岸公证书查证协议》的此次变更，是依据上述第一种模式的变更。① 在变更程序上，此次变更经历了两个阶段。第一阶段为商谈阶段，1994 年 11 月 21 日至 28 日，两会副秘书长孙亚夫和许惠祐在南京进行预备性磋商，就包括"扩大寄送公证书副本种类"在内的议题进行商谈，初步达成"扩大寄送税务、病历及专业证明等四项公证书副本"的共识。② 第二阶段为确认阶段，两会副会长、秘书长级官员在负责人会谈上正式达成"关于增加寄送公证书副本种类"的共识后，两会通过换文的形式分别予以确认，"关于增加寄送公证书副本种类"自 1995 年 2 月 1 日正式生效。第二次对两会协议的变更，是 2009 年对《海峡两岸空运协议》的补充。根据《海峡两岸空运协议》第 1 条、第 3 条和第 4 条，海协会和台湾海基会于 2009 年 4 月 27 日签订《海峡两岸空运补充协议》，将《海峡两岸空运补充协议》中的"常态化包机"改为"空中定期航班"，从而实现了两岸航空运输业务正常化。从模式上而言，对《海峡两岸空运协议》的此次变更属于第一种模式。③ 在变更程序上，此次变更基本上依循指定新协议的程序，主要经历了两个阶段：第一阶段是协商阶段，2009 年 4 月 18 日，两会有关负责人在台北进行预备性磋商，就两岸空中直航定期航班议题的

① 《关于增加寄送公证书副本种类》中明确说明，对公证书副本种类的增加，是依据《两岸公证书查证协议》第 2 条。

② 参见张惠玲：《欧盟"共同外交暨安全政策"之整合谈判过程与台湾两岸协商经验之比较》，台湾中山大学大陆研究所，2002 年博士论文，第 149 页。

③ 《海峡两岸空运补充协议》的前言中明确说明，将常态化包机改为空中定期航班的依据中，包括《海峡两岸空运协议》第 4 条。

主要内容及协议文本进行了工作性商谈，并达成原则共识；[①] 第二个阶段为签订阶段，2009 年 4 月 27 日，海协会会长陈云林和台湾海基会董事长江丙坤在南京进行了第三次会谈，签署了《海峡两岸空运补充协议》，从而完成了对《海峡两岸空运协议》的变更。

至于两会协议变更的另两种方式，虽未在实践中出现，但对变更程序亦有着概括性规定：第二种表述明确规定通过"双方协商同意"的形式变更，第三种则规定"双方得以适当方式另行商定"。对于后者，虽未明确规定"适当方式"为何，但由"商定"二字可见，其方式仍是"双方协商"，只不过在具体方式上可以更加灵活，如可以通过换文、函告、口头表述、默许等。

## 二、两会协议在克服两岸关系和平发展框架法律障碍方面的作用

作为当前两岸之间开展交往的主要规范渊源，两会协议在克服两岸关系和平发展框架法律障碍方面起着重要的作用。

第一，为两岸法律障碍解决提供了一个交流平台。两会协议实施机制的建立和完善，打破了原先由个案触发两岸法律交流的怪圈，为两岸法律交流的系统化、常态化搭建了一个平台。在此平台基础上，两岸可以通过两会协议的方式，扫除不断变化的两岸关系中出现的法律障碍。以两岸共同打击犯罪为例，为应对不法分子或犯罪嫌疑人利用两岸司法机关没有建立正式合作机制而潜逃并藏匿对岸，导致大量极端恶劣的犯罪行为被纵容，从而严重危害海峡两岸同胞权益，破坏两岸社会和谐，1990 年 9 月，两岸分别授权双方红十字组织于金门签署关于遣返私渡者和刑事犯罪嫌

---

① 参见《海协会与台湾海基会商定两会领导人第三次会谈 4 月 26 日在南京举行》，2009 年 4 月 18 日，http://www.chinanews.com/tw/kong/news/2009/04-18/1652630.shtml，最后访问日期：2011 年 4 月 11 日。

人的"金门协议"。但"金门协议"仅涉及遣返问题，且实施主体是两岸民间组织，两岸的司法部门没有直接建立联系。尽管过去两岸已经在共同打击犯罪方面积累了一定经验，但往往采取"特事特办"的个案解决模式，限制了双方共同打击犯罪的力度和办案效率。①《海峡两岸共同打击犯罪及司法互助协议》的签订使两岸司法界建立了直接、全面、深度的合作关系，为两岸民事、刑事领域展开互助搭建了平台，为两岸法律障碍的解决扫除了障碍。

第二，有的两会协议本身就是以解决法律障碍为内容。《两岸公证书使用查证协议》和《海峡两岸共同打击犯罪及司法互助协议》，均是为解决两岸司法交流中出现的障碍而专门签订的协议。为顺利实施两会协议，大陆方面以先行制定、直接适用、纳入或并入的方式，制定了一系列规范性文件，如《海峡两岸公证书使用查证协议实施办法》《司法部关于增加寄送公证书副本种类事宜的通知》《最高人民法院关于人民法院认可台湾地区有关法院民事判决的规定》《最高人民法院关于人民法院认可台湾地区有关法院民事判决的补充规定》《最高人民法院关于涉台民事诉讼文书送达的若干规定》和《最高人民法院关于审理涉台民商事案件法律适用的规定》来铲除两岸法律障碍。相信在未来，通过两会协议共同制定法律规则，将呈现常态化的趋势。

第三，推动两岸法学学术界的讨论，为两岸法律障碍的解决提供理论支撑。两岸之间签订两会协议以及实施两会协议，在解决实际交流问题的同时，也触动了两岸之间的法律问题。这些引发了两岸学术界对两会协议的接受机制、联系主体、解释机制、变更机制等一系列问题的讨论。两岸学者努力为解决两岸之间的法律障碍寻找理论支撑，如对"条约"问题的讨论中，将"释字第 329 号解释"作为台湾地区有关两会协议接受的

---

① 《两岸签署共同打击犯罪协议 两岸法学专家法律专家解读》，资料来源：http://www.lega-linfo.gov.cn/index/content/2009-04/27/content_1083008.htm，最后访问日期 2011 年 4 月 11 日。

根本法源，在法律层面解决了两会协议是否是"条约"的问题。两岸法学学术界对两岸法律障碍问题关注和研究的深入，将为两岸法律障碍的解决提供强大的理论支撑。

### 三、两会协议体系的构建

目前，两会协议在数量上已经有了较多累积，但体系化的程度并不高。而体系化的两会协议，对于提高两岸关系和平发展的法治化程度，进而推动两岸关系和平发展框架的构建，有着重要的意义。

两会协议是指两岸透过两会机制所制定的协议，其名称可以是协议、纪要、安排等。依据功能原则，两会协议以事务性协议为主，但亦包括通过两岸政治性协商机制所签订的政治性协议。对于两会协议及其所形成的体系，有下列问题值得研究。

#### （一）两会协议体系的主要构成

两会协议的制定依据是和平协议，而两会协议根据其内容和产生机制的不同，又可以分为事务性协议和政治性协议。前者是由两岸事务性协商机制产生，其规定的内容主要是两岸事务性事项，两岸事务性协议构成两岸协议的主干；后者是由两岸政治性协商机制产生，两岸间政治性事务形成的共识。事务性协议和政治性协议共同构成两会协议体系。

#### 1. 两会协议体系化的实证分析

虽然两会协议并未形成体系，但是两会协议仍有着体系化的实践。1993 年 4 月，当时海协会和台湾海基会负责人汪道涵和辜振甫达成《汪辜会谈共同协议》。根据该协议的定性，两会此次会谈是"民间性、经济性、事务性与功能性之会谈"。[①] 这一定性不仅仅是回避政治议题的需要，而且是两岸试图对两会协议进行体系化的尝试。根据协议的有关内容，两

---

① 《汪辜共同会谈协议》（1993 年）第 1 条。

会拟在 1993 年度内，就多项功能性议题达成协议，而进入《汪辜会谈共同协议》的功能性议题包括"违反有关规定进入对方地区人员之遣返及相关问题""有关共同打击海上走私、抢劫等犯罪活动问题""协商两岸海上渔事纠纷之处理""两岸智慧财产权（知识产权）保护""两岸司法机关之相互协助（两岸有关法院之间的联系与协助)"等。

解读《汪辜会谈共同协议》开列当年拟讨论议题的做法，一方面固然是将这些议题确定下来，作为当年两会协商的重点内容；另一方面也可以解读成两会意图将《汪辜会谈共同协议》作为两岸事务性协议的一份"总纲领"，并通过该"总纲领"安排后一阶段两会谈判的议题，进而按照该安排分别通过谈判制定两会协议。由此，《汪辜会谈共同协议》虽然在规范意义上并不是这些按照其安排制定的两会协议的依据，但在政治意义上构成了这些两会协议的来源。围绕《汪辜会谈共同协议》，两会协议进行了初步地体系化尝试。可惜的是，由于种种原因，《汪辜会谈共同协议》所列的议题都没有形成协议，以《汪辜会谈共同协议》为核心的两会协议体系并未形成。[①]

1993 年 4 月签订的《两会联系与会谈制度协议》，以及 1994 年依据其制定的《两会商定会务人员入出境往来便利办法》，形成了一个小的两会协议体系。依据《两会联系与会谈制度协议》第 5 条之规定，两会同意就两会会谈、事务协商、专业小组工作、紧急联系等事由，相互给予经商定之两会会务人员适当之入出境往来与查验通关等便利。但《两会联系与会谈制度协议》第 5 条，并未规定哪些人员系属"经商定之两会会务人员"，亦未对"适当之入出境往来与查验通关等便利"的具体含义作出说明，而是规定"具体办法另行商定"，亦即由两会另外协商制定实施办法。1994 年 1 月，两会副会长、秘书长级负责人焦仁和和唐树备为落

---

① 参见张惠玲：《欧盟"共同外交暨安全政策"之整合谈判过程与台海两岸协商经验之比较》，台湾中山大学大陆研究所，2002 年博士论文，第 141 页。

实《两会联系与会谈制度协议》第 5 条之规定，在北京进行商谈，确定
《两会商定会务人员入出境往来便利办法》。① 在该办法中，《两会联系与
会谈制度协议》第 5 条中的商定会务人员范围、具体便利等内容，都被
加以详细而具体的规定。② 而且《两会商定会务人员入出境往来便利办
法》在第 1 条还明确表示，"本办法依《两会联系与会谈制度协议》第五
条订定"。由此可见，在《两会联系与会谈制度协议》和《两会商定会务
人员入出境往来便利办法》之间，前者是后者制定的依据，两者共同构
成了一个小的两会协议体系。这个小的两会协议体系虽小，但却是两岸唯
一一个规范意义上的两会协议体系。

2008 年 11 月，海协会和台湾海基会在台北签订《海峡两岸空运协
议》《海峡两岸海运协议》和《海峡两岸邮政协议》，形成了一个两岸
"三通"协议体系。当然，两岸"三通"协议体系并不是规范意义上的，
而主要是根据其目的和内容进行的总结。因此，两岸"三通"协议并不
能被称之为严格意义上的两会协议体系。

2008 年 6 月签订的《海峡两岸包机会谈纪要》、2008 年 11 月签订的
《海峡两岸空运协议》和 2009 年 4 月签订的《海峡两岸空运补充协议》，
构成了两岸空运协议体系。2008 年 6 月，海协会和台湾海基会就两岸常
态化包机签订《海峡两岸包机会谈纪要》，建立了制度化的两岸包机直
航。2008 年 11 月，海协会和台湾海基会又签订《海峡两岸空运协议》，
该协议基本上是参照包机直航制定的。但其中第 4 条规定，两岸"应就
定期客货运航班作出安排"，而第 8 条又规定"客货运包机等相关事宜，
准用《海峡两岸包机会谈纪要》的规定"。根据《海峡两岸空运协议》第
4 条和第 8 条，《海峡两岸空运补充协议》和《海峡两岸包机会谈纪要》

---

① 参见张惠玲：《欧盟"共同外交暨安全政策"之整合谈判过程与台海两岸协商经验之比较》，
台湾中山大学大陆研究所，2002 年博士论文，第 148 页。
② 参见《两会商定会务人员入出境往来便利办法》（1994 年）第 2 条、第 3 条。

同《海峡两岸空运协议》一起，构成了两岸空运协议体系。在这个协议体系中，《海峡两岸空运协议》借助第 4 条规定的"具体的狭义变更"和第 8 条"准用条款"，居于基础性地位，而其他两个协议在协议体系中都以《海峡两岸空运协议》为中心。

以上四次两岸在两会协议体系化的尝试，除了《两会联系与会谈制度协议》和《两会商定会务人员入出境往来便利办法》所构成的小两会协议体系外，都不能说是严格意义上的两会协议体系，但却可以为研究两岸协议体系的构成提供参考。

### 2. 两会协议体系的基础：和平协议

和平协议是制定两会协议的依据，也是两会协议的效力来源。和平协议对两会协议具有优先性，所有两会协议都不得与和平协议——尤其是和平协议所确认的优先性内容相抵触。[1] 类比以宪法为基础的内国法律体系，和平协议相当于两会协议体系中的"宪法"。和平协议及依据其所产生的两会协议，构成了两岸间的法规范阶层。[2] 那么，这是否意味着也应和内国法律制度上的立法监督制度或违宪审查制度一样，建立起类似于对两会协议的审查机制呢？[3] 我们认为，两岸间建立两会协议的审查机制既无必要，也不可能。如前文所述，两会协议在制定程序上，与国内立法程序完全不同。两会协议的制定，取决于两岸间的高度共识，而不是依靠类似于普通内国立法机关的"多数决"。在大陆和台湾没有就重大问题达成新共识之前，和平协议是两岸能形成协议的最大共识，违反和平协议的一方，将受到其域内和域外两方面的政治压力。因此，大陆和台湾在进行协

---

① 注意，此处的"抵触"不同于普通是法律体系中的"抵触"，后文将详细说明。

② "法规范阶层"一词，来源于凯尔森的"规范等级体系"。参见［奥］汉斯·凯尔森著，沈宗灵译：《法与国家的一般理论》，中国大百科全书出版社，1996 年版，第 141 页以下。

③ 根据凯尔森的观点，"法规范阶层"的建立，必然导致通过某种审查机制来保证该"法规范阶层"。参见［奥］汉斯·凯尔森著，沈宗灵译：《法与国家的一般理论》，中国大百科全书出版社，1996 年版，第 175 页以下；黄舒芃：《多元民主中的自由保障——Hans Kelsen 的多元主义民主观暨其对议会与宪法法院的证立》，《政大法学评论》，2007 年第 96 期。

商时，基于自身利益的考量，都不得不选择和平协议作为制定两会协议的依据。而且，内国法律制度上的立法监督制度或违宪审查制度，以权威和强制力为后盾。和平协议所形成的新结构是两岸间的，大陆和台湾之上没有"超两岸"的权威，因此，即便是建立了对两会协议的审查制度，也是没有意义的。但是，这并不意味着和平协议除了通过政治力的作用，使两会协议对其产生"路径依赖"外，无法在规范意义上对两会协议产生效力。对于两会协议而言，和平协议的优先性也体现为"缓和的效力"，两岸必须按照和平协议制定、修改和解释两会协议。

**3. 两会协议体系的主干：事务性协议**

事务性协议是两会协议体系的主干，也是两岸关系和平发展框架法律机制的重要组成部分。根据两岸事务性协议的性质，两岸事务性协议包括三类：

第一，两岸事务的实体性协议。两岸事务的实体性协议，是指直接调整两岸间经济、社会和文化等事务的协议。两岸事务的实体性协议，将两岸间经常发生、双方域内法律规定基本相同、两岸能就此达成一致的事项，以实体法的形式规定下来，使两岸在这些领域的交往中，能直接依据该实体法。两岸事务的实体性协议规定的一般是两岸在经济、文化和社会交往中最为重要的事务，主要包括航运、邮政、经贸合作、旅游观光、智慧产权（知识产权）保护、跨海峡婚姻、赡养、收养、继承、劳务交流等。当然，这里所谓两岸事务的实体性协议，并不是代替两岸域内的实体法，而仅仅在上述事务跨海峡发生时发生效力。

第二，两岸事务的程序性协议。两岸事务的程序性协议，是指规定两岸间合作、联系和共同处理某项事务程序的协议。两岸事务的程序性协议主要适用于在两岸间虽有开展某项事务的必要，但由于两岸相关制度区别较大或难以达成共识，只能通过两岸相互合作、联系，或共同处理的事务。由于两岸域内法律制度大部分区别较大，另外，基于和平协议的两岸原则和功能原则，大陆和台湾无必要一一达成共识，因此，两岸事务的程序性协议将构成两岸事务性协议的主要部分。一般而言，两岸事务的程序性协议包括两岸金融、投资、经济事务的跨海峡监管、打击跨海峡刑事犯罪、司法协作、相关文书认证等。

　　第三，两岸区际法律适用协议。两岸区际法律适用协议，是指解决两岸民商事法律适用问题的协议。两岸民商事法律冲突的问题由来已久，虽然有学者不断主张建立所谓区际冲突规范或两岸适用国际私法来解决民商事法律冲突，[①] 但由于种种原因未能成行，其中之一便是台湾地区"法律"的地位问题。由于台湾地区"法律"的地位长期受到质疑，在实践中，大陆方面的法官和当事人往往对其采取刻意回避的态度。[②] 但是，大陆方面自 1987 年后，从未明确规定不准适用台湾地区"法律"。以广东省高级人民法院印发的《关于涉外商事审判若干问题的指导意见》为例，该意见第 41 条规定：当事人如果选择适用台湾地区"法律"的，在属于台湾地区民商事"法律"、不违反一个中国原则、不违反大陆社会公共利益条件下可以适用，但必须称为"台湾地区某某法"。[③] 福建省、江苏省等涉台案件较多的省份亦有类似规定。另外，我国《民法通则》也未禁止对台湾"法律"的适用。和平协议签订后，基于两岸原则和功能原则，对于当事人选择或冲突规范指引的台湾"法律"，应予以适用，以解决两岸民商事法律冲突问题。这里的冲突规范既包括两岸域内法中的冲突规范，也应包括两岸区际法律适用协议。对于前者，大陆学者曾指出，台湾地区用于解决两岸民商事"法律"适用问题的"台湾地区与大陆地区人

---

① 参见韩德培主编：《国际私法问题专论》，武汉大学出版社，2004 年版，第 147 页。
② 参见王建源：《涉台民商事案件法律适用的现状与展望》，《台湾研究集刊》，2007 年第 4 期。
③ 《广东省高级人民法院关于印发〈关于涉外商事审判若干问题的指导意见〉的通知》（2004 年）第 41 条。

民关系条例""开放没到位、限制不放松、缺乏前瞻性"。① 因此，根据具体情况，将具有跨海峡性但又不适于统一实体性协议或程序性协议调整的事务，通过两岸区际法律适用协议予以调整，应是两岸在和平协议框架下的最佳选项。具体包括民事主体的行为能力法、侵权行为法、物权法、合同法、公司法以及部分商事法律等。

### （二）两会协议的制定问题

制定两会协议，是两岸达成共识的主要方式。在程序上，两会协议的制定，应由大陆和台湾通过和平协议所规定的两岸协商机制完成。两会协议的制定主体仍应以海协会和台湾海基会为主，但在需要时，两会可以通过复委托机制，委托其他组织通过协商制定协议。在通过方式上，两会协议不同于内国立法中的"多数决"，也不同于欧盟部长理事会的复合决策方式（包括简单多数决、全体一致决和加权多数决），② 而只能通过两岸"高度共识决"的形式通过。"高度共识决"建立在两岸协商过程中权利义务平等的基础上。由于海协会和台湾海基会在谈判中不具有超出对方的优位地位，所以，两会协议只能在两岸高度共识的基础上形成，而不可能有"多数决"或其他形式的通过方式。

对于两会协议制定程序的具体制度设计，可以参考欧盟晚近流行之治理模式。③ 台湾学者苏宏达认为，"欧洲治理"的提出，特别强调"EU/EC 已经具备传统国家角色中的某些功能，尤其是规范功能"的假定，所以坚持从制定规范的过程来观察欧洲整合。为此，苏宏达认为，治理机制被进一步发展为"多层级治理机制论"（multi-level governance），认为欧

---

① 裴普：《一国两制架构下海峡两岸区际私法构想——兼评台湾"两岸人民关系条例"》，《重庆大学学报》（社会科学版），2004 年第 2 期。

② 参见［德］马迪亚斯·赫蒂根著，张恩民译：《欧洲法》，法律出版社，2003 年版，第 96 页以下。

③ 参见［德］贝娅特·科勒-科赫、贝特霍尔德·里腾伯格著，陈新译，金玲校：《欧盟研究中的"治理转向"》，《欧洲研究》，2007 年第 5 期。

洲整合就是同时在多层次上互动并产生规范。① 大陆学者吴志成认为，欧洲治理可被看成是欧洲联盟成员国之间，尤其是大国间协议、谈判与惯例的产物，它包括多个层次机构或政府的法律规章制度，也涵盖非政府性机制。后者谋求以它们自己的手段实现其愿望和目标。从一定意义上说，欧洲治理既是各个成员国参加国际谈判协调的产物，也是个人、压力集团、政府间组织和非政府间组织形成的混杂联合的结果。② 德国学者贝娅特·科勒-科赫在一篇文章中也提出，由于人们普遍认为欧盟的治理不能由欧盟的机构独自担当，而应该包括广泛的社会行为体的参与，欧盟的治理应建立在协商而非谈判以及决策基础之上。据此，贝娅特·科勒-科赫对"欧洲治理"进行了更为明确的定位。她认为，在绝大多数情况下，欧盟内部的决策仍然具有以条约为基础的"共同体方法"的烙印，而治理则更多的是一种补充，尤其新的治理模式，已经扩展到那些"所有成员国不愿意让渡权力，但又希望加强协调的政策领域"。③ 由此可见，"欧洲治理"其实是一种倡导广泛参与的政治模式，以弥补"共同体方式"在欧洲决策上的能力欠缺和正当性不足，提高政策的可接受性。

台湾学者张亚中也曾经认为"两岸治理"应成为两岸关系发展的新模式。④ 张亚中认为，"欧洲治理"或者是"全球治理"都传达了一个重要的理念，即欧洲或全球事务的治理，不能期待着先拥有类似传统国家的中央政府，也不可以完全寄望于民族国家。⑤ 据此，张亚中希望借由"两岸治理"的提出，使大陆和台湾在不需要统一或是"独立"的条件下，

① 参见苏宏达：《以"宪政主权建造"概念解释欧洲统合之发展》，《欧美研究》，2001年第31卷第4期。

② 参见吴志成：《治理创新——欧洲治理的历史、理论与实践》，天津人民出版社，2003年版，第40页。

③ ［德］贝娅特·科勒-科赫著，金玲译：《对欧盟治理的批判性评价》，《欧洲研究》，2008年第2期。

④ 张亚中：《全球化与两岸统合》，联经出版事业股份有限公司，2003年版，第233页。

⑤ 张亚中：《全球化与两岸统合》，联经出版事业股份有限公司，2003年版，第233页。

"双方面的政府就可以开始共同地合作，经由共同的治理，为两岸人民创造最大的福祉"，"两岸的人民即可经由共同参与治理，而建构彼此的共同认同"。① 张亚中认为，"两岸治理"的基础在于大陆和台湾对"整个中国"（the Whole China）的认同，并以国际社会实现"两岸三席""一中两国"为目的。张亚中认为其所提出的"两岸治理"既是以"欧洲治理"为思考的蓝图，又是他长久主张"两岸统合"的另一种实践。② 但若考查张亚中的"两岸治理"理论，可以发现，张亚中的"两岸治理"只不过是借用了"欧洲治理"中的"治理"一词，在实质上则是与"欧洲治理"大相径庭。"欧洲治理"的理论预设是欧盟已经朝向一个超国家机构发展，③ 而张亚中之"两岸治理"则认为"两岸尚未解决'统治'争议"，而必须长期停留在两岸间阶段。④ 而且张亚中的"两岸治理"意在倡导两岸超越统"独"和"统治权"争议，在"整个中国"的定位下，开展包括国际层面在内的各个层面的合作，最后通过新功能主义主张的"外溢"，促进两岸"认同"的建立，进而形成"两岸共同体"，使两岸公共政策不因"统治"问题的悬而未决而无法相互接轨，亦可为未来的"统治"创造良好的基础。⑤ 因此，在我们看来，张亚中的"两岸治理"和"欧洲治理"还有着相当的差距，甚至在理论预设上正好相反。

由于大陆通过两岸协商机制以"高度共识决"的形式达成两会协议，所以两会协议不仅体现了大陆和台湾各自的利益，也在一定程度上体现了大陆和台湾共同的利益。可以说，虽然两岸协商机制不具有超两岸的性质，但其具备同时为两岸创制规范的功能，为提高两会协议在两岸域内的

---

① 参见张亚中：《全球化与两岸统合》，联经出版事业股份有限公司，2003 年版，第 233 页。
② 张亚中：《全球化与两岸统合》，联经出版事业股份有限公司，2003 年版，第 234 页。
③ 参见苏宏达：《以"宪政主权建造"概念解释欧洲统合之发展》，《欧美研究》，2001 年第 31 卷第 4 期。
④ 参见张亚中：《全球化与两岸统合》，联经出版事业股份有限公司，2003 年版，第 232 页。
⑤ 参见张亚中：《全球化与两岸统合》，联经出版事业股份有限公司，2003 年版，第 251 页以下。

可接受性，亦应在制定两会协议的过程中，对"欧洲治理"中有益做法加以借鉴。具体而言，主要包括两项制度的引入。

第一，借鉴"欧洲治理"中的公民参与制度，在两会协议制定的过程中，建立两岸民众参与机制。目前，两岸透过海协会和台湾海基会的框架进行商谈，具有比较浓厚的秘密政治特征。除了公开签订协议的领导人会谈以及最后公布的协议文本，普通民众根本无从知晓两会协议商谈的过程，更无从参与协议的制定过程并表达意愿。虽然两会协议在当前的条件下，符合两岸民众的共同利益。但是，这种"符合"只是一种浅层次的"符合"。因为在当前的两岸关系下，只要两岸能恢复交流、降低敌意，就能为大多数两岸民众所接受。这也就可以解释为何目前的两会协议，即便是在没有公众参与的情况下，也能获得两岸民众的认同和支持。但是，随着两岸事务的增多和相关协议的细化、深化，两岸民众对两会协议的利益期望也逐渐提高。在此前提下，继续以"秘密政治"的思维制定两会协议，将有可能降低两会协议的可接受性。基于此认识，有必要吸取"欧洲治理"中广泛参与的特征，建立两岸民众参与机制，使两岸各利益团体和一般民众得以透过对两会协议制定过程的参与，表达各自的利益诉求，从而使两会协议更能体现两岸各方面的利益。在具体制度上，可以建立包括定期公布协议立项规划、公开辩论、协议制定听证、征求两岸民众意见等。

第二，借鉴"欧洲治理"中的开放式协调法（OMC），实现两岸间的有效决策和结果趋同。[①] OMC 是欧洲治理中的一个新工具，其理念是将所有相关的国家行为体和非国家行为体都纳入协调过程，达成共识并相互监督。[②] OMC 与传统治理模式的主要区别是 OMC 是并不试图产生具有约束

---

① 参见［德］贝娅特·科勒–科赫著，金玲译：《对欧盟治理的批判性评价》，《欧洲研究》2008年第 2 期。

② 参见［德］贝娅特·科勒–科赫著，金玲译：《对欧盟治理的批判性评价》，《欧洲研究》，2008 年第 2 期。

力的法规来实现治理，因此，OMC 又有着"软法"（soft law）治理的特征。① 软法虽然不具有拘束力，但根据欧盟的实践，可以用作解释欧盟或成员国通过的其他措施具有说服力的指南，甚至可以对欧盟机构和成员国的形成产生影响。而且当某一个一体化领域处于欧共体权能的边缘时，软法可以提供欧盟法从形成到演进的一种过渡形式。② OMC 及其产生的软法，有助于实现欧盟的有效决策和结果趋同。OMC 工具在实施中的特征是在不同决策层次上，由公共和私人行为体进行协商，但有效的政策选择，则由欧盟成员国自行决定，所有相关行为体都参与政策目标和政策工具的确定过程，而没有指导主体和指导客体之分。③ 立基于对 OMC 工具特点的认识，OMC 工具亦可适用于两会协议的制定中：其一，两会协议并不必然体现为具体的规范，也可以是两岸政策的指导性原则，这些指导原则可以不通过两会协议作具体规定，而由两岸分别在统一的政策框架下予以分别落实；其二，将一部分两岸暂时无法取得全面共识的内容，以软法的形式提出，供两岸先行实践，然后在实践基础上进行进一步谈判，可以使两会协议更加具有适应性和针对性。借鉴欧盟有关 OMC 工具的规定，两岸间实践 OMC 方式的具体步骤为：其一，确定实现政策目标的指导性原则；其二，确定最佳的实践标准和相应的衡量指标；其三，通过确定具体目标，将共同的指导性原则转化为两岸的域内政策；其四，定期的评价和专家评阅。④ OMC 工具的使用，不仅能提高两会协议的灵活性，而且还

---

① 参见［德］贝娅特·科勒-科赫著，金玲译：《对欧盟治理的批判性评价》，《欧洲研究》，2008 年第 2 期；关于欧盟的"软法"治理，参见曾令良：《欧洲联盟法总论——以〈欧洲宪法条约〉为新视角》，武汉大学出版社，2007 年版，第 153 页以下；关于"软法"的形成及其概念，参见翟小波：《"软法"及其概念之证成——以公共治理为背景》，《法律科学》，2007 年第 2 期。

② 参见曾令良：《欧洲联盟法总论——以〈欧洲宪法条约〉为新视角》，武汉大学出版社，2007 年版，第 155 页至第 156 页。

③ 参见［德］贝娅特·科勒-科赫、贝特霍尔德·里腾伯格著，陈新译，金玲校：《欧盟研究中的"治理转向"》，《欧洲研究》，2007 年第 5 期。

④ 参见［德］贝娅特·科勒-科赫著，金玲译：《对欧盟治理的批判性评价》，《欧洲研究》，2008 年第 2 期。

能促进两岸在一些重大政策和制度上的趋同，有助于两岸共同政策的形成，从而为大陆和台湾沿着两岸关系和平发展框架继续深化共识积累条件。

# 第六章　构建两岸关系和平发展框架的
## 行政机关合作机制

　　2010年《海峡两岸经济合作框架协议》的签署，标志着两岸经贸合作法治化取得阶段性成果，同时也完善和充实了两岸关系和平发展框架体系的建立。在海峡两岸经贸合作日益频繁并逐步推进法制化、规范化、程序化的同时，两岸还在文化、教育、宗教、体育、社会治理、司法合作等领域展开进一步的交流和合作，并在这些领域取得了一定的阶段性成果，签订了一些合作协议和框架协议。然而，与活络的经贸交往及其他社会交往相比，两岸之间的公权力机关几乎没有直接的接触，甚至在某种程度上处于敌对状态。这种现象的形式根源是台湾地区公权力机关的地位问题，实质根源是台湾地区政治地位和宪法事实的确认问题。而争论的关键在于，是否承认"一个中国"的宪法及政治原则问题。行政是政治的延伸，从这个意义上，建立两岸关系和平发展行政机关合作机制，既是对"法理台独"行径的打击，对一个中国原则的确认，也充实和完善了两岸关系和平发展框架部门法体系的建立，推动了两岸关系的良性交往和有效沟通，因而是事关两岸人民福祉和切身利益的重大问题。因此，以行政机关为核心的公权力机关合作机制的建立，不仅有着现实的利益刺激，也发挥着政治导向和法治建构作用，是目前我们急需关注和亟待解决的重要问题。本章将在指明两岸行政机关合作机制建立的重要意义基础上，分析两岸行政机关合作机制建立的困境，并提出解决问题的对策建议。

## 一、构建两岸行政机关合作机制之重要意义

两岸行政机关合作机制，是指大陆和台湾在公权力行政方面开展的包括主体、内容、模式以及方式等的相互交流、彼此合作的活动的总称。行政机关是两岸公权力机关的重要组成部分，行政机关的性质体现了两岸公权力的内在政治属性，公权力的实施反映了两岸行政管理水平和公共服务能力。两岸行政机关合作机制的建立，就是要寻求在坚持"一个国家"的宪法和政治原则下，通过功能分配、治理转型和模式构建，达成在存在政治争议的现实情况下，充分发挥两岸行政机关在社会管理和服务方面的功能，为两岸经贸往来、社会交流提供行政法规范和行政法律保障；同时，围绕两岸人民的切身利益，渐进有序地建构行政合作的主体关系、实施内容和发展途径，最终形成可供理论研讨和具体实践的两岸关系和平发展框架的行政机关合作机制。从这个角度出发，建立两岸关系和平发展框架的行政机关合作机制的重要意义主要有以下几方面：

首先，这是维护和促进两岸人民利益福祉的客观要求。两岸人民利益福祉的核心是统一与和平，主要内容包括政治、经济、文化、教育等在内的全方位的利益和权利。它们的实现既需要两岸在遵循坚持原则、围绕核心、分层建构的同时，国家公权力机关的有效介入和依法执行。因此，"一个国家"是两岸经济、政治、文化和社会往来的基本原则，而汪辜会谈建立的海协会、海基会对话沟通机制则是目前两岸交往合作的主要平台。随着国民党政权在台湾地区的执政，两岸在经济、文化、社会等领域签订了一系列的合作框架和经济协议。两岸人员往来日益频繁、经贸联系日益活络、文化教育日益丰富等阶段性成果的取得，使两岸之间的利益联系更加紧密，两岸和平发展惠及的领域和民众日益扩大。为了保障这些利益的实现，要求两岸行政机关社会管理职能和公共服务职能的充分发挥就

显得更为突出。由于当前两岸行政机关在法系、基本法治理念、法制体系、法律实施和执行等方面存在较大差异，必然会给两岸进一步加强各项交往合作、保障人民利益带来制度性阻碍。在这样的情况下，两岸之间加强公权力机关，尤其是行政机关的交流和合作，建立两岸和平发展框架的行政机关合作机制就更为迫切。

其次，这是促进两岸法治交流协作、逐步建构两岸和平发展框架法律机制的必然选择。当前，两岸民间学术团体、教育机构、非政府组织等之间进行的交流活动，在一定程度上促进了两岸行政公权力之间的了解，但随着两岸经济、社会、文化等各领域合作的深化，这种民间的非政府形式的交流，显然已经不能有效保障各项利益的落实，因而需要建构包括行政机关合作机制在内的两岸和平发展框架部门法机制。其必然性有三个方面：1. 从政治层面看，两岸之间的公权力机关并无任何直接接触，甚至在某种程度上处于敌对状态，[①] 这无疑不利于两岸和平发展的推进，也不利于两岸和平发展法律机制的建立。2. 从宪政理念和实践看，当前两岸争议的关键是"一中"问题，即是否承认对"一个中国"的宪法确认。由于在某种意义上，行政法就是运行中的宪法，宪政建构是包括行政法治建设和实施在内的整体建构，因此，两岸建立行政机关的直接交流和合作机制，有助于瓦解台湾地区"法理台独"和政治分裂的阴谋，促进两岸宪政层面法治沟通平台的完善。3. 两岸行政机关合作机制是两岸关系和平发展部门法机制的重要组成部分。该机制是将原则性的一个中国原则转化为具体化的一个中国原则，建立以《反分裂国家法》为核心、两岸关系和平发展的部门法机制的必然要求。

最后，这是两岸行政机关合作的现实需要。其原因主要有三：1. 两岸行政机关的社会管理性质决定了行政机关对社会进行管理、提供社会公

---

① 周叶中：《论建构两岸关系和平发展框架的法律机制》，《法学评论》，2008 年第 3 期。

共服务是其最基本的行政职能。行政职能的实施状态和服务能力，不仅事关两岸地方治理的政治统治利益，更事关两岸地方人民的切身经济和社会利益。目前台湾地区投资者在大陆的经贸、学术、教育、文化等协商合作十分频繁，这就客观要求两岸行政机关在行政法规范和行政法律实施保障方面，进行更深入的沟通和协调，以降低区域制度差异带来的成本费用，保障平等的投资权益，优化投资贸易的环境。同时，陆资入台顺应了台湾地区经贸发展的现实需要，但陆资也需要台湾地区的行政机关提供相应的行政法律和制度保障，以创造平等优良的投资环境，保障陆资的切身利益。2. 目前两岸政经交往主要是通过海协会、台湾海基会这两个机构联系，除一些经贸事项可以事先规划安排外，很多非经济性事务不能做到事前警示、事中保障、事后监督，从而造成权益交流的沟通不畅，权利保障的不足，这必然会最终影响两岸的其他各项合作。总之，两岸公权力机关合作机制的缺乏，极其不利于构建规范、全面、及时深入的制度化沟通渠道。3. 从系统和整体发展的角度看，经贸往来、社会协作、司法合作等领域的深入发展和制度建构，也需要加强包括行政机关在内的公权力机关的合作，从而建立系统、整体、协调的部门法实施机制。可以说，两岸的社会治理和经贸发展，只有发挥公权力机构对公共行政和政策法律的支持，才能更好地为经贸交往和社会交流等提供高质量的公共服务和制度保障。

## 二、构建两岸行政机关合作机制之困境

两岸关系和平发展已经、正在、即将遭遇诸多法律障碍，而"台独"分子的分裂活动是导致这些法律障碍的总根源。[①] 在两岸活络的经贸、文化、社会交往的同时，构建两岸行政机关合作机制的任务更加艰巨、意义

---

① 周叶中：《中国和平统一与法治发展》，载周叶中、祝捷：《两岸关系的法学思考》，香港社会科学出版社有限公司，2010年版，第101页。

更为突出。两岸和平发展问题事关中华民族统一的核心利益，牵扯多方主体，涉及内外因素，基于历史和现实的考量，建立两岸行政机关合作机制的主要困境有以下几方面：

从政治实践层面看，"台独"分子始终是两岸和平统一最大的阻碍因素。20世纪90年代初以来，台湾地区结束"两蒋"统治后逐步开始民主化进程。以民进党为主的"台独"分子利用台湾地区的本土化和政治民主化，在舆论宣传、政治实践和法治构建中，不断抛出"台独"言论，在台湾地区的宪政实践中，不断制造分裂的状况。从行政机关的运作看，台湾地区领导人和省市行政机构负责人实行直接选举制度，使某些"台独"分子通过舆论的蛊惑，操控而执掌台湾地区的公权力机构，尤其是行政机构。为了能呼应相关选民的利益诉求，这些"台独"分子在掌握行政机关后，既不愿意主动与大陆的相关行政机关进行沟通和交流，也不愿承担因为公权力涉入而带来的政治风险。在台湾地区经济发展较好的时期，这种交流的欲望便没有内在的利益驱动力和外在的社会压力。即使在台湾对大陆经贸依赖日益严重的当前，基于岛内政治生态和政党斗争的需要，台湾地区的某些县市行政负责人也不愿和大陆进行直接交流，更谈不上有效的行政沟通与协作。比如2011年高雄市长陈菊拒不会见携经贸团体来台访问的陈云林，等等。而国民党阵营方面，由于行政机关公权力的政治属性和潜在的政治风险，也不愿意过早或主动涉及如此敏感和复杂的政治问题。总之，当前台湾岛内的政治现实和政党斗争，尚未能有力地促进两岸行政机关之间的交往合作。

从国际政治关系层面看，美日利用台湾问题牵制中国，维护并扩大本国在亚太地区和全球的战略利益，是阻碍两岸包括行政机关交流等合作机制建立的国际因素。行政合作的背后是政治地位和宪法认同的问题。搁置两岸行政机关交流合作，有助于美日对台湾的控制以及通过打台湾牌对大陆进行牵制。美日对台的关系和态度是随着国际政治和利益格局的变化而变化的，其大致经历了三个阶段，而贯穿其中的是美日等国的国家利益扩张和全球战略布局。第一阶段是新中国成立到1969年，美日等国不承认中华人民共和国在国际法上作为独立主权国家的地位，在国际层面扶植蒋介石台湾政权，强化大陆台湾之间的对立关系；第二阶段是1969年至1979年，是中美关系逐步解冻和实现关系正常化的阶段。美国承认台湾是中国的一部分，中华人民共和国是唯一的合法政府。在两岸关系上，秉持"台湾不独、大陆不武"的外交方针；第三阶段是1979年至今，这个时期美国以本国利益为对台关系的核心。随着中美两国经贸往来和相互依存度的加深，主张"制台、阻台""促谈不促统"的方针，即只谈事务性议题不谈政治性议题，既反对台湾地区单方面"独立"，又申言乐见两岸加强各个层面的沟通合作，但不主动促进两岸统一进程。实际上，美日等国为了保持在台湾和远东地区的利益与均势，一直在不断呼应台湾岛内的"独立"诉求。1996年美日签署《美日安保共同宣言》，并于1997年修改《美日防卫合作指针》，就暗含将两岸关系问题国际化的政治阴谋。在这样的地区和国际背景下，两岸关系和平统一的变数增多，两岸公权力机关之间的交往合作压力增大。

从宪政实施层面看，作为"两个事实上的政治实体"，两岸在法治的基本理念、法律体系和宪政实践方面存在诸多差异，它们是两岸行政机关合作机制建立的制度性阻碍因素。这主要体现在如下几方面：其一，作为公权力机关的行政机关在行政立法、行政法制度，行政实施和宪政监督方面存在的抽象和具体的制度性差异，不利于两岸行政机关部门法合作机制的建构。以两岸海域行政执法言，台湾地区采取集中执法体制，大陆采取分散执法体制。由于大陆和台湾实行完全不同的海域执法体制，缺乏对口海域执法部门，因而成为阻碍构建两岸海域执法合作模式的困境之一。①

---

① 祝捷：《论两岸海域执法合作模式的建构》，《台湾研究集刊》，2010年第3期。

其二，两岸目前对政治问题的处理方式是政治问题"议题化"的"阶段性"解决方式，这是一种渐进性的制度变迁方式。所谓议题的"去政治化"策略，即刻意回避政治实体、政府、国家等政治概念，而选择大陆和台湾都能接受的较为中性的概念，使双方尤其是台湾方面，能在没有过多政治压力的前提下，与大陆加强沟通、交流和协商。在这一思路的导引下，两岸在经济、文化等领域签订一批合作协议和合作框架，并逐步向制度化方向迈进。从新制度主义的角度看，这是需求诱致性和渐进性的制度创新方式，既考虑到两岸历史和现状的客观现实，又能在保持两岸和平稳定的基础上促进两岸合作的制度内生。然而，这种方式的缺点是制度创新的时间成本很高、制度变迁强度不够，成本随着时间的推进而提高。此外，这种剥离政治意识的议题化方式，未必能培育两岸人民的政治和民族认同，从而造成只谈利益不讲主义的问题。因此，两岸关系"不统不独"成为一种折中的实用主义做法。在这个意义上，两岸公权力机关合作机制的建立十分有价值和意义，但又并非特别迫切。其三，由于两岸行政机关之间没有直接的沟通和协作，因而在宪政实践中不能累积经验和互信，使两岸行政机关合作机制的建构缺乏经验基础。而现实经验的缺乏无疑会给理论的探讨和实践的建构带来实证研究的不足，从而不利于两岸行政机关合作机制的建构。

综上可见，两岸行政机关合作机制的建构存在诸多不利因素。然而，两岸求真务实、循序渐进的合作方式是目前两岸和平发展，维持并扩大两岸人民福祉的合适选择，而作为公权力机关的行政机关，建构和完善两岸和平发展框架的部门法合作机制，并使其制度化、规范化，不仅有现实的经济和社会利益，更有深层的政治意义。因此，如何在保持两岸和平发展的基础上，促进和加强两岸行政机关之间的直接接触和联系，建立两岸行政机关的合作机制具有突出的现实意义。

## 三、两岸行政机关合作机制的理论基础

如前所述，阻碍两岸行政机关合作机制建立的形式根源是台湾地区公权力机关的地位问题，实质根源是台湾地区政治地位和宪法事实的确认问题。其争论的关键在于，是否承认一个中国原则的问题。两岸行政机关合作机制不仅关涉两岸关系和平发展框架部门法机制的建立完善，也事关两岸和平统一以及两岸人民的切实利益。本节主要通过探讨行政公共性下政治与行政的有限分离，剥离出行政公共性的重要属性，从而为政治与行政的功能区分提供基础理论支撑；同时基于新区域主义的治理视角，为两岸行政机关采取行政协议的方式促进合作，提供新的理论和制度途径。

行政机关是行使公权力的主要机关，作为公权力意志表达的行政，必然隐含着深刻的政治因素。故而，构建两岸行政机关合作机制的突破点，就是理清政治和行政的关系，探讨揭示行政的公共属性。为此，本节主要包括三个维度，即行政与政治的相对分离，公共行政的治理解读，以及区域主义治理的建构模式。三个维度坚持从基础理论、治理转型到制度构建，遵循从抽象到具体，宏观、中观到微观，理论到实际的分析范式。

### （一）行政与政治的相对分离——基于行政公共性的理论初探

行政的公共性是行政最重要的本质属性，公共性不仅是行政区别于其他行政的主要特征，也揭示了行政的内在本质和关键核心。行政的公共性随着社会治理的思维模式、行政法学和公共行政的发展而呈现不同的表现形态。公共行政性的发展是形式上的公共性与实质上的公共性，公共领域合理性和社会管理合法性的统一。因此，行政的公共性使行政成为有别于政治的一种执行、管理和回应社会需求的综合价值体系和职能方式。正是由于行政公共性的内在价值和规范维度，使行政与政治的内在张力和对立有了融合的可能和必要，成为融合政治行政的价值理性和工具理性的重要连接点，并促成了构建两岸行政合作机制的行政协议成为可能的突破口。

其体现主要有如下几方面：

从行政公共性的发展看，行政公共性是一个历史发展的范畴，它强调在历史发展的特定时期，行政工具理性和价值理性、形式效率与实质公平相统一，这使行政与政治的分离成为可能和必然。在任何社会形态中，从阶级分析的角度看，都存在两种基本的行政属性，即行政的阶级属性和社会属性，用马克思的话就是，政府主要有两类职能：政治统治职能和社会管理职能。其关系是"政治统治到处都是以执行某种社会职能为基础，而且政治统治只有在它执行了它的这种社会职能时才能持续下去"。① 因此，政治统治职能是政府职能的核心，政府的社会管理职能是政府存在的基础和前提。但是，随着法治国的建立和发展，尤其是近现代行政国的完善，在公共领域，行政作为一种组织管理活动，即"行政是国家的组织活动"② 的社会属性和公共性更加突出。虽然行政的公共性并不否认行政的阶级性，但它更加强调形式上的公共行政与实质上的公共行政，行政的工具理性和价值理性的统一，这是顺应时代发展的一种新的社会治理思维的产物。从行政公共性发展史考查，公共行政最早由美国学者威尔逊提出，即"政治与行政的二元化"，后又由古德诺等完善发展。"政治与行政的二分"存在于美国特殊的政治实践中，是在美国政府的"政党分肥"和官僚机构行政效率低下的情况下提出的，它要求行政的"价值中立"和工具性。而随着20世纪中后期，社会管理形态和经济发展模式的转变，公共行政逐渐向"公共"的价值本位转移。它要求在提高行政管理效率等工具性价值的基础上，行政要回应社会的民主要求，促进社会公平公正等价值的实现，行政本身不再是阶级统治和暴力压迫的工具，而应该在法治国背景下，更好地实现社会治理和行政服务职能。这样，行政不再以服务阶级统治和党派政治为宗旨，而应该首先积极考虑"政府能够适当的

---

① 《马克思恩格斯选集》第3卷，人民出版社，1995年版，第523页。
② 《马克思恩格斯全集》第1卷，人民出版社，1965年版，第479页。

和成功地进行什么工作，其次，政府怎样才能以尽可能高的效率和尽可能低的成本完成这些适当的工作"。① 从历史和逻辑相统一的角度看，最终形成了"政治与行政一体化—政治与行政分离—政治与行政合一—政治与行政分立—政治与行政融合"的发展路径，使得行政的公共性体现了"行政公共性迷失—行政公共性获得—行政公共性衰降—行政公共性张扬"的变迁轨迹。② 因此，行政公共性成为法治国和社会文明发展的重要部分，彰显了"以人为本"和维护人的尊严，促进了社会公平正义的核心价值。

从行政的内涵看，行政公共性是行政本质的重要属性。公共性使公行政与其他行政相区别，是公共服务伦理价值的重要体现。对行政公共性的研究首先体现在行政概念的内外维度上。通过对行政概念的揭示，可以深化对行政公共性的理解。"行政"一词，英文为 administration，源自拉丁文 administratre，通常被译为管理、经营、支配、（法律的）实施、施行等意义。③ 德文中的"行政"为 Verwaltung，就其字面而言，皆有经营、管理及执行的意思。马克思认为，"行政是国家的组织活动"④，它揭示了行政的一个重要特征，即行政是一种组织管理活动。而作为公权力行使的主体，国家行政机关行政的基本特征在于执行和管理。⑤ 从性质上言，两岸行政机关合作机制建构的行政属于公行政，即体现公权力行使的行政，它不同于私行政。在公行政领域，"行政"一词既系专指国家或政府之行为，则对"行政"意义之界定必须置于宪法架构之下。⑥ 此外，行政法学

① 彭和平、竹立家等编译：《国外公共行政理论精选》，中共中央党校出版社，1997年版，第1页。
② 参见胡晓芳：《政治行政分合视阈中的行政公共性——基于西方公共行政理论流派演进维度的考量》，苏州大学2009届博士学位论文。
③ 薛波主编：《元照英美法词典》，法律出版社，2003年版，第34页；陆谷孙主编：《英汉大辞典》，上海译文出版社，1989年版，第40页。
④ 《马克思恩格斯全集》第1卷，人民出版社，1965年版，第479页。
⑤ 周叶中主编：《宪法》，高等教育出版社、北京大学出版社，2005年版，第330页。
⑥ 吴庚：《行政法之理论与实用》，中国人民大学出版社，2005年版，第3页。

界还有"国家意志执行说""除外说""国家事务管理说"等从行政的目的、法律关系、运行形态等多方面多角度揭示行政的本质。上述各说，或者侧重行政与其他国家权力的区别、或者强调行政的管理职能、或者突出行政在宪政体制中的地位，但无论如何，林林总总的上述观点，都在指明行政的管理职能的同时，涉及行政的公共属性，即行政并不是为了纯粹私人的利益。因此有学者也认为，行政的本质特征之一就是追求公共利益的国家作用，并且行政的运作应注重配合及沟通。[①] 因此，行政是一种对公共利益的集合、维护分配的活动。[②] 它体现并突出了行政的核心，即公共服务的目的，即行政本身既应该体现管理或治理社会的工具理性，同时也应该包含公正公平等伦理价值理性。在法治国，行政的判断除了参考行政的形式标准外，还要以行政的实质标准为依据，即某项活动是否体现公共性，是否具有行政权的执行和管理性质。它为行政与政治的统合及相对分离，建立两岸行政机关合作机制提供了新的理论区分和探讨视角。

从行政职能的功能看，行政公共性要求行政区别于政治，实现国家和社会的公共服务职能。根据政治参与的程度和行政管理事务的特质，可以把行政事务分为三类，即纯粹技术性的行政管理事务、参与政治决策的公共服务事务，以及由政治决断的行政统治事务。这三类行政事务客观上要求实行不同的行政职能。这是行政公共性的现实需要和必然要求。具体而言，主要有两个方面：一方面，在法治国家中，依法行政要满足不同阶层和利益群体对公共服务的需要，行政公共性要求实现整体、和谐、包容的社会管理秩序，行政事务的管理中既要保证行政效率，更要突出行政的民主公平，促进社会和谐发展的内在价值实现。因此，社会实践中基于行政事务的不同属性，要求除法定或政治性行政事务外，需要在中低度政治涉入的行政管理领域，体现行政的社会管理和公共服务属性。正如有学者

---

① 参见翁岳生编：《行政法》，元照出版有限公司，2006年版，第11页。
② 叶必丰：《行政法的人文精神》，湖北人民出版社，1999年版，第142页。

言，行政中很大一部分是与政治无联系的，所以，即使不能全部，也应该在很大程度上把它从政治团体的控制下解放出来。① 这样，实践中突出行政的社会属性、提高行政的公共服务能力将成为可能。理论上，基于行政与政治的分合发展，行政公共性的本质属性就更为明确，也促进了当今新公共管理学、新公共服务学等理论的发展。另一方面，行政职能的行使，使行政的社会服务功能得以"外溢"，最终促成行政功能向政治统一的转移，实现行政公共性的工具理性和价值理性的有机统一。"外溢"是新功能主义的核心概念，主要是对功能主义中情感和忠诚的"扩展性"转移的发展，新功能主义将外溢同机构的发展及权力的扩展性联系在一起。根据新功能主义外溢的理论，外溢包括功能性外溢、技术性外溢和政治性外溢。② 功能性外溢，是指与某个特定目标相联系的行为会造成一种形势，只有在相近的政策领域采取进一步行动，才能实现最初的目标。技术性外溢，是指各种标准的不同，将引导不同国家上升或下降到具有最严格或最松弛规则的国家层次上；而政治性外溢，则指一旦不同的功能部门实现一体化，这些新形成的利益集团将会促进政治在区域层面而非国家层面上进行。③ 就行政功能的外溢而言，就是基于行政公共性的本质属性，在不同地域不同权力部门，基于各自社会管理和公共服务的决策需要和技术标准实施；在功能整合的过程中，依据合作事务的内在性质，逐步从纯粹技术性的行政管理事务向参与政治决策的公共服务事务，直至最终扩展到由政治决断的行政统治事务，实现从行政部门的社会管理职能向政治统治职能，行政管理部门向政治决断部门的外溢转化。这个外溢将行政职能的功能行使，置于能动的反应地位。它不仅能根据实际发展的需要，聚合各方利益，进行功能调整，也能不失时机地促成功能的部分或全部的外溢和转

---

① ［美］F. J. 古德诺著，王元译：《政治与行政》，华夏出版社，1987 年版，第 47 页。

② John Mccormic, *Understanding the European Union*, London: Macmillan Press, 1999, p. 15.

③ 参见房乐宪：《欧洲政治一体化：理论与实践》，中国人民大学出版社，2009 年版，第 50 页。

换，使从行政到政治成为可能。因此，行政功能的外溢，建立在行政政治分离的基础上，但通过外溢转换又促成行政政治的融合，最终达成政治外溢。就这个意义而言，行政政治的分离是促成行政功能外溢的前提，而政治外溢则是行政政治达成的结果。

### （二）行政与政治的相对分离——基于公共行政的治理解读

从两岸治理的角度看，行政与政治的相对分离不仅是实现行政公共性的客观要求，也是两岸治理转型的时代需求。两岸治理作为一个形成中的概念，对两岸和平发展及其合作框架的建立具有思维转向、价值导向和规范建构的作用。两岸行政机关合作机制的建构，关键和突破口就是两岸治理思维和治理模式的转型。即两岸行政机关合作机制需要建立在两岸合作治理的基础上，发挥治理的理论洞穿力和现实建构力，不断调整、回应和规制两岸行政机关合作发展中的复杂性、动态性和多样性问题。行政公共性是公共行政和治理转型的重要结合点，治理转型在实现社会不可治理的同时，必须体现、完善及发展行政的公共性，从而实现两者的有效融合。

治理是公私机构管理其共同事务诸多方式的总和。它是使相互冲突的或不同的利益得以调和并且采取联合行动的持续过程。它既包括迫使人们服从的正式制度和规则，也包括人们和机构同意的或以为符合其利益的各种非正式的制度安排。① 因而，从行政公共性的角度理解，治理理论有三个基本特点：其一是治理概念和模式的包容性，包括治理主体的多中心化，治理工具的多样化。它要求治理主体包括但不限于国家和社会的正式制度，治理过程中打破市民社会、市场经济和政治国家的意识区分，从更广泛的层面，采取更灵活多样的手段，完成社会公共性的建构。其二是治理过程更多地强调社会目标的共同完成，减少政治意识形态和传统社会管

---

① UNDP. *Our Global Neighborhood: Report of the commission on Global Governance.* Oxford: Oxford University Press，1995，pp. 2-3.

理的层级控制。为此，行政机关在执行国家政策、提供社会公共产品和公共服务的时候，在不否认行政的阶级属性和政治影响的基础上，更要关注效率和公平的实现，从而促成最大限度的公共社会福利的实现。最后，治理主体中的公权力行使需要兼顾行政工具理性和价值理性的统一，治理思维的转型和新治理模式的构建，以实现治理的目标。总之，对于两岸行政机关的合作，治理理论意味着地方政府含义的一种变化，意味着统治的一个新过程，意味着既定规则一种变化了的情形，或者是意味着管理社会的一种新方法。①

治理理论对行政公共性的主要贡献是突破了传统政治行政二分的争议，促进了治理模式下两者的有效融合，以及公共行政的治理转型。这种转变，体现了行政政治相对分离的几个方面：首先，政治与行政的分离是相对的，不是绝对的。实际政治的需要，使政治功能与行政功能分离的想法不可能实现。② 可以说，行政政治之间是分离不是脱离，并不存在脱离政治的行政，也不存在没有行政的政治。这种相互独立又统一的关系，是公共行政治理转型的首要理论基点。它保障了行政与政治各自的价值构造和制度设计，是两岸行政机关合作的一个治理原点。其次，治理思维要求突出公共行政的包容性、动态性和多样性，促进行政功能的治理思维转型和制度成长。传统功能主义对行政功能的建构，更强调有效服务的传统价值。而为了实现这种价值，功能主义对政治和行政做了初步的理论划分，即需要在政治和公共行政部门之间有一个明确的区分。③ 而治理理论下的行政合作则认为，不要过于强调行政政治的对立，相反，基于社会治理的需要，更需要突出行政政治的统一性，借助多层次多形式的行政功能，实

---

① Rhodes, R. A. W (1997): *Understanding Governance. Policy Network, Governance, Reflexivity and Accountability.* Buckingham: Open University Press. P. 46.

② ［美］F. J. 古德诺著，王元译：《政治与行政》，华夏出版社，1987年版，第14页。

③ 参见［瑞典］阿姆纳主编，杨立华等译：《趋向地方自治的新观念——比较视角下的新近地方政府立法》，北京大学出版社，2005年版，第6页以下。

现行政效率与价值的统一，最终促成社会不可治理性的解决。再次，治理议题或问题的复杂性、多样性和动态性，要求治理能够很好地促进传统社会管控与治理新思维模式之间的衔接，创造性地解决议题不可治理性的问题。就两岸行政机关合作机制的建构而言，其主要障碍在于如何对待台湾地区的"宪法"法律和政治地位，即如何解决行政的政治性成为两岸行政机关治理合作的关键，而治理理论不论是实体突破式的建构，还是变"主体"为"结构"的形成式治理，① 都要求解决两岸行政机关合作的政治敏感性和多种复杂变量的消极影响，探讨化解目前两岸政治性议题不可治理性的问题。即行政机关治理合作可以规避两岸之间的政治分歧，搁置暂时的主权争议，从实体构建上发展新的治理模式，在程序上也能通过两岸商谈的模式"阶段化""议题化"地实现两岸行政合作的动态平衡。最后，从公共行政治理的范式看，两岸治理下的行政合作本身就是一种治理合作的创新，在动态的互动中，实现了行政工具价值与理性价值的统一。自从美国学者威尔逊、古德诺等人提出"行政政治二分"的公共行政范式后，围绕行政工具理性和价值理性的争议就未曾停止，而在近现代民主国家出现大量复杂、多样的不可治理性问题后，新的公共行政范式力图挖掘治理理论的解释力，促成行政工具理性与价值理性的调和与统一。基于公共行政治理范式下的新公共行政学，提出行政实践活动都包含着"决策制定过程"和"决策执行过程"，两者同时渗透并贯穿于整个组织管理活动之中。所以，行政不是消极、技术性的被动执行，而是包括积极的、政治性的主动决策方面的内容，② 为此，在行政政治相对分离基础上实现了动态的协调和统一。行政合作的过程本身，就是通过公共行政中各项政策和措施的达成，阶段性地促成政治合作的目的，这两者都统一在两岸行政合作的过程中。

---

① 有关"两岸治理"观点的比较分析，参见周叶中、祝捷：《两岸治理：一个形成中的结构》，《法学评论》，2010 年第 6 期。

② 参见王诗宗：《治理理论及其中国适用性》，浙江大学出版社，2009 年版，第 95 页。

从公共行政的治理角度看，两岸治理理论为两岸行政机关的合作提供了如下论点：第一，理清了行政与政治的关系问题。即行政与政治并不是完全对立、非此即彼不能统一的关系。相反，行政与政治是相对分离、有限独立及动态统一的。对于法治社会的公共行政而言，只强调行政的政治属性，而否认行政合作的可能性和必要性，在理论和实践上都是不可取的。第二，巧妙地避免了两岸行政机关直接进行政治接触的敏感性，化解了两岸，尤其是台湾方面对行政合作的"合法性"忧虑。当前两岸"事务性议题""阶段化"的方式，毕竟存在相当模糊的地方，对"政治性议题"的回避或沉默本身就是一种态度。相反，从治理的角度，在两岸治理创新的视角下探讨行政机关的合作，就可能获得台湾地区的更多认同和支持，从而为两岸行政机关合作机制的建立创造可能的空间。第三，治理理论为两岸行政机关合作提供了更多的解决思路。比如，为避免事务性议题与政治性议题的对立，缓解事务性议题对政治问题权力属性的分散，在保持对事务性议题容纳的基础上，促成事务性议题向政治性议题的转化。① 对此，可利用新区域主义的治理理论，通过两岸行政协议的方式，实现两岸行政机关合作机制的建立。新区域主义治理是治理转型的一个重要发展。它强调不同区域间，主要是包括行政机关在内的政策相关方，通过建立一种稳定的网络关系，实现策略性的合作机制，实现不同区域在不同层次和水平上的网络分工协作，实现治理中公共利益最大化和公共服务最优化的目标。两岸行政协议的内在特点和实施方式，能最大限度地释放新区域主义治理的理论指导力和实践建设力。

（三）新区域主义治理的建构——从微观制度层面剖析行政协议的理论基础

从行政公共性的角度可见，行政与政治存在相对分离，而治理范式下

---

① 参见康仙鹏：《两岸治理——"两岸关系"思维的检视与突破》，《台湾研究集刊》，2010 年第 4 期。

的公共行政，又给行政与政治分离提供了较好的理论切割与制度区分。基于行政与政治相对分离的辩证统一关系，从微观的制度层面构建新区域主义治理下的行政协议制度，可能是目前两岸行政机关合作机制建立的制度突破口。

新区域主义治理的基本观点是在行政区域地方主体，主要是行政机关之间，建立一种跨区域治理的策略性合作伙伴关系。这种关系建立的目的，是实现不同区域内外不同层次和不同水平的网络格局下的分工协作，实现公共利益的最大和公共产品与服务的最优。其基本特点是：第一，治理主体的平等性。即区域间治理主体，尤其是主导的行政机关之间的合作是平等的。这种平等关系建立在伙伴合作与协商机制之下，任何一方主体都没有直接命令和指挥对方的权力，任何一方的得利也必须建立在正和博弈的基础上。第二，交往过程的协商性与谈判的妥协性。对于新区域之间的跨域合作必须通过民主协商的方式，渐进地推进，通过双方的共识重叠，实现内外压力下的共同整合，从而推动整个交往过程的前行。第三，治理内容的丰富性。在参与主体多元，利益表达多样的前提下，新区域治理的内容十分丰富，涵盖政治、经济、教育、文化、环境等社会政治生活和经济运行的主要部分，涉及民主、人权、法治、市场、人文、价值、信仰等多领域的公共事务。最后，治理形式的多样性。新区域治理为了实现差异区域间的良性治理，促成最优公共利益达成和公共服务供应，需要在不同层次和不同水平上采取灵活多样的治理手段。就行政机关之间的行政协议而言，在行政主体合作的科层等级、合作项目的具体实施、事务的监督执行等方面，都不要求严格依照对应对等的方式，只需要在协议事务的总体方向和整体运行中保持有效的信息交换、能动的反应协作、完整的功能整合，采取制度内与制度外、强制与自愿、命令与契约等多种方式，共同促成任务的完成。这样，行政主体是主导的作用，但绝不是唯一，在一些情况下，更谈不上是必要和重要的。这种权力的上下流动和网络化多点互动的形式，使区域治理更为有效、包容，更具扩展性。

目前，从法律的角度看，两岸和平发展框架行政机关合作机制建立的首要阻碍因素是行政的政治属性，即行政的政治性。对于台湾地区的行政机关而言，行政合作就意味着在某种程度上对大陆公权力的认可，更为紧要的是，行政合作本身凸显了台湾公权力对自身"宪法"功能和政治地位认识不清、解释不足的尴尬地位，从而进一步影响台湾地区的政治版图和"宪政法律"秩序。实践中，"台独"势力也试图从行政的政治属性中，寻求"法理台独"和政治分裂的制度支持。此外，两岸之间的合作主要是通过"议题化"的方式"阶段性"地解决，存在事务合作中对政治的刻意模糊和回避，显然也不利于两岸行政机关合作机制的建立。所以，两岸行政机关合作机制的建立，必须在理论上适度切割行政与政治的关系，在实践中能动回应政治的内在需求，实现行政政治功能上的灵活转化和整合。因此，建立两岸行政机关合作机制的关键，就是要在宏观上缓解政治与行政的内在张力，中观上转变社会治理思维，微观上务实地通过平等协商的制度渠道，促进两岸行政机关之间的合作，通过不断的实验、反馈、调整、整合促成有效治理机制的形成。基于这种认识，我们认为，两岸行政机关合作，可以通过建立行政协议的方式，建立制度化、规范化、长效化的合作平台。

## 四、两岸行政机关合作机制的建构：基于行政协议的角度

基于两岸行政机关合作机制建构的基础理论和实践经验，行政协议是加强两岸行政机关交流合作，促进两岸行政事务处理，化解行政性纠纷的重要手段。从行政法学的角度看，行政协议是指以行政机关为主体的公权力机关，基于一定的法律和现实基础，在平等互利相互协商的前提下，通过协议的方式，将双方之间的行政管理事务及其权利规范化、制度化，实现行政事务和行政权力的有效运行和监督保障。

（一）两岸行政协议的内涵及特点

两岸行政协议主要是指两岸公权力机关，为了实现行政管理和社会治理的公共职能，通过签订协议的方式，在平等尊重协商一致的前提下，将行政管理和治理事务制度化、规范化，从而促进两岸行政机关沟通协作机制的建立，实现行政事务和行政权力的有效运行和监督保障。两岸行政协议最突出的特点有二：

其一，两岸行政协议的签订主体地位平等，适用"协商—遵守"的权利模式。协议主体地位平等是两岸行政机关合作的前提，即任何一方不得享有超越或多于对方的权利，不得享有对行政协议的优先权。其表现是，在性质上，两岸行政机关都是公权力行使的机关，两者合作的主要目的也是为更好地为两岸经济、文化、教育等领域提供有效专业的公共服务，以保障投资人和公民的合法权益，实现有效的行政管理和社会治理功能。从法律地位看，两岸行政机关都享有有关规定的各项权利，在有关规定的范围内，都享有对相关事务进行处理的权利，因此，长效动态的行政协议机制在法律上地位是平等的。同时，两岸行政机关地位平等要求在行政协议的制定、达成、实施和保障等全过程中，适用"协商—遵守"的权利模式。即行政机关在协议订立的过程中，协议各方机关需要在坚持原则和灵活性的基础上，不断沟通、平等协商，适时调整政策和规范，一旦协议签订，都要本着"承诺必定履行"的基本法治理念，全面善意积极地履行协议合作的内容。

其二，两岸行政协议是原则性与灵活性、有限封闭和动态开放相结合的机制。坚持原则性是指，两岸行政协议的基本原则、主要内容、实施保障等必须建立在"九二共识"的基础上，任何违背基本原则的协议都是无效的。灵活性指行政协议在签署前的磋商、实质商谈、协议履行及其救济保障的阶段中，都可以通过协商沟通，采取灵活多变的手段，达成行政协议最终确定的任务。其范围包括订约方的选定、协议的内容、实施的方式和救济途径等。有限封闭和动态开放主要针对协议的内容而言，有限封闭是指两岸行政机关协议主要涉及两岸行政管理事务和社会治理的动态化制度化合作，排除纯粹的政治事项。动态开放是指两岸行政协议的协定内容在动态协商中达成平衡，具有包容性。既包括权利的授予和事务的分配，也包含大量经济、文化、教育等行政管理活动。有限封闭避免过多的政治渗入，保障两岸行政协议的执行和实施。动态开放扩充两岸行政协议的内容，有助于促进两岸行政协议的完善和发展。

（二）两岸行政协议的基本模式

两岸行政协议的基本模式是构建两岸行政机关合作机制的实践方式，涉及两岸行政机关合作的法律地位、合作方式、基本原则、主要内容等几方面。通过协议的方式将两岸行政合作制度化、规范化、长效化，将为两岸行政机关合作机制提供交流平台和制度保障，从而逐步促成两岸关系和平发展框架下行政机关合作机制的建立。

**1. 两岸行政协议建构的基本思路**

鉴于当前两岸行政机关没有直接沟通和交流，而台湾岛内复杂的政治生态环境，以及国外不利因素干扰等情况，我们认为，两岸行政协议建构的主要思路是："一个原则、两个核心、三层建构"。

"一个原则"就是"九二共识"是两岸行政协议的基本原则，行政协议的订立、内容、实施等都不得违反基本原则。在坚持"九二共识"基本原则的基础上，可以采取灵活多样的措施，保障基本原则的落实，促成两岸行政协议的实现。"两个核心"是指行政管理和法治建构的双核心。行政管理作为两岸行政协议的核心之一，存在理论和现实的支持。从理论上看，行政与政治的有限分离以及区域治理范式的转型，为中立性、技术性和规范性的行政提供了可能，从而减少并缓和了行政政治性对行政合作机制的消极作用。但行政功能的溢出效应，以及行政协议的开放性特征，会促成将来行政向政治的外溢，助益两岸公权力机关事实的认同。从现实状况看，两岸行政协议下主体平等、遵从"协商—遵守"的基本模式，通过有限封闭动态开放的回应性机制，将逐步实现两岸行政管理和社会治理的任务。法治建构的核心，主要是指行政法治的建构，包括两岸行政立法、行政法治理念、行政法规范、行政法原则、行政法实施及保障等涉及行政法体系的多方面内容。其中两岸有关机关应该充分认识和重视两岸包括行政法治在内的理论建构和制度衔接，关注两岸行政法治发展的历史和现实特点，为两岸和平协议等合作机制提供实在的制度支持和规范保障。"三层建构"，指行政协议需要从基础理论、行政协议执行机制、行政协议监督保障机制三个方面分层建构。两岸行政协议基础理论主要涉及行政协议的性质、功能、权力运行等方面的内容，解决行政协议在法律中的地位、作用和形式问题，为两岸行政协议的发展提供理论上的支撑；行政协议执行机制，主要涉及行政协议的订立主体、订立方式、合作方式、协议形式等内容，解决行政协议具体形成及运行问题；行政协议监督保障机制，涉及行政协议的监督形式、保障方式，实体法和程序法的衔接等问题，解决行政协议的完全履行问题。

可以说，"一个原则、两个核心、三层建构"的主体思路，充分照顾到了目前两岸的政治和社会现实，将能有效发挥行政协议的功能和作用，从而有助于两岸行政机关合作机制的深入建构，推进两岸关系和平发展法律框架的完善。

**2. 两岸行政协议的基本原则**

两岸行政协议的基本原则主要有平等原则、协商原则、合作原则和法治原则。平等原则是指两岸行政机关在双方协议关系中的法律地位是平等的，权利义务是对等的。两岸行政协议是行政机关在其职权范围内就共同管理事务达成的共识性法律文件。他们之间既不存在上下级权力隶属关系，也不存在命令执行的权力要求，而是双方平等的法律关系。双方互担全面善意履行的义务。协商原则是指两岸行政协议是基于两岸行政机关对公共管理事务协商一致而达成的。即在协议的订立磋商、履行实施和保障监督的全过程中，通过协商妥协达成共识，成为两岸行政协议制度化、常态化、规范化的沟通形态。合作原则建立在行政协议的基本功能和价值实现基础上，即两岸行政机关存在合作的现实可能性和必要性，为此就必须以最大的善意和诚意，排除两岸行政机关合作的各种障碍，促成行政机关合作的实现。法治原则贯穿行政协议的始终。它内在地要求行政机关能够依循法治关于依法行政的各种要求，重视实体法建构和程序法衔接，做到依法办事、公平公正，以最终保障行政协议的达成。

### 3. 两岸行政协议的主要内容

两岸行政协议的条款内容。借鉴有关国家和地区行政协议的做法，两岸行政协议的主要内容包括以下几方面。首先，两岸行政协议缔结的主体。缔结主体原则上要求地位对等、权利平等，但基于两岸行政机关在宪制下的不同地位和作用，可以采取不同主体变通协商的方式作为例外。如正式或非正式的首长联席会议，或代表磋商会议等，以完成协议的沟通和协商。其次，在协议缔结程序上，主要分为非正式磋商、正式谈判，草拟协议和通过协议四个阶段。非正式磋商阶段，可以通过派出谈判小组，成立专门机构，或其他信息媒介进行协议前商谈。正式谈判阶段，可通过两岸行政机关各种正式或非正式的形式达成谈判。草拟协议阶段，采用双方共同草拟，一方草拟另一方核准等方法。通过阶段，可采用有权机关批准、备案或签署生效的混合形式。最后，在协议条款内容上，主要包括规定基本原则、协议目的、缔结方的权利和义务、协议履行的方式和期限、协议的生效和效力，以及协议的监督和实施条款。[①] 根据目前两岸行政机关和政法现状，我们认为，协议缔结主体本着协商自愿的原则，应当以行政机关地位对等磋商为原则，但不排除不对等条件下行政机关之间行政协

---

① 参见叶必丰等：《行政协议：区域政府间合作机制研究》，法律出版社，2010 年版，第 177—183 页。

议的订立。至于采取何种缔结模式，谈判方式和生效规定，都可以灵活处理，通过正式和非正式等多种渠道达成行政协议的主体内容一致即可。

两岸行政协议的履行。行政协议的履行是行政协议的重要部分，是行政协议其他制度的中心，直接关涉行政协议目标和价值的达成。目前关于行政协议履行的模式主要有三种：有关机构履行、自动履行和非自动履行。有关机构履行主要是通过行政首长联席会议或者其他正式或非正式机构，专门负责履行行政协议。自动履行，主要是指行政协议由各自区域内的行政机关根据其法律和政策自动履行。非自动履行，主要是缔约方行政机关将行政协议转化或并入区域现有法制系统内，通过修改行政法规范或直接适用的方法，落实行政协议。① 其中，有关机构履行执行效率高，但对于不同法系和政治背景的区域间行政合作，寻求法律依据的政治压力较大。自动履行，由于基于缔约双方的协商共识，更能发挥两岸行政机关的积极性和主动性。非自动履行，通过转化或并入的方式，能较好地减少和回避两岸行政机关管辖内法律和制度的内在冲突。结合两岸行政协议的特点和功能，我们认为应该采用自动履行为主、非自动履行为辅的混合履行模式。这种模式回避了设立共同履行机构政治上的障碍，同时由于协议本身的协商共识性，两岸缔约方行政机关本着"承诺必定遵守"和全面善意履行契约的精神，可以在各自辖区内更好地运用正式或非正式制度完成协议的任务。

两岸行政协议的纠纷解决。目前，行政协议纠纷的解决模式有：责任条款模式、行政解决模式、司法机关解决模式和仲裁解决模式。责任条款是两岸行政协议的主要条款之一，双方在协议缔结签订的过程中，需要将违约方的权利、责任和救济明确。行政解决模式，由于两岸行政机关没有共同的上级机关，也没有共同的行政诉讼法等制度，不适合于两岸行政协

---

① 参见叶必丰等：《行政协议：区域政府间合作机制研究》，法律出版社，2010 年版，第 212—230 页。

议的履行和保障。司法机关解决模式，特点是通过独立中立的司法机关，将行政纠纷引入司法程序。双方可以根据行政协议的具体内容和纠纷问题，协定选择适用的实体法和程序法。仲裁解决模式，可以一裁终局、程序灵活、选用双方都认可的专家和仲裁机构，能较好地缓和行政纠纷的冲突。① 我们认为，纠纷解决机制应采取以责任条款为基础，司法解决和仲裁解决为基本途径的纠纷解决模式。这种模式需要事前在行政协议中以责任条款的方式，将纠纷产生后的救济途径予以规定，涉及责任主体、性质和途径等内容。同时在协议履行中，或通过司法途径或通过仲裁途径解决矛盾，以促使行政协议内容的实现和目标的达成。

总之，两岸行政协议本身是一个发展中的概念，在基础理论、实施机制、保障模式等方面，都有很多需要进一步探讨的方面。

## 五、两岸开展行政性合作的具体领域

2008 年以来，通过海峡两岸关系协会与财团法人海峡交流基金会之间达成两会协议的方式，两岸间在旅游、海运、质检、空运、邮政、金融、渔船船员劳务、知识产权、医药卫生、核电安全等领域开始了行政性合作，逐步形成了具有两岸特色的行政性合作模式。

### （一）两岸旅游领域行政性合作机制

为增进海峡两岸人民交往，促进海峡两岸之间的旅游交流，海峡两岸关系协会与财团法人海峡交流基金会，就大陆居民赴台湾旅游等有关两岸旅游事宜，经平等协商，于 2008 年 6 月 13 日达成《海峡两岸关于大陆居民赴台湾旅游协议》和《海峡两岸包机会谈纪要》。这是在 1993 年"汪辜会谈"签署四项协议后两会签署的首批协议，是"汪辜会谈"后两岸协商谈判取得的重要成果。

---

① 参见何渊:《区域性行政协议研究》，法律出版社，2009 年版，第 130—165 页。

《海峡两岸包机会谈纪要》内容涉及承运人、搭载对象、飞行航路、通关便利、保税措施、互设机构、辅助安排、申请程序、准用事项、货运事宜、定期航班以及联系机制等方面。

根据纪要，双方同意：凡持有效旅行证件往返两岸的旅客均可搭乘客运包机；尽快协商开通两岸直达航路和建立双方空管方面的直接交接程序，在直达航路开通前，包机航路得暂时绕经香港飞行（航）情报区；包机承运人得在对方航点设立办事机构，台湾方面同意大陆承运人于六个月内设立办事机构；在周末客运包机实施后三个月内就两岸货运包机进行协商，并尽速达成共识付诸实施；尽快就开通两岸定期直达航班进行协商。

根据纪要附件，两岸周末包机时段为每周五至下周一计四个全天。大陆方面同意先行开放北京、上海（浦东）、广州、厦门、南京五个航点，并陆续开放成都、重庆、杭州、大连、桂林、深圳，以及其他有市场需求的航点；台湾方面同意开放桃园、高雄小港、台中清泉岗、台北松山、澎湖马公、花莲、金门、台东等八个航点。双方同意在周末包机初期阶段，每周各飞18个往返班次，共36个往返班次。根据市场需求等因素适时增加班次。

《海峡两岸关于大陆居民赴台湾旅游协议》内容涉及联系主体、旅游安排、诚信旅游、权益保障、组团社与接待社、申办程序、逾期停留、互设机构等方面。

根据协议，双方同意赴台旅游以组团方式实施，采取团进团出形式，团体活动，整团往返；双方应共同监督旅行社诚信经营、诚信服务，禁止"零负团费"等经营行为，倡导品质旅游，共同加强对旅游者的宣导；双方同意各自建立应急协调处理机制，相互配合，化解风险，及时妥善处理旅游纠纷、紧急事故及突发事件等事宜，并履行告知义务；双方同意就旅游者逾期停留问题建立工作机制，及时通报信息，经核实身份后，视不同情况协助旅游者返回；双方同意互设旅游办事机构，负责处理旅游相关事宜，为旅游者提供快捷、便利、有效的服务。

根据协议附件，接待一方旅游配额以平均每天 3000 人次为限。组团一方视市场需求安排。第二年双方可视情协商作出调整。旅游团每团人数限十人以上，40 人以下，自入境次日起在台停留期间不超过十天。

在大陆居民以"团进团出"形式赴台旅游的两年时间里，大陆游客在游览台湾美景的同时，也不断呼吁开放大陆居民赴台个人游，以满足深度游的愿望。2011 年 6 月 28 日，大陆居民赴台湾个人旅游正式启动，首批 290 名游客飞赴台湾，开启了两岸民众交流的新阶段，大陆居民的宝岛之旅变得更加随性、深入，游客规模持续增长。

三年来，大陆居民赴台旅游的人数从 2008 年的 6 万人，迅速攀升至 2009 年的 60 万人、2010 年的 124 万人。国家旅游局局长邵琪伟 2011 年 12 月 28 日说，2008 年 7 月启动了大陆居民赴台旅游业务，截至 2011 年 11 月，大陆居民赴台团队旅游人数达到 300 万人次。

来自国台办的数据表明，2011 年，台湾居民来大陆 526 万人次，同比增长 2.38%，大陆居民赴台 184 万人次，同比增长 11.02%。大陆居民赴台旅游 125.1 万人次，其中团队游客 122.3 万人次，赴台个人游 2.8 万人次。大陆持续成为台湾旅游业第一大客源地。据台方测算，截至 2011 年 3 月，大陆居民赴台旅游已给台湾创造 32.47 亿美元收益。

赴台游扩大了两岸人民的交往、交流，加深了两岸同胞的感情，同时对促进台湾经济发展也起到了积极作用，受到了两岸同胞的热烈欢迎。

(二) 两岸海运领域行政性合作机制

为实现海峡两岸海上客货直接运输，促进经贸交流，便利人民往来，海峡两岸关系协会与财团法人海峡交流基金会就两岸海运直航事宜，经平等协商，于 2008 年 11 月 4 日达成《海峡两岸海运协议》。

根据《海峡两岸海运协议》，双方同意两岸资本并在两岸登记的船舶，经许可得从事两岸间客货直接运输。依市场需求等因素，相互开放主要对外开放港口。在两岸货物、旅客通关入境等口岸管理方面提供便利。双方航运公司可在对方设立办事机构及营业性机构，开展相关业务。

协议中约定，双方按照平等参与、有序竞争原则，根据市场需求，合理安排运力。在税收方面，双方同意对航运公司参与两岸船舶运输在对方取得的运输收入，相互免征营业税及所得税。在海难救助方面，双方建立搜救联系合作机制，共同保障海上航行和人身、财产、环境安全。发生海难事故，双方应及时通报，并按照就近、就便原则及时实施救助。同时，在船舶通信导航、证照查验、船舶检验、船员服务、航海保障、污染防治及海事纠纷调处等方面，依航运惯例、有关规范处理，并加强合作。两岸共开放港口 74 个。其中，台湾开放北、中、南部的 11 个港口，大陆开放 48 个海港和 15 个河港。双方还将视情增加开放港口。

在直通前，两岸海上的间接通航成本高、效率低，以目前绕航计算，一个集装箱要比直航多花 17 美元，1 吨散杂货多花 1 美元，1 吨油品化工多花 8 美金。按照两岸年贸易额 1000 亿美元，年运输量 7000 万吨计算，两岸实现海上全面直航以后，每年可以减少运输时间 11 万个小时，降低运输费用 1 亿多美元。两岸业者可以由此提高国际竞争力，携手共创双赢。两岸直航受惠的不仅仅是海运业者，更可为两岸带来更为广阔的发展空间和更大的商机，为两岸经贸关系发展注入新的活力。在两岸共同应对全球金融危机的今天，两岸携手比以往任何时候都显得更为重要，更为迫切。

早在 1979 年，全国人大常委会即提出了两岸通航通邮的议题。截至 2001 年，虽然两岸交流取得了较大进步，但是两岸海运仍然限于"试点直航"、"两岸和香港"和"三通"三种模式。以最早的"试点直航"为例，船舶只能装运大陆外贸出口经高雄中转的集装箱货物，或其他国家经高雄中转大陆的集装箱货物，而不能装运两岸贸易货物，货物在台湾也不能入境，远远无法满足两岸经济贸易往来的巨大需求。《海峡两岸海运协议》的签署使得两岸全面、双向、直接的海上直航将真正得到实现，30年以来的困境迎刃而解。

海峡两岸正式直航之后，两岸航运企业的运输效率将大幅上升，随之而来的是企业物流成本的下降和货运需求的提升，对于航运生产经营来说意义深远。

首先，降低行业成本。两岸海运直航后，台湾和大陆之间的货物运输无需经第三方中转，减少了燃油和时间消耗，可直接降低运输成本。此外，根据《海峡两岸海运协议》的规定，两岸管理机构将相互取消双方船舶在对方的营业税和所得税，进一步减轻航企的成本负担。

其次，扩大货源。两岸海上直航将从三方面为大陆和台湾的航运企业扩大货源：1. 海上直航将大大节省两岸之间物资交流的时间和成本，从而引发两岸之间海运需求上升。2. 两岸直航之后，悬挂五星红旗的船只可参与两岸运输，大大提高了航运企业经营揽货的能力。3. 对台湾航运业来说，大陆是不可失去的市场，若两岸海运能够直航，航企营运规模将会扩大，据点将以倍数增长。

第三，有利于两岸港口之间优势互补。目前台湾海峡地区港口发展水平较高，而福建的港区建设水平相对较低，但潜力很大。两岸海运直航的实现，使得两岸港区可以通过优势互补，分工协作，互相配合，对港口建设和营运进行统一规划，共同建设航运港口体系，将最大限度地实现两岸港口资源的开发利用。

第四，有利于拓展港口货源，强化港口地位。两岸实现海运直航，运输成本降低，在大陆从事生产经营活动的台湾企业成本也随之下降，在两岸经贸往来显著加强的同时，更打破了以往港口货源受限制的瓶颈，将为港口开拓新的货源，扩大港口货量规模，强化港口的中转和枢纽地位。

但是，我们也应该看到，在世界金融危机和经济减速的大背景下，港口增长态势放缓，虽然两岸海运直航将对货量产生一定的刺激作用，但是利好作用仍然有限，不宜过度炒作。我们期待更加广泛、深入、细致的两岸海运合作。

**（三）两岸质检领域行政性合作机制**

质检领域是投资贸易环境的重要组成部分，为增进海峡两岸食品安全沟通与互信，保障两岸人民安全与健康，海峡两岸关系协会与财团法人海峡交流基金会就两岸食品安全事宜，于2008年11月4日签署了《海峡两岸食品安全协议》。该协议标志着海峡两岸在维护消费者权益、维护两岸贸易健康发展问题上进一步达成重要共识。此后，两岸间签署了《海峡两岸农产品检疫检验合作协议》、《海峡两岸标准计量检验认证合作协议》，进一步减少两岸技术性贸易壁垒，促进两岸贸易投资便利化，提高两岸产业合作层次和水平，强化两岸产业在国际上的竞争力，维护消费者生命财产安全。通过协议的签署，一个具有两岸特色的质检领域的行政性合作机制和合作模式得以建立。

根据协议，双方同意相互通报涉及两岸贸易的食品安全信息，并就涉及影响两岸民众健康的重大食品安全信息及突发事件，进行即时沟通，提供完整信息。该协议的最大亮点和核心内容是海峡两岸建立了重大食品安全事件协处机制，具体措施包括：1. 紧急磋商、交换相关信息（讯息）；2. 暂停生产、输出相关产品；3. 即时下架、召回相关产品；4. 提供实地了解便利；5. 核实发布信息（讯息），并相互通报；6. 提供事件原因分析及改善计划；7. 督促责任人妥善处理纠纷，并就确保受害人权益给予积极协助；8. 双方即时相互通报有关责任查处情况。此外，双方还建立了两岸业务主管部门专家定期会商及互访制度，就双方食品安全制度规范、检验技术及监管措施进行业务交流及信息（讯息）交换。

食品安全关乎人民的生存健康和社会的稳定与发展，海峡两岸在此方面都有专门法律对其进行防范杜绝、规制管理。台湾地区"食品卫生管理法"主要在于规制食品业。该法主要从行政管理方面对食品业的制造、加工、调配、包装、运送、贮存、贩卖的管理与规制，以及对食品添加物的作业场所、设施及品保制度的标准和安全管理的规制，强调的是食品业的各项标准与制度必须符合台湾地区主管部门的规定。与台湾地区"食品卫生管理法"相比，《中华人民共和国食品安全法》除了在食品界定的范围、质检标准、社会参与管理程度存在差异性外，还突出了政府多个部门的联防管理机制和食品安全的风险监测与评估机制。海峡两岸关于食品安全立法内容上的差异性和立法规制侧重点的不同，给两岸食品安全协议的执行带来了一定的问题。其主要表现有以下几方面：

第一，范围问题的协调。两岸关于食品安全法调整的对象不同，会给协处机制的运行带来一定的问题。例如，台湾地区"食品卫生管理法"第 37 条规定：本法关于食品器具、食品容器之规定，于儿童直接接触入口之玩具准用之。这一条就大大扩大了食品所指的范围，所以在调整对象中出现了差异性，这就会给双边执行协议带来困扰。同时，《中华人民共和国食品安全法》第 99 条规定：食品，指各种供人食用或者饮用的成品和原料以及按照传统既是食品又是药品的物品，但是不包括以治疗为目的的物品。此条涵盖了一定范围内的药用食品，其不仅在范围上与台湾地区的不同，而且其检测标准的适用肯定也有所不同。对于这些问题，两岸要根据两岸历史文化、经济发展的不同给予彼此尊重，秉着互助共荣，携手共进的合作宗旨逐步接纳和融通。

第二，标准问题的协调。台湾地区食品安全管理标准由行政卫生署制定。大陆的标准则具有多样性。《中华人民共和国食品安全法》第 24 条规定：没有食品安全国家标准的，可以制定食品安全地方标准。第 25 条规定：企业生产的食品没有食品安全国家标准或者地方标准的，应当制定企业标准，作为组织生产的依据。大陆幅员辽阔，发展存在很大的差异，很多食品业具有地方性，顶层没有制定统一的标准。这种灵活的阶段性政策给两岸的协处机制带来质检标准认定上的困难。要从根本上解决这个问题，还有待于通过推进城市化进程，实施集中统一的食品生产、存储、运输、销售等过程的管理。在现阶段，为尽可能避免双边协处纠纷，最好是在地方设置出口监管办事点，加强双边对于特殊食品的认识和理解。

第三，海峡两岸关于食品安全风险监测和评估重视程度不同带来的协调问题。大陆人口众多，人口密度大，对食品监管稍有不慎就可能带来大规模的食品安全集体事件，对社会的安全与稳定带来很大威胁。所以《中华人民共和国食品安全法》第 11 条规定：国家建立食品安全风险监测制度，对食源性疾病、食品污染以及食品中的有害因素进行监测。国务院卫生行政部门会同国务院有关部门制定、实施国家食品安全风险监测计划。省、自治区、直辖市人民政府卫生行政部门根据国家食品安全风险监测计划，结合本行政区域的具体情况，组织制定、实施本行政区域的食品安全风险监测方案，并且该法还对食品安全事件制定了应急机制和追责机制。而台湾地区立法则缺少食品安全风险监测和评估以及政府部门的联防、追责机制。这可能直接导致《海峡两岸食品安全协议》中协处机制第 1 条"紧急磋商、交换相关信息（讯息）"难以发挥其应有作用，不能对食品安全事件防微杜渐，提早预防。对于这个问题，可以通过《海峡两岸食品安全协议》中协处机制的业务交流条款，即"双方同意建立两岸业务主管部门专家定期会商及互访制度，就双方食品安全制度规范、检验技术及监管措施进行业务交流及信息（讯息）交换"的切实履行来弥补。

（四）两岸空运领域行政性合作机制

为促进海峡两岸经贸关系发展，便利两岸人民往来，海峡两岸关系协会与财团法人海峡交流基金会就两岸空运直航事宜，经平等协商，于 2008 年 11 月 4 日达成《海峡两岸空运协议》。后又根据《海峡两岸空运协议》第 1 条、第 3 条、第 4 条的规定，就开通两岸定期客货运航班等事宜，于 2009 年 4 月 26 日达成《海峡两岸空运补充协议》。

两岸空中双向直达航路的开通，是在春节包机、节日包机、周末包机后，两岸民航交流与合作中最具突破意义的进展之一。根据《海峡两岸空运协议》及其附件，双方同意开通台湾海峡北线空中双向直达航路，并建立两岸空（航）管部门的直接交接程序，同意继续磋商开通台湾海峡南线空中直达航路及其他更便捷的航路。两岸资本在两岸登记注册的航空公司，经许可后将可从事两岸间航空客货运输业务。

在客运包机方面，两岸将在原有周末包机的基础上，增加包机航点、班次，调整为客运包机常态化安排。大陆方面同意将在现有北京、上海（浦东）、广州、厦门、南京五个周末包机航点的基础上，开放成都、重庆、杭州、大连、桂林、深圳、武汉、福州、青岛、长沙、海口、昆明、西安、沈阳、天津、郑州等 16 个航点作为客运包机航点。台湾方面同意将已开放的桃园、高雄小港、台中清泉岗、台北松山、澎湖马公、花莲、金门、台东等八个航点作为客运包机航点。双方每周七天共飞不超过 108 个往返班次，每方各飞不超过 54 个往返班次。今后将视市场需求适时增减班次。客运包机常态化安排实现后，此前的节日包机不再执行。春节期间可视情适量增加临时包机。双方还同意利用客运包机运送双方邮件。在货运包机方面，双方同意开通两岸货运直航包机，运载两岸货物。大陆方面同意开放上海（浦东）、广州，台湾方面同意开放桃园、高雄小港作为货运包机航点。双方每月共飞 60 个往返班次，每方 30 个往返班次。

《海峡两岸空运补充协议》共 14 条、一个附件。根据协议，双方同意在台湾海峡北线航路的基础上开通南线和第二条北线双向直达航路，并继续磋商开通其他更便捷的新航路。双方同意两岸航空公司可在对方区域通航地点设立代表机构，并自行或指定经批准的代理人销售航空运输凭证、从事广告促销及运行保障（运务）等与两岸航空运输有关的业务。上述代表机构的工作人员应遵守所在地规定。

根据其附件，大陆方面同意在现有北京、上海（浦东）、广州、厦门、南京、成都、重庆、杭州、大连、桂林、深圳、武汉、福州、青岛、长沙、海口、昆明、西安、沈阳、天津、郑州等21个客运航点基础上，新增合肥、哈尔滨、南昌、贵阳、宁波、济南等六个客运航点。上述27个航点可经营客运定期航班。台湾方面同意桃园与高雄航点可经营客运定期航班，其余包括台北松山、台中、澎湖（马公）、花莲、金门、台东等六个航点为客运包机航点。大陆方面同意上海（浦东）、广州航点可经营货运定期航班，台湾方面同意桃园、高雄航点可经营货运定期航班。

过去的两岸周末包机，飞机必须飞经香港飞航情报区，航路绕了一个大圈。以北京飞台北来说，每日包机将从浙江东山向东偏南飞276公里，到台北北部，再折向南直飞台北。这条北线与周末包机相比，少飞1100公里。经这条航线，上海飞台北可少飞1000公里。而在运行规模上，以往的两岸周末包机大陆只有五个城市有通航点，每周一边只有18个航班。如今，大陆将有21个城市开通每日包机，每周航班则增加到54个，通航点增加到原来的四倍多，航班增加到原来的三倍。

不过，目前大陆21个通航城市中，只有12个城市能够走截弯取直的北线。厦门等九个位于华南地区的城市，仍将循原周末包机经香港飞航区的航线。由于地理位置的关系，这些城市飞北线并不能缩短航程。针对这个问题，两岸飞航管理有关方面一致同意，将继续就南线航线进行磋商，让大陆南部城市也能享受到直航带来的好处。

众所周知，空运直航是"三通"的重要标志和主要内容之一。在目前全球经济环境不容乐观的背景下，"三通"大大增强了岛内企业的投资信心与对台湾经济发展前景的信心。从短期看，"三通"会直接带动岛内公共基础设施建设。台湾不少机场与港口等公共基础设施相对老化，不能适应两岸直航的需要。台湾方面已陆续启动改建计划，未来还将继续扩大公共基础设施的建设，有利于扩大内需，促进经济增长。从长期看，"三通"有利于台湾区域经济发展定位与目标的实现。将有助于避免台湾经济边缘化，让台湾分享大陆经济发展的红利与区域经济发展的好处。

两岸直接"三通"的基本实现，以及未来的进一步发展，将使两岸民众的往来交流更加密切，两岸同胞的感情更加融洽，而这势必将有力地促进两岸关系的大发展。因此，两岸应继续推动"三通"进程，使其不断朝着全面、双向、更加便捷畅通的方向发展，不断为同胞谋福祉，为两岸创双赢。

## （五）两岸邮政领域行政性合作机制

2008 年 11 月 4 日，海峡两岸关系协会会长陈云林与财团法人海峡交流基金会董事长江丙坤在台北签署了《海峡两岸邮政协议》（以下简称《协议》）。双方同意开办两岸直接平常和挂号函件（包括信函、明信片、邮筒、印刷品、新闻纸、杂志、盲人文件）、小包、包裹、特快专递（快捷邮件）、邮政汇兑等业务，并加强其他邮政业务合作。双方同意通过空运或海运直航方式将邮件总包运送至对方邮件处理中心，并同意建立邮政业务账务处理直接结算关系。大陆方面邮件封发局为北京、上海、广州、福州、厦门、西安、南京、成都；台湾方面邮件封发局为台北、高雄、基隆、金门、马祖。双方可根据实际需要，增加或调整邮件封发局。

推动两岸直接通邮，不仅是两岸邮政部门的迫切要求，也是两岸民众的共同愿望。多年来，两岸通邮经历了不同寻常的发展阶段：自 1979 年 1 月邮电部门响应全国人大常委会关于《告台湾同胞书》的号召，提出为两岸民众信息与实物交流提供一切便利的主张，相继制定了一系列有关两岸通邮的措施以来，先后经历了从单向通邮到双向非正式通邮，再到间接通邮，历经近 30 年的努力，终于实现了此次的全面直接通邮。

随着两岸特别是大陆经济社会的快速发展和进步，两岸经济往来和人员交流更加频繁，资金流、物流、信息流的传递更加迫切。而在通邮协议签署之前，由于两岸之间没有直航，邮件需经香港或澳门转运，邮政运输成本增加，邮件传输速度慢。同时，邮政小包、包裹、邮政速递业务和邮政汇兑等业务不能办理，无法满足两岸民众对这些服务的要求。海峡两岸实现全面、直接、双向通邮，将扩大两岸邮政的业务范围，大大提高两岸邮件的传递时限，为两岸民众互通信息、沟通联系、促进经济文化交流合作提供更多便利。

《协议》的签署，使长期以来两岸间的部分间接通邮变为全面直接通邮。协议的签订是扩大两岸邮政合作的基础。为全面落实《协议》，两岸邮政部门积极就协议的议定事项进行技术和业务磋商并达成共识，在此基础上，加紧筹备全面直接通邮的各项工作。两岸全面直接通邮，扩大了业务合作范围，提高了邮件传递速度，方便了两岸民众用邮，对促进两岸经贸交流，增进两岸同胞福祉，推进两岸和平发展意义重大。

《协议》规定了业务范围、规格限定、文件格式、邮件查询和补偿责任等事项，但总体来说比较简略，且当需要变更或出现争议时，《协议》只简单规定了"应尽速协商解决"。这为《中华人民共和国邮政法》和台湾地区"邮政法"提供了一定的协调机制，更有其他许多不同之处尚需调处机制的调整。

《中华人民共和国邮政法》于 1986 年 12 月由第六届全国人民代表大会常务委员会第十八次会议通过，2009 年 4 月第十一届全国人民代表大会常务委员会第八次会议修订通过。台湾地区"邮政法"于 2002 年 7 月修订通过。总的来说，《中华人民共和国邮政法》比台湾地区"邮政法"规定得更翔实，更富有可操作性。两部法律对于邮政规定的主要不同点如下。

第一，业务范围。《中华人民共和国邮政法》规定邮政企业经营下列业务：邮件寄递；邮政汇兑、邮政储蓄；邮票发行以及集邮票品制作、销售；国内报刊、图书等出版物发行；国家规定的其他业务。台湾地区"邮政法"规定的业务范围是：递送邮件；储金；汇兑；简易人寿保险；

集邮及其相关商品；邮政资产之营运；经交通部核定，得接受委托办理其他业务及投资或经营第一款至第六款相关业务。由此可见，业务范围的差异在于台湾邮政企业可以经营简易人寿保险，而中国邮政企业则无此经营权。但鉴于《协议》已具体列出协作的业务范围，所以在这一点上已不存在问题。

第二，通信自由和通信秘密。《中华人民共和国邮政法》第 3 条明确规定：公民的通信自由和通信秘密受法律保护。除因国家安全或者追查刑事犯罪的需要，由公安机关、国家安全机关或者检察机关依照法律规定的程序对通信进行检查外，任何组织或者个人不得以任何理由侵犯公民的通信自由和通信秘密。除法律另有规定外，任何组织或者个人不得检查、扣留邮件、汇款。同时，第 71 条规定：冒领、私自开拆、隐匿、毁弃或者非法检查他人邮件、快件，尚不构成犯罪的，依法给予治安管理处罚。这些规定为有效维护公民的通信自由和通信秘密提供了强有力的法律保证。而台湾地区"邮政法"则未对此作出规定。对此，我们认为海协会和台湾海基会应当进行磋商，明确台湾方面对通信自由和通信秘密的规定，以期更好地保护两岸人民的利益。

第三，查询期限。按《协议》规定，挂号函件、包裹之查询，应自原寄件人交寄之次日起六个月内提出；特快专递（快捷邮件）自交寄之次日起三个月内提出。《中华人民共和国邮政法》第 49 条则规定：用户交寄给据邮件后，对国内邮件可以自交寄之日起一年内持收据向邮政企业查询，对国际邮件可以自交寄之日起 180 日内持收据向邮政企业查询。第 2 款同时还规定：查询国际邮件或者查询国务院邮政管理部门规定的边远地区的邮件的，邮政企业应当自用户查询之日起 60 日内将查询结果告知用户；查询其他邮件的，邮政企业应当自用户查询之日起 30 日内将查询结果告知用户。台湾地区"邮政法"则未对查询期限作出规定。对此，不仅台湾方面应作出相应规定，同时也应协调大陆法律与《协议》规定的不同。我们认为，《中华人民共和国邮政法》作为上位法理应在全国范围内适用，但也存在例外。比如《协议》作为特殊的"法"，就应适用于两岸的邮政交往，解决特殊问题。

第四，损失赔偿。《中华人民共和国邮政法》第 47 条非常详细地规定了损失赔偿的比例和额度：1. 保价的给据邮件丢失或者全部损毁的，按照保价额赔偿；部分损毁或者内件短少的，按照保价额与邮件全部价值的比例对邮件的实际损失予以赔偿。2. 未保价的给据邮件丢失、损毁或者内件短少的，按照实际损失赔偿，但最高赔偿额不超过所收取资费的三倍；挂号信件丢失、损毁的，按照所收取资费的三倍予以赔偿。而台湾地区"邮政法"只规定了寄件人可以要求赔偿的情形，未对具体赔偿标准做出规定。对此，我们认为，两岸的主管部门应本着落实《协议》、为两岸人民创造福祉和便利的精神，尽快进行磋商，根据两岸居民收入和生活水平，制定出切实可行的赔偿标准。

### （六）两岸金融领域行政性合作机制

为促进海峡两岸金融交流与合作，推动两岸金融市场稳定发展，便利两岸经贸往来，海峡两岸关系协会与财团法人海峡交流基金会就两岸金融监督管理与货币管理合作事宜，经平等协商，于 2009 年 4 月 26 日达成《海峡两岸金融合作协议》。

相对于 30 年来两岸贸易与台商对大陆投资的发展，两岸金融合作严重滞后，远不能适应两岸经贸关系发展的需要。尤其是，国际金融危机爆发，对两岸经济及经贸往来产生重大冲击，更严重影响台资企业在大陆的投资经营活动，因此两岸金融合作显得更为迫切与需要。在这种形势下，两岸开始加快金融领域的合作步伐。《海峡两岸金融合作协议》，揭开了两岸金融制度化合作的序幕，为两岸经济合作注入了新的内容，有助于改变目前海峡两岸经贸合作过程中"金融领域滞后"与"大经贸小金融"的格局。

《海峡两岸金融合作协议》共包括金融合作、交换资讯、保密义务、互设机构、检查方式、业务交流、文书格式、联系主体、协议履行及变更、争议解决、未尽事宜、签署生效等 12 大项内容。双方同意相互协助履行金融监督管理与货币管理职责，加强金融领域广泛合作，共同维护金融稳定。由两岸金融监督管理机构就两岸银行业、证券及期货业、保险业分别建立监督管理合作机制，确保对互设机构实施有效监管。先由商业银行等适当机构，通过适当方式办理现钞兑换、供应及回流业务，并在现钞防伪技术等方面开展合作，逐步建立两岸货币清算机制。就两岸金融机构准入及开展业务等事宜进行磋商。鼓励两岸金融机构增进合作，创造条件，共同加强对双方企业金融的服务。在协议生效后，由两岸金融监督管理机构考量互惠原则、市场特性及竞争秩序，尽快推动双方商业性金融机构互设机构。有关金融机构赴对方设立机构或参股的资格条件以及在对方经营业务的范围，由双方监督管理机构另行商定。

尽快实现金融机构互设。目前两岸金融领域特别是金融机构的设立仍呈现单向格局，即台湾金融机构已进入大陆，台湾银行、保险公司、证券公司等金融机构先后在大陆设立了 30 多家办事处，并参股合作成立了多家保险公司与财务公司等。尽管大陆金融机构早已提出在台设立办事处的申请，但台湾方面一直未给予批准，使大陆金融机构至今还无法入岛，更无法在岛内从事相关业务活动，从而严重制约了两岸金融合作与两岸经贸关系的发展。《海峡两岸金融合作协议》将"互设机制"作为重要内容之一，提出"由两岸金融监督管理机制考量互惠原则、市场特性及竞争秩序，尽快推动双方商业性金融机构互设机构"，为两岸金融机构的相互设立、合作、发展创造了共识与条件。

两岸金融合作业务有望迅速扩大。"共同加强对双方企业金融服务"成为两岸金融合作协议的主要共识与努力方向，预示着两岸金融业务往来将会迅速扩大。事实上，海峡两岸金融交流与合作已有初步发展。除了台湾银行、保险公司、证券公司在大陆设立了许多办事处及成立多家合资保险公司与财务公司外，两岸银行之间已有密切往来与合作，建立了密切的代理行关系，进行直接通汇，开展广泛的国际联贷业务等。目前两岸金融机构已逐步展开战略性合作与具体的金融业务合作，其中最重要的是将相互参股，或合资成立新的金融机构，加强业务合作，共创双赢。

建立两岸货币清算机制颇为迫切。建立货币清算机制，不只是两岸金融合作的重要内容，更是两岸经贸关系发展与旅游商务往来发展的迫切需要。《海峡两岸金融合作协议》将货币管理作为两岸金融合作的三大重点之一（金融监管、货币管理与互设机构），明确提出，"通过适当方式办理现钞兑换、供应及回流业务，逐步建立两岸货币清算机制，加强两岸货币管理合作"。目前，人民币已在岛内旅游景点与机场等地试点兑换，但由于缺乏两岸直接合作，没有建立货币清算机制，仍需第三地及外资银行调寸头与结算，使得建立两岸货币清算机制颇为迫切。

两岸金融合作障碍仍存。一方面，两岸金融合作像诸多两岸合作议题一样，同样受到岛内政治因素的干扰。国民党当局有关两岸金融合作政策措施，受到民进党的牵制与制约，不敢大胆开放，只能采取较为保守的开放策略。另一方面，台湾金融界在希望大陆金融机构进入岛内进行战略合作的同时，又担心大陆金融机构规模与实力太大，影响岛内金融机构的利益，因此主张采取限制性开放，不能实现"利益对等"的开放。

因此，尽管两岸金融制度化合作迈出了重要一步，但两岸金融领域合作还处在初期阶段，存在层次不高、范围不宽、深度不够的问题。海峡两岸还尚未签署金融监管合作备忘录，台湾方面对两岸金融往来与合作仍有许多政策限制，制约着两岸金融领域合作的广泛发展。要实现互利双赢与建立稳定长效的金融合作机制，深化两岸金融合作仍然任重道远。

## （七）两岸渔船船员劳务领域行政性合作机制

为维护海峡两岸渔船船员、渔船船主正当权益，促进两岸渔船船员劳务合作，海峡两岸关系协会与财团法人海峡交流基金会就两岸渔船船员劳务合作事宜，于 2009 年 12 月 22 日签署了《海峡两岸渔船船员劳务合作协议》。该协议标志着海峡两岸同意进行近海、远洋渔船船员劳务合作，并对近海与远洋劳务合作分别采取不同的管理方式。

《海峡两岸渔船船员劳务合作协议》的签署，将两岸渔船船员劳务合作纳入到两岸主管部门的统一监管，对业务的规范发展，保护渔船船员和船主的权益，深化两岸渔船船员劳务合作和人员交流，具有重要意义。《海峡两岸渔船船员劳务合作协议》由正文和附件两部分组成。正文部分明确了两岸渔船船员劳务合作基本原则，附件《海峡两岸渔船船员劳务合作具体安排》进一步阐述了有关原则。在合作范围方面，《海峡两岸渔船船员劳务合作协议》适用于近海和远洋渔船船员劳务合作。两岸渔船船员劳务合作应通过双方各自确定的经营主体办理，双方将各自建立风险保证制度来约束其经营主体。在规范经营的同时，《海峡两岸渔船船员劳务合作协议》明确了渔船船员和船主的基本权益。《海峡两岸渔船船员劳务合作协议》规定，双方将建立协处机制和工作会晤机制。此外，《协议》还就渔船船员劳务合作合同、船员证件、接驳船安全标准以及船员安置等事宜进行了明确。

渔船船员劳务合作关乎两岸渔船业的发展和渔船船主、船员的权益，海峡两岸在此方面都有专门法律对其进行管理。然而，由于渔船船员劳务合作问题的跨界性，海峡两岸关于渔船船员劳务合作管理立法内容上的差异性和立法规制侧重点的不同，给两岸渔船船员的劳务合作带来了一定问题。《海峡两岸渔船船员劳务合作协议》主要侧重解决以下几方面问题：

第一，规范两岸渔船船员劳务合作的内容。《海峡两岸渔船船员劳务合作协议》第 2 条明确规定，双方业务主管部门各自确定经营主体，开展两岸渔船船员劳务合作，并建立风险保证制度规范经营主体。双方将交换并公布经营主体名单。《海峡两岸渔船船员劳务合作协议》要求两岸间建立船员、船主申诉制度和两岸船员劳务合作突发事件处理机制。根据《海峡两岸渔船船员劳务合作协议》，两岸渔船船员劳务合作需签订四份合同，即劳务合作合同、劳务合同、外派劳务合同和委托劳务合同，其中劳务合作合同和劳务合同的要件明确规定。对于此前台湾方面只认大陆船员的身份证，因此私渡现象屡禁不止，也由此导致一系列诸如船员资质不足、劳雇双方摩擦纠纷不断等问题，《海峡两岸渔船船员劳务合作协议》确认了近海船员须持登轮作业证、远洋船员须持海员证。同时，两岸应制定转船程序，严格界定船员合理转船和违规转船事项。

第二，船员与船主的权益保障。《海峡两岸渔船船员劳务合作协议》明确了船员享有的基本权益，主要包括：1. 船员受签订合同（契约）议定的工资保护；2. 同船同职务船员在船上享有相同福利及劳动保护；3. 在指定场所休息、整补或回港避险；4. 人身意外及医疗保险；5. 往返交通费；6. 船主应履行合同（契约）的义务。此外，《协议》还对渔船船员人身意外及医疗保险、接驳船安全标准、船员在暂置场所休息的权利等事宜进行明确。对于渔船船主的合法权益，《海峡两岸渔船船员劳务合作协议》也进行了明确，包括：1. 船员体检及技能培训应符合规定；2. 船员应遵守相关管理规定；3. 船员应接受船主、船长合理的指挥监督；4. 船员应履行合同（契约）的义务。

## （八）两岸知识产权保护领域行政性合作机制

海峡两岸关系协会会长陈云林与海峡交流基金会董事长江丙坤于2010年6月29日下午在重庆签署了《海峡两岸知识产权保护合作协议》。

此协议包括17条内容、约1500多字。作为 ECFA 框架下的一项单行协议，《海峡两岸知识产权保护合作协议》可以说是海峡两岸业界都有着长久期待的一份收获。对于切实维护两岸同胞知识产权权益，促进两岸知识产权保护领域的交流与合作，乃至丰富和推动两岸经济文化交流，有着积极的保障作用。

海峡两岸自上世纪 80 年代末期开始有专利申请和商标注册业务，多年来其业务量每年在 7000 件至 10000 件之间，两岸每年版权贸易在 1000 种左右。其实早在 1993 年，在新加坡举行的第一次"汪辜会谈"，就已将"两岸知识产权保护"列为"共同协议"，作为当年应进行事务性协商的议题之一。但期间几经周折，直到两岸经贸发展密切的 2010 年，知识产权保护才再度走上第五次"陈江会"的谈判桌。

《海峡知识产权保护合作协议》明确规定海峡两岸双方本着平等互惠原则，加强专利、商标、著作权及植物新品种权（植物品种权）等两岸知识产权（智慧财产权）保护方面的交流与合作，协商解决相关问题，提升两岸知识产权（智慧财产权）的创新、应用、管理及保护。双方同意在各自公告的植物品种保护名录（植物种类）范围内受理对方品种权的申请，并就扩大植物品种保护名录（可申请品种权之植物种类）进行协商。《知识产权保护协议》涉及 17 项内容，包括合作目标、优先权利、保护品种、审查合作、业界合作、认证服务、协处机制、业务交流、工作规划、保密义务、限制用途、文书格式、联系主体、协议履行与变更、争议解决等内容，涉及知识产权保护的各个领域。

在《海峡两岸知识产权保护合作协议》中，最受瞩目的是两岸相互承认"优先权"。日后只要在台湾注册完成的专利、商标，虽然尚未在大陆注册，但可在大陆取得一年或六个月"优先权"保障，也就意味着大陆将承认该项专利技术已经取得，期间不能核准其他相同或类似内涵的专利申请案。由于台湾产业的技术研发密集度高，电子业等高科技产品的生命周期短，未来两岸互相承认"优先权"之后，将避免专利或者商标在申请空窗期时遭人恶意抢注或侵权，对台湾优势产业的发展非常重要。有了两岸间互相承认的"优先权"，大陆的产品未来在台湾，当然也会得到相对应的知识产权保护。

同时，版权认证机制也将助推两岸版权贸易活动。协议确认，两岸将建立著作权（即版权）认证合作机制。这一机制让两岸文创业的发展与合作会更加顺畅、便捷。《中华人民共和国专利法》《中华人民共和国商标法》和《中华人民共和国著作权法》是大陆知识产权法律体系的三大组成部分。其中，1991 年 6 月 1 日施行的《著作权法》分别于 2001 年和 2010 年两次修订，著作权人享有权利多达 17 项，相关著作权保护制度取得了长足进步。但盗版、仿冒、山寨作品仍然猖獗，版权纠纷仍日渐增加。《知产协议》第 6 条的认证服务内容，也正是为促进两岸著作权（即版权）贸易，建立的著作权（即版权）认证合作机制。即一方音像（影音）制品于他方出版时，得由一方指定之相关协会或团体办理著作权认证，并就建立图书、软件（电脑程式）等其他作品、制品认证制度交换意见。此次版权认证机制的建立，对于保障权利人实施权利，提高权利人版权运作热情，促进两岸版权贸易活动的顺畅开展，都有着积极作用。

另外，《海峡两岸知识产权保护合作协议》签署后，两岸将建四个官方对接平台，分别处理专利权、商标权、著作权和品种权等问题。前三个领域分别由台湾"经济部智慧财产局"的专利组、商标组和著作权组，对接大陆的知识产权局、工商总局商标局以及新闻出版总署。比较新鲜的"品种权"部分，则由台湾"农委会"对接大陆的农业部和国家林业局。

尽管从整体上看，两会协议已考虑得相当周全，但要真正保护好两岸知识产权，这些仍然不够。《海峡两岸知识产权保护合作协议》只是建立框架和解决问题的开始，未来还需针对诸多实际问题展开务实讨论和解决。尽管两岸建立了多个官方对口平台，但知识产权属于私权，企业要保护自身权益，仍要积极申请专利或商标，也要更加主动地查缉仿冒、盗版并主张权利，不能全部由官方代办。与此同时，两岸应让专利、商标审查人员定期互访及交流，建立两岸相关行政部门联系机制，还要建立两岸专利快速审查机制及专家证人或鉴定人资料互相提供机制。

综上，虽然两岸知识产权的保护与合作中的诸多具体问题还有待通过实际操作来解决。但正如海协会所指出的,《两岸知识产权保护合作协议》对于更好地维护两岸同胞知识产权权益,更好地维护和激发两岸同胞的创造力创新力,更好地推动两岸经济文化交流,将发挥不可替代的积极作用。

### (九) 两岸医药卫生领域行政性合作机制

本着维护人的健康价值,保障海峡两岸人民健康权益,促进两岸医药卫生合作与发展,海峡两岸关系协会与财团法人海峡交流基金会就两岸医药卫生合作事宜,经平等协商,于 2010 年 12 月 21 日达成《海峡两岸医药卫生合作协议》。

这是两会恢复制度性协商以来签署的第 15 项协议。根据此次签署的合作协议,两岸同意建立传染病疫情信息通报机制,加强检疫防疫措施和对重大传染病疫情的处置;同意加强两岸医药品安全管理及研发合作,建立重大医药品安全事件协处机制;同意加强两岸中医药研究与交流,促进中医药发展,采取措施保障中药材品质安全;同意加强两岸重大意外事件所致伤病者的紧急救治合作。

《海峡两岸医药卫生合作协议》的签署,将进一步深化两岸医药卫生合作,推动两岸关系和平发展。同时,为两岸医药卫生界搭建起更广阔的交流合作平台,为保障两岸人民的健康做出实质性的推进工作。岛内舆论也对此协议的签署十分关注。台湾《经济日报》不仅指出这是两会签署 14 项协议以来协议条文数量最多、涵盖领域范围丰富广泛的一项协议,还特别强调它"具体可行"。台湾地区领导人马英九也表示,这项协议可以做好中药材安全管制,这是两岸签署它的重要理由,就是保障大家的安全。

两岸医药卫生领域的交流已有 20 多年的历史。随着两岸关系的发展,交流的规模和层次逐渐提升,形式也从一般性参访逐步向合作转化。特别是 2008 年以来,两岸通过民间组织、医疗学术团体、个人及半官方途径,相互参访、共同举办学术会议，交流领域涉及基础医学、临床医学、中医药、卫生事业管理及医药科技发展信息等诸多方面。在传染病预防控制方面，两岸进行了密切合作。"非典"之后，在台湾、大陆及港澳多次召开"华人健康平台会"和"海峡两岸传染病研讨会"，每年均围绕当年流行的传染病进行研讨和交流。从 2005 年 11 月建立传染病信息沟通机制至今，中国疾病预防控制中心与台湾疾病管制局双向沟通传染病信息更累计达百次。

近年来两岸人员往来不断增加，也增加了传染病跨越两岸扩散的风险。两岸卫生行政管理部门均认为有必要在重大传染病疫情信息通报和应急协调处置方面加强合作。随着两岸经济关系的日益密切，医药品和中药材的贸易也在不断持续增加，保障品质安全是两岸的共识。两岸均认为该协议有利于巩固和深化已有的合作基础，进一步保障两岸人民的健康安全。协议签署后，两岸重大传染病和紧急医疗救治通报及应急处置制度化、规范化，将为保障两岸民众健康福祉发挥更为积极的作用。在医药品和中药材安全管理领域，双方规范了合作的范围和目标，明确了监管机构及企业责任，并就医药品和中药材重大安全事件建立协处机制；临床试验及医药研发将以减少重复试验为目标，优先以试点及专案的方式推动，此举将整合两岸医疗资源，减少浪费，为推动两岸医药产业发展发挥积极作用。

《海峡两岸医药卫生合作协议》的最大亮点在于，两岸促进中医药的研究与交流、采取措施保障中药材的品质安全。目前，国内中药产业将迎来极大挑战。首先，作为进口中药材的主要地区，香港《中医药条例》已经生效，《条例》规定未获注册的中成药将禁止在港售卖，违禁者或负刑事责任。其次，欧盟颁布的《传统植物药注册程序指令》将在 2012 年 3 月 31 日到期。该《指令》规定，在欧盟市场销售的所有植物药必须注册，得到上市许可后才能继续销售。目前，国内没有任何一家中药品种能在欧盟注册成功，只能以食品、保健品、植物药原料或农副土特产品的形式流通。这也意味着，在 2012 年 4 月 1 日过渡期到期后，中药将全部退出欧盟市场。

另一方面，作为另一个中药进口大国——日本，其政府行政刷新会议的预算甄别工作组计划，将汉方药排除于公共医疗保险的适用对象之外，这也意味着自 1976 年以来一直作为医保药品的日式中药在日本可能成为自费药。中药在欧盟、日本、中国香港受到重挫，使得国内中药产业迎来一场生死攸关的危机。

中投顾问发布的《2010—2015 年中国医药（600056）行业投资分析及前景预测报告》指出，两岸有相同的文化和历史渊源，本次《海峡两岸医药卫生合作协议》的正式签订将有助于中药提高质量，双方的合作也有助于宣传和推广中药材，在世界范围内为中药树立一个积极健康的形象，台湾的先进技术加上内地的中药资源将有助于中药产业健康发展。

总之，《海峡两岸医药卫生合作协议》的签署，标志着两会协商向社会、文化领域拓展，是两岸根据经济合作框架协议要求进一步深化经济合作的体现。这些成果丰富了两会协商的内涵，为两岸关系和平发展注入了新的内容。

（十）两岸核电安全领域行政性合作机制

"安全第一"是核电应用普遍遵守的基本原则，因为核电攸关人的健康、安全、财产及环境。为保障两岸人民福祉，提升两岸核电运转安全，加强核电安全资讯透明化，促进两岸核电安全资讯及经验交流，海峡两岸关系协会与财团法人海峡交流基金会就两岸核电安全合作事宜，经平等协商，于 2011 年 10 月 20 日签署了《海峡两岸核电安全合作协议》。

早在 20 世纪 80 年代，两岸专业机构就开始了核能技术方面的交流。从 20 世纪 90 年代中期至今，台湾核能科技协进会先后与中国核学会、中国核能行业协会进行了两岸学术交流和研讨，并陆续开展了很多促进两岸核能产业发展的实质性合作。福岛核事故后，两岸也通过多种方式开展核电安全方面的交流与沟通。目前大陆在东南沿海的广东、浙江及江苏共有14台在运核电机组，与台湾隔海相望的福建省现有宁德、福清两个核电项目正在建设中。台湾现有三个核电厂，分布北部和南部，共六台在运机组，其中四台沸水堆，两台压水堆。另外，台湾还有一个在建的龙门核电厂。

然而，业内专家表示，从协议的内容来看，《海峡两岸核电安全合作协议》中包括的核电安全信息交流、事故通报机制，以及信息公开透明主要侧重于核安全信息及经验方面的交流沟通，并没有涉及核电产业、核技术以及核废料等其他问题，因此不算是在民用核能方面深层次的合作协议。目前，我国有关部门正在编制《核安全规划》和《核电安全规划》，在运在建核电站的安全大检查总报告也正在编制中。据有关专家表示，整个行业对中国核电的发展抱有信心，只等国家政策进一步明朗，在和平利用核能、提供清洁能源，造福社会的大背景下，两岸在核电领域不断深入合作，对两岸经济社会发展将发挥重要作用。

两岸投保协议是《海峡两岸经济合作框架协议》后续商谈的重要内容，对促进两岸经贸关系制度化发展具有重要意义。双方同意依据框架协议相关规定尽快完成协商，以保护两岸投资者权益、促进相互投资、创造公平的投资环境、增进两岸经济繁荣。双方同意，协议内容应参考一般投保协议的基本框架、考虑两岸特殊性、回应双方投资者关切，并强化协议的可操作性。文本内容包括定义、适用范围和例外、投资待遇、透明度、逐步减少投资限制、投资便利化、征收、损失补偿、代位、转移、拒绝授予利益、争端解决、联系机制等重要议题。

一是协议将妥善定义投资及投资者，明确协议的适用范围。二是协议中投资待遇的规定兼顾投资及投资者待遇，将对投资者人身自由和安全保护做出适当安排，并依据框架协议的规定，就逐步减少双方相互投资的限制、提高投资相关规定的透明度、促进投资便利化等进行规范。三是双方同意征收（包括间接征收）应符合公共利益等基本原则，并按公平市场价值予以补偿；损失补偿、代位、转移及拒绝授予利益等条文，则参考通行惯例妥善处理。四是双方已就争端解决的机制架构进行充分沟通，并将就协议双方的争端解决、投资者与投资所在地一方的争端解决、双方投资者商事合同争议解决进行深入讨论，以期达成能有效解决相关争端的机制安排。五是双方将建立联系平台及相关协处机制，以有效执行协议，强化对双方投资者的相关服务。

## 六、两岸执法合作模式的构建：以两岸海域执法合作模式为例

两岸海域执法合作模式，系大陆和台湾开展海域执法合作的主体、机制以及方式的总称。对模式的选择和确定，是两岸海域执法合作的制度前提。自 1990 年后，两岸海域执法部门并非没有合作之经验，但该经验离形成制度尚存在一定距离。目前，加强两岸海域执法合作、建立两岸海域执法合作机制，已经成为两岸学界共识，其意义亦为两岸各界所公知。2008 年 3 月后，台湾地区局势发生了有利于两岸关系和平发展的变化，尤其是《海峡两岸海运协议》签订后，两岸海域执法合作的空间更为广阔，而两岸民众共同"保钓"、东海油气田事件、南海争端，乃至索马里护航等事件，更是要求两岸尽速研拟建立执法合作机制之具体方案。

### （一）构建两岸海域执法合作模式之困境

虽然两岸在海域执法合作方面有着广阔的前景，但就实际情况而言，两岸在这个合作方面的成果相当有限，甚至至今仍未形成两岸海域执法合作模式。究其原因，两岸并非无意建立成形的两岸海域执法合作模式，而在于构建这种模式，将遭遇诸多困境。

**1. 政治困境："一中"争议及其衍生的"承认争议"**

胡锦涛同志将两岸关系的实质准确地定位为"政治对立"，① 而该"政治对立"在形式上体现为对"一个中国"的争议。台湾学者张亚中也认为，"国家"和"主权"是两岸关系中的"结"②，由于大陆和台湾在"国家""主权"等问题上的政治争议，直接导致了两岸构建海域执法合作模式的政治困境。

"一中"争议在两岸执法合作中，首先体现为对"领海"的理解。国际海洋法通说认为，领海在一国主权所及的范围内，主权性是领海有别于其他海域的首要特征。大陆和台湾的有关法律均对上述观点持肯定态度：大陆制定的《领海及毗连区法》第 1 条规定，领海系中华人民共和国主权范围，而第 5 条也规定"中华人民共和国对领海的主权及于领海上空、领海的海床及底土"；台湾当局制定的"领海及连接区法"第 2 条亦规定，"中华民国主权及于领海、领海之上空、海床及其底土"。领海的主权性是一国海域执法部门进行海域执法的基础。可以说，没有领海的主权性，一国海域执法部门就没有了进行海域执法的依据。按照一个中国原则，台湾地区作为中国的一部分，并不具有"主权"。依此可以得出如下推论：台湾当局的海域执法部门并不具有海域执法权。但若按此推论，否定台湾当局海域执法部门的海域执法权，显然与两岸关系的现状相违背。因此，如何认识"领海"在两岸间的含义，如何看待台湾当局海域执法部门实际上拥有的海域执法权，成为构建两岸海域执法合作模式的一大困境。

"一中"争议所造成的困境并不止于抽象的"主权"争论。由于"一中"争议，大陆和台湾在是否承认对方根本法以及依据该根本法所建立

---

① 参见胡锦涛：《携手推动两岸关系和平发展、同心实现中华民族伟大复兴——在纪念〈告台湾同胞书〉发表 30 周年座谈会上的讲话》，《人民日报》，2009 年 1 月 1 日。

② 参见张亚中：《两岸主权论》，台湾生智文化事业有限公司，1998 年版，第 2 页。

的公权力机关上亦存在争议，即所谓的"承认争议"。由于"承认争议"，大陆对台湾地区的"宪法"以及依据该"宪法"建立的公权力机关，采一概不承认的态度，台湾当局虽已不再否认中华人民共和国的存在，但仍禁止公权力机关以"公"名义与大陆的公权力机关进行直接接触。由于"承认争议"的存在，两岸时常出现紧张和对立。"承认争议"反映到海域执法上，体现为应以何部门作为两岸海域执法合作的主体，参与两岸海域执法合作的部门应以何名义与对方进行合作，在海域执法合作中，两岸应如何看待对方执法部门的地位以及是否可以适用对方法律等。

在"一中"争议及其衍生的"承认争议"作用下，两岸海域执法合作这一纯系事务性合作的议题，附着上极为浓厚的政治意味。任何有关两岸海域执法合作的议题，都因此受到政治因素不必要的干扰，构建两岸海域执法合作模式，甚至要为此承担一定的政治风险。

### 2. 法制困境：两岸海域法制之冲突

由于两岸在海域执法的法制建设上，完全依循着各自的建设道路，而并无任何沟通，因此，两岸海域法制虽均以有关国际法条约为基础，但也并非是完全相同，仍存在诸多冲突之处，这些冲突造成了构建两岸海域执法合作模式在法制上的困境。

当然，并非所有的两岸海域法制冲突都对构建两岸海域执法合作模式产生消极影响。比如在执法程序和执法标准等具体问题上，虽然两岸海域法制有所不同，但这一冲突可以通过法律适用规则予以消除。因此，虽然两岸海域法制在具体问题上的冲突，可能会暂时影响两岸海域的执法合作，但一俟两岸海域执法部门在法律适用规则上达成共识，这一影响是完全可以消除的。真正造成两岸海域执法合作困境的，是两岸海域法制在确定各自实际管辖海域上的冲突。

根据《中华人民共和国领海及毗连区法》，中国领海包括领接"中华人民共和国大陆及其沿海岛屿、台湾及其包括钓鱼岛在内的附属各岛、澎湖列岛、东沙群岛、西沙群岛、中沙群岛、南沙群岛以及其他一切属于中华人民共和国的岛屿"的一带海域。据上述罗列，领接由台湾当局实际控制的台湾及其钓鱼岛在内的附属各岛、澎湖列岛及其他岛屿的海域，都属于中华人民共和国的领海。与此相应，台湾地区"领海及连接区法"并未一一罗列领海范围，而是笼统地规定"由行政院订定，并得分批公告之"。在实践中，台湾当局"行政院"是以台湾岛为中心，确定台湾当局实际控制范围内的"领海"。然而，台湾当局截至目前所公告的"领海基线"并不包括金门、马祖、东引、乌坵等外岛地区，因此，从法理上而言，台湾当局即便是依据其自身所颁布的规范性文件，亦不具有对上述范围内海域的管辖权，而该海域在大陆方面的领海基线内，大陆对其拥有法律管辖权。但这一法理上的推论并不符合现实，亦即台湾当局虽在法理上无上述范围内海域的管辖权，但却在实质上具有管辖权。[①] 由于金马海域系两岸海域执法合作最有可能发生的海域，因此，若不解决大陆之法律管辖权和台湾之实质管辖权的争议，必将给两岸海域执法合作产生消极影响。

在重叠海域中划定"领海"范围的规定上，大陆和台湾亦存在冲突，造成确定两岸在海域执法管辖权分配上的困难，并因此曾导致不必要的争议。据台湾当局制定的"领海及连接区法"第6条规定，"领海之基线与相邻或相向国家间之领海重叠时，以等距中线为其分界线"，但《中华人民共和国领海及毗连区法》并无相同规定。虽然大陆和台湾并非"两国关系"，但台湾当局在划其"领海"基线时，在澎湖与大陆间仍以海域之中线为准，由此造成两岸在海域执法管辖权分配上的困难。

**3. 体制困境：对口海域执法部门之欠缺**

大陆和台湾实行完全不同的海域执法体制，尤其是在执法部门上差异

---

① 参见尹章华：《两岸海域法》，台湾文笙书局股份有限公司，2003年版，第2—13页。

颇大，缺乏对口海域执法部门成为阻碍构建两岸海域执法合作模式的困境之一。海域执法涉及诸多部门，计有渔业、海事、船政、环保、海关、边防、国土等，因此，世界各国对海域执法体制亦有不同规定，大体上可以分为集中执法体制和分散执法体制。集中执法体制是指由一个统一的海域执法部门集中进行海域执法，其他部门不能进行海域执法；分散执法体制是指海域执法由多个部门依其专业性质分别承担。

目前，大陆采分散执法体制，而台湾则采集中执法体制。大陆方面，由于采取分散执法体制，因而没有一支海域综合执法力量，也没有一个涉海部门能单独有效地实施海洋立法的综合管控。依照法律和行政法规，大陆具有海域执法权的部门主要有：国家海洋局（中国海监）、国家海事局（中国海巡）、隶属农业部的渔政渔港监督管理局（中国渔政）、隶属公安部的公安边防海警（中国海警）以及隶属于海关总署的走私犯罪侦查局（中国海关）。上述各执法部门在各自专业领域内，依照法律和行政法规进行海域执法。除此以外，海军、国土、环保、文物、旅游等部门亦有一定的海域执法权。① 在上述海域执法部门之上，并无一个具有综合职能的海域执法部门。台湾地区 2000 年 2 月将原分散于"行政院"各"部会"的海域执法职能合并，成立"海岸巡防署"（"海巡署"），专责台湾地区的海洋事务，为台湾地区唯一具有海域执法权的部门。②

由于两岸海域执法体制的迥异，使大陆和台湾在海域执法上缺乏相应的对口部门。这一困境可以体现为两种情形：第一，台湾地区"海巡署"因在大陆无相同负责海域执法职能的部门，而无法与大陆建立有关两岸海域执法合作的模式。实践证明，这一困境仅仅是理论上的。因为大陆方面虽无一个统一的海域执法部门，但在具体海洋事务上仍有对应的海域执法部门，"海巡署"可以按专业与对应的海域执法部门建立联系。第二，台

---

① 参见王淼等：《我国现行海上执法体制的弊端与改革对策》，《软科学》，2006 年第 1 期。
② 游乾赐：《我国海岸巡防体制之挑战与变革》，《台湾海洋法学报》，2007 年第 1 期。

湾地区"海巡署"虽与一个大陆海域执法部门建立联系，但由于大陆采分散执法体制，该联系并不当然向其他海域执法部门扩展。如 2003 年后，"海巡署"与大陆边防武警单位建立联系机制，但该联系机制并不向其他部门扩展，而仅限于边防领域。第二种情形是大陆和台湾构建两岸海域执法合作模式选择中主要的体制困境。

上述三个困境从宏观的政治，到中观的法制，再到微观的体制，依次给两岸海域执法合作的模式选择造成巨大困境。但上述困境所造成的只是制度化的模式构建，并未阻遏两岸海域执法部门在具体事件中的合作。正是这些合作，为两岸海域执法部门找寻摆脱困境之道提供了实践基础。

（二）两岸海域执法合作模式的要素

两岸海域执法部门在实践中的合作，是构建两岸海域执法合作模式的实践基础。本节将通过几个案例，分别从积极和消极两个方面，分析两岸海域执法合作模式的要素。

**1. 要素之积极分析："财富 1 号"事件与"闽蒲渔 1089 号"事件**

从积极方面分析两岸海域执法合作模式的要素，目的是确定哪些要素构成两岸海域执法合作模式。

（1）"财富 1 号"事件

2001 年 5 月 16 日，杭州海关所辖"海关 819"缉私艇在浙闽交界海域执行任务时了解到，台湾地区高雄港油轮"财富 1 号"于当日凌晨至午间，先后向多艘福建籍渔船加驳走私柴油，并边驳边向澎佳屿海域行使。"819"缉私艇即紧追跟踪，于 11 时 50 分至 12 时 30 分左右将"财富 1 号"查获，同时查获两艘大陆渔船。"819"缉私艇进行了现场问讯，并登船检查，基本认定该三艘船涉嫌走私柴油，决定带回温州作进一步调查。下午 15 时 05 分，台湾当局"行政院海岸巡逻总局"两艘舰艇先后靠上被大陆查获的台轮"财富 1 号"，在简单地与"819"缉私艇人员进行对话和了解情况后，便提出由其将台轮带回台湾处理的要求。在近 5 个小时的交涉后，经双方协商，"819"艇艇长和台"海岸巡防总局"官员签订备忘录，决定"财富1号"交由台湾方面带离，大陆方面的两艘渔船由"819"艇押解返航。①

"财富1号"事件是近年来两岸处置突发事件的经典案件。本案之所以得以完满解决，系依赖于两岸执法人员（当然，也包括执法人员背后的决策者）保持高度克制，并在没有相应协议或其他规范性文件的拘束下，能形成"平等谈判、制作笔录、相互交付、各自带回"的合作形式。

（2）"闽蒲渔1089号"事件

2004年9月13日，福建"闽蒲渔1089号"在福建省漳浦地区洋山岛海域违法炸鱼，并在9月17日为福建公安警艇告示停船受检，但该渔船并未停船受检，在距离金门约20海里处海域遭到大陆公安艇警告射击，于驶抵东淀岛（台湾当局实际控制）外海约2000米时因储油槽被击中，致使渔船起火燃烧，造成两名船员落海失踪，两名船员受伤。"海巡署"在获知"闽蒲渔1089号"违法炸鱼的事实后，基于两岸共同打击犯罪的立场，通过于2003年与大陆边防武警单位建立的联系机制，与大陆有关单位取得联系后，于11月16日在金门将上述四名船员向大陆方面交接，在两岸人员代表见证下，交接手续顺利完成。

"闽蒲渔1089号"事件因有"武力使用"的部分，本可能触动台湾方面的紧张神经，甚至有可能导致两岸关系出现不必要的动摇和恶化，但该案仍得以有效解决，并未对两岸关系造成消极影响，其原因固然在于两岸共同打击海上犯罪的立场，但更加关键的因素是大陆边防武警单位和台湾地区"海巡署"之间建立的联系机制。通过该联系机制，大陆和台湾有关单位可以就本案有效地进行信息通报和协商，并共同形成解决方案。

---

① 参见《"财富1号"涉嫌走私柴油案》，资料来源：http：//www.gwytb.gov.cn/tfsj/tfsj0.asp?tfsj_m_id=34，最后访问日期：2009年4月13日。

**2. 要素之消极分析："胜大和号"事件与"台电"核废料事件**

从消极方面分析两岸海域执法合作的要素，目的是厘清导致两岸海域执法合作至今仍有不畅的原因。

（1）"胜大和号"事件

2007 年 7 月 28 日，台湾地区"胜大和号"等六艘渔船在澎湖花屿西方约 47 海里海域遭大陆三艘渔政船扣押。台湾当局"海巡署"派出海防艇在花屿海域发现上述大陆渔政船和"胜大和号"等渔船。后经无线电联络，大陆方面告知台湾方面"胜大和号"等渔船系因进入大陆公告之休渔海域进行捕捞活动而遭扣押。大陆方面要求台湾巡防艇驶离，并继续向大陆方向行驶。由于两岸渔政部门并无直接联系管道，只能通过其他相关管道发生联系。大陆渔政船最终同意将"胜大和号"等渔船及其船员放回。2007 年 7 月 28 日，台湾海基会专门就此事致函海协会，希望能共同维护双方海上和谐气氛，防止此类事件再次发生，对两岸关系造成不利影响。"胜大和号"事件是 1999 年大陆实行南海区伏季休渔制度后，台湾渔船遭大陆渔政船扣押的典型案例。

"胜大和号"事件引起台湾当局强烈动作，并导致台湾海基会专门就此事致函海协会的后果，其主要原因有二：第一，两岸在执法海域的界定上存在争议，台湾海基会在给海协会专函中专门提及"严格约制其所属船舶"一句，实已表明双方在执法海域界定上的争议，亦即大陆和台湾在大陆渔政船是否可以"越线"执法，仍存在不同认知。第二，两岸渔政部门并无直接联系管道，台湾地区"海巡署"不能直接与大陆渔政部门进行现场沟通，而只能转由通过海基会、"陆委会"和"农委会"等相关机构与大陆进行沟通，按前文有关体制困境的分析，当属"对口海域执法部门之缺乏"的第二种情形。

（2）"台电"核废料事件

台湾地区负责岛内核能开发的"台电"公司展开核废料处置场征选

工作，岛内以尚处于军管的无人离岛呼声最高。据称，"台电"选取的场址主要有彭佳屿、澎湖望安、金门大小乌丘和小兰屿，如果最终决定将场址定于大小乌丘，则核废料的航行运输路线可能须进出大陆公布的领海海域。① 据《中华人民共和国领海及毗连区法》第8条，载运核物质的船舶通过中华人民共和国领海时必须持有有关证书，并采取特别预防措施，而台湾地区"领海及领接区法"第9条亦有相似规定，如何处理可能发生之核物质进出大陆公布的领海海域和台湾当局公布的"领海"海域的事件，是一项棘手的难题。

本案虽然尚未发生，但核物质进出大陆公布的领海海域一事，仍是"台电"选址时考量的因素之一。本案的重点仍在于两岸在执法海域界定上的争议，同时伴随大陆方面是否承认台湾当局公布的"领海"，甚至包括如何理解"领海"一词含义等高度政治争议。

### 3. 要素之选择

上述案例虽系个案，但都具有典型特征，从中可以概括出两岸海域执法合作模式的要素。根据上述分析，我们发现，从积极方面而言，最终获得妥善解决的案例都有着以下几点关键要素：第一，双方在保持克制基础上的充分合作，以及由此形成的合作形式；第二，双方在重大问题上的一致立场；第三，双方建立的有效联系机制。与此相比，从消极方面而言，导致两岸海域执法合作不畅的案件则大多肇因于以下几个方面：第一，两岸在执法海域上存在争议；第二，两岸在一些政治问题上存在重大争议；第三，两岸有关部门没有建立相应的联系机制。从根本上而言，克服消极方面对两岸海域执法合作造成的影响具有根本性，其原因是只有在克服消极方面的不利影响后，才有可能在无消极因素干预下，充分挖掘两岸共同认可的积极因素，以期促进两岸海域执法合作的发展。

---

① 尹章华：《两岸海域法》，台湾文笙书局股份有限公司，2003年版，第5—11页。

　　在上述从案例总结的积极方面若干因素和消极方面若干因素中，有些因素已经超越两岸海域执法合作的论域，如两岸在"领海"含义上的理解等，已经属于与"国家""主权"问题有涉的高度政治性争议，远非两岸海域执法合作所能涵盖。况且，在讨论两岸海域执法合作时，本身已经包含有只关注事务性合作，不受限于政治性争议的意味。因此，对于"领海"等与政治争议有涉的问题，在讨论两岸海域执法合作时，毋宁是一个需要考虑的背景，而非构成模式的要素。据此，我们认为，构成两岸海域执法合作模式的要素主要有执法海域、联系主体和合作形式三者。

　　第一，执法海域。执法海域是两岸海域执法合作模式的地域要素。它在两岸海域执法合作模式中有着两重含义。首先，执法海域是区分大陆和台湾由谁主导执法的重要标志。由于大陆和台湾事实上由两岸海域执法部门单独执法，而且在两岸微妙的政治平衡下，任何一方都应尽量避免在对方实际控制区域执法。因此，对执法海域的界定，就成为区分由谁主导执法的重要标志。若在大陆一方的实际控制海域，即为大陆方面的执法海域，由大陆海域执法部门主导执法；若在台湾一方的实际控制海域，即为台湾方面的执法海域，由台湾海域执法部门主导执法。其次，执法海域中的"海域"归根到底是一个地理概念，仅具指涉地理区域的含义。运用作为地理概念的"海域"代替具有主权性的"领海"，有助于缓和两岸间的高度政治争议，从而为两岸在海域执法合作中形成一套可资利用的话语体系奠定基础。

　　第二，联系主体。联系主体是两岸海域执法合作模式的主体要素。联系主体制度是两岸在事务性商谈中建立的主体制度。由于两岸间存在"一中争议"及其衍生的"承认争议"，因而虽然民间层次的接触已经基本放开，但在公权力层次仍处于隔离状态。然而，大量两岸事务若无公权力机关，则根本无从实现。因此，两岸经由海协会和台湾海基会的事务性协议，创设了联系主体制度。考查两会事务性协议中的联系主体制度可知，被规定在协议中的联系主体，往往并不是真正实施协议的主体（真正实施协议的主体，往往是两岸的公权力机关），而只是负责与对方相当主体进行联系的主体。通过联系主体进行联系后，两岸再分别由各自公权力主体落实。两岸海域执法合作的模式选址亦可借鉴联系主体制度，通过建立联系主体制度，回避两岸实际负有海域执法权的公权力机关是否直接接触的敏感问题。

第三，合作形式。合作形式包括两岸海域执法合作的形式以及由该形式所决定的程序，是两岸海域执法合作模式的形式要素。两岸海域执法合作的精髓在于"合作"，强调大陆和台湾在海域执法问题上的"共识"，而非任何一方的"独白"。① 如何使两岸海域执法部门在执法合作中获得"共识"，是合作形式解决的关键问题。合作形式看上去是一个形式和程序的问题，但也受到两岸间政治争议的干扰。如两岸海域执法部门在合作中的关系、两岸海域执法部门如何适用法律，以及对执法相对人应由谁管辖等问题，本质上都是大陆和台湾政治关系定位在两岸海域执法合作中的反映。因此，对于两岸海域执法合作的合作形式，必须以十分谨慎的态度进行设计，而且该合作形式本身亦应是两岸共识的产物。

### （三）构建两岸海域执法合作模式之途径

经由前两部分的讨论，我们已经基本建立起两岸海域执法合作模式的轮廓，亦即在明确界分执法海域的前提下，通过统一的联系主体，通过一定的合作形式达成海域执法的共识。当然，这一轮廓过于粗糙，仍需作更进一步的精细设计。正如两岸关系和平发展必须采取渐进方式稳步推进一样，两岸海域执法合作模式之构建亦需通过两岸海域执法部门通力合作，逐步实现。立足于此认识，从一开始就设计一个完美的两岸海域执法合作

---

① 参见周叶中、祝捷：《论海峡两岸和平协议的性质——中华民族认同基础上的法理共识》，《法学评论》，2009 年第 2 期。

模式既不可能，也无必要，两岸海域执法合作模式应是在实践中逐渐发展起来的。但这并不意味着两岸海域执法合作模式之构建排除人的主观意愿，完全自发形成，两岸海域执法合作模式的构建是一个自觉的过程，它不仅需要实践中的稳步推进，也需要在理论上进行必要的准备。在此我们从思路和具体模式两个方面，对构建两岸海域执法合作模式之途径进行讨论。

**1. 思路**

构建两岸海域执法合作模式的途径有纵的和横的两条思路。所谓纵的思路，是指以海域执法合作为总体背景，不分具体的专业领域，按照合作的程度作整体推进。所谓横的思路，是指以海域执法的专业事项为依据，按各专业事项合作执法的必要性和难易，分别推进。如台湾学者姜皇池以两岸在南海的联合执法为背景，提出首先将海难救助方面的合作予以制度化，并以救难事务为基础性合作试验，再逐步扩及其他合作事项，以求得两岸南海执法合作之最大利益。[1] 纵的思路和横的思路实际上都是"先易后难"的思路。就纵的思路而言，初步的、表面的合作模式，显然比深入的、实质性的合作模式更加容易建立；就横的思路而言，某些海域执法领域因其性质，更加容易获得两岸的共同认同，甚至已经成为两岸在海域执法上的共同立场。如上述"闽蒲渔 1089 号"事件中，两岸在共同打击海上犯罪的立场相同，使两岸在海域执法合作上得以克服阻力，甚至回避"使用武力"部分。姜皇池提出以海难救助为突破口，也是基于两岸共同秉持的人道主义立场。[2]

需要说明的是，"先易后难"只是一条明线。隐藏在"先易后难"背后的是一条"先事务后政治"的暗线。这条暗线决定着两岸海域执法合

---

[1]　姜皇池：《论两岸南海海上执法合作可能议题：现状与发展分析》，载中国海洋法学会：《海峡两岸海上执法的理论与实践学术研讨会论文集》，中国海洋法学会，2008 年印行。

[2]　参见上引姜皇池文。

作模式构建的发展方向和进程。两岸在长期交往中，为满足开展事务性合作的需要，形成了回避政治争议、专注事务商谈的基本思路。尤其是"九二共识"的达成，不仅为两岸事务性商谈奠定了足以依靠的政治基础，也为两岸在事务性商谈中回避政治议题提供了依据。目前，除"九二共识"外，两岸尚未达成新的政治性共识，但却在两岸"三通"、食品安全、旅游、挂号信函、公证文书等事务性领域形成多项协议，使两岸事务性合作不断取得新进展。按照新功能主义的见解，随着两岸事务性合作的深入发展，在两岸政治力量的导引下，两岸必将在政治上取得突破。[①]同样，两岸海域执法合作虽在总体方面属事务性合作，但在某些方面或者某些情况下，仍与政治有所关联。如在南海事件上，大陆方面提出的"主权属我、搁置争议、共同开发"的总方针，而台湾方面亦有"主权在我、搁置争议、和平互惠、共同开发"的类似方针。但是，两岸在"主权属我"或"主权在我"上所主张的"主权"是否是一个"主权"，值得提出疑问。而且在南海事件中，两岸要共同面对实际控制南沙群岛的外国势力，两岸究竟以何名义共同对外，如何与外国势力交涉等问题，已经关系到大陆和台湾的政治关系定位等具高度政治敏感性的议题。相反，如海难救助、环境保护等纯属事务性事项的合作，则要容易和方便得多。由此，可以借鉴两岸事务性商谈所积累的经验，先在事务性领域开展两岸海域执法合作，然后将该执法合作向政治性领域扩展。总结明线和暗线，两岸海域执法合作的思路应当是"从容易的事务性领域向困难的政治性领域"，按此思路，所谓纵的思路和横的思路应予合并，亦即打破单向度、直线式的模式建构途径，形成复合式、多元化的模式建构途径。

**2. 具体模式**

在具体模式上，按照合作程度的深浅，可以分为分别执法模式、协商

---

① 参见周叶中、祝捷：《论两岸关系和平发展框架的内涵》，《时代法学》，2009 年第 1 期。

执法模式和合作执法模式。需要说明的是，三种具体模式虽有深浅之分，但并非具有时间先后顺序。因为构建两岸海域执法合作模式的过程并非是单向度、直线式的，而是呈现复合式、多元化的样态。有的海域执法领域的最终样态可能就是分别执法，而依其性质不可能向协商执法、合作执法两模式发展，如一些涉及政治性议题的执法事项。有的海域执法领域可能发展至协商执法为止，而不再向合作执法方向发展，如涉及公权力行使和司法管辖权的打击海上犯罪、查私缉私等。有的海域执法领域则可能经由分别执法、再到协商执法，最终发展为合作执法，如基于人道主义立场的海难救助、基于环保立场的海上重大环境事件处置等。这些专业的海域执法领域依其性质，形成一个错落有致、而又体系分明的整体。以下，以执法海域、联系主体和合作形式三项要素为序，对分别执法模式、协商执法模式和合作执法模式分别加以说明。

第一，分别执法模式。分别执法模式是指两岸海域执法部门为了完成特定的执法任务，在不否认对方海域执法部门执法权的前提下，以默示同意的方式，完成同一执法任务。分别执法模式是两岸海域执法合作的初级阶段。由于两岸海域执法部门在分别执法模式中，采取"互不否认、沉默合作"的形式，因而分别执法模式又可称为沉默执法模式。分别执法模式的执法海域以两岸各自实际管辖的海域为依据，两岸海域执法部门在各自实际管辖的海域内完成任务，而不得跨界执法，也不得干预对方在其自己执法海域的执法行为。在分别执法模式中，由于两岸海域执法部门以沉默方式开展执法合作，因而没有联系主体制度，在合作方式上，也是按照各自的执法规则进行，但不得因己方执法侵害对方权益。分别执法模式与目前两岸各自执法的不同之处在于，两岸海域执法部门参与到分别执法模式中，是为了完成一项共同的执法任务，只是因为种种原因，无法开展或者不便开展直接对话。分别执法模式在两岸海域执法合作的实践中已有先例。如2006年5月20日，越南七艘渔船在南海东沙海域失踪，越南方面分别向大陆和台湾海域执法部门求助，大陆和台湾均派出救援船艇实施海难救助，但并无事先联络，在救援过程中也没有进行直接对话。[①] 上一案例中，两岸依循典型的分别执法模式，在并无直接对话和沟通的情况下，共同完成了海域执法任务。分别执法模式有效地回避了大陆和台湾之间的政治争议，足以成为两岸启动海域执法合作的选项之一。

第二，协商执法模式。协商执法模式是指两岸通过特定的协商机制，在执法过程中相互交换信息，并对重大问题通过充分协商加以解决。协商执法模式的执法海域以两岸各自实际管辖的海域为依据，跨界执法必须经过对方同意或依照协商机制交由对方替代执法，一般不得干涉对方在其自己执法海域的执法行为。协商执法模式中，两岸海域执法合作模式的核心是通过联系主体建立的协商机制。按事务性合作的通例，该联系主体可以是不具有公权力性质的民间团体，该民间团体在经有关部门授权后，负责与对方相应团体进行联系，然后将联系结果交由各自公权力机关实施。汲取体制困境的教训，如果大陆方面暂时难以将各海域执法部门统一，则可通过建立统一的联系主体加以弥补，由该联系主体在各海域执法部门授权的情况下，负责与台湾方面的对应团体进行联系，然后就联系结果依专业性质，由各海域执法主体分别实施。协商执法阶段在合作形式上的特征是"协商"。两岸海域执法部门均通过一定联系主体进行协商，协商的范围限于交互信息和对重大问题的处分，体现为临时性和个案性，因而不进行长期性的信息交换，也无综合性的执法合作。如2000年，大陆方面的"银鹭号"靠近台湾地区的海域被台湾方面扣留，大陆方面通过海协会渠道与台湾方面进行协商，促成被扣人员家属慰问，并最终使台湾方面放回被扣船只和人员。[②] 在该事件中，大陆方面并未参与执法活动，而全系台

---

① 姜皇池：《论两岸南海海上执法合作可能议题：现状与发展分析》，载中国海洋法学会：《海峡两岸海上执法的理论与实践学术研讨会论文集》，中国海洋法学会，2008年印行。

② 参见《"银鹭"号帆船被台扣船事件》，资料来源：国台办网站，http：//www.gwytb.gov.cn/tfsj/tfsj0.asp? tfsj_m_id=33，最后访问日期：2009年4月14日。

湾海域执法部门执法，大陆只是通过海协会和台湾海基会建立的联系机制进行协商，对台湾地区海域执法部门的行为产生影响。协商执法模式实际上是将两岸通过事务性商谈所形成的两会模式，移植到两岸海域执法合作中，是与两岸关系现状相适应的合作模式。

第三，合作执法模式。合作执法模式是指两岸建立合作机制，经常性地交换信息，进行包括日常训练、实兵演练、人员互访、人员培训、行动协调等方面的合作。合作执法模式是比较高级的两岸海域执法合作模式，两岸海域执法部门的执法海域不限于各自实际管辖的海域，在对方许可的情况下，一方可以进入对方海域进行执法，并可以在合作的框架内，就重大案件在人员、装备上进行联合。合作执法模式的联系主体仍然是通过不具有公权力性质的民间团体，但在该阶段，两岸海域执法部门的有关人员可以借助被赋予民间团体身份，直接进行对话。这一做法在已有的两岸事务性合作中屡见不鲜，亦应移植到两岸海域执法合作中。至于合作形式，合作执法阶段的首要特征是"合作"，该"合作"超越临时性、个案性协商的范围，而是依托合作机制，形成日常性、长期性、全面性的执法合作，且合作领域并不仅限于案件的处理，而且还在于日常事务的开展，在一定条件下，还包括共同执法。目前，就公开资料而言，两岸海域执法部门虽未建立日常性信息交换的合作机制，却不乏共同执法的案例，其中大多是共同的海难救助。

大陆人民和台湾人民同属一个中华民族，维护中华民族海洋利益，确保中华民族海洋安全，谋求两岸人民海洋福祉，是两岸的共同责任。况且，海洋系两岸诸多民众的生存之本，通过建立两岸海域执法部门的执法合作，构建两岸海域执法合作模式，无论是对于民族，还是对于民众而言，都是一件具有积极意义的事。作为两岸关系和平发展框架的重要组成部分，两岸海域执法合作模式也必将随着两岸关系的不断推进迎来一个广阔的发展前景。

# 第七章　构建两岸关系和平发展框架中的两岸司法协调机制

随着两岸关系的不断发展，两岸之间的交流也日益频繁和深入。政治、经济、文化层面冲突的不断出现，迫切要求两岸在法律层面对其进行疏导和协调。建立一套完善的司法（含仲裁）协调机制则是两岸关系和平发展的重要保证。

司法协调主要体现在司法协助和公正协助等方面，其中司法协助包括了刑事司法协助、民商事司法协助、仲裁裁决的相互承认与执行等。司法（含仲裁）协调机制，就是指两岸司法机关在司法活动过程中，为了处理好两岸和平发展关系，顺利推进司法过程，进而解决司法冲突而采取的一系列方式、方法和手段，以及它们之间的有效组合的总称。两岸的司法协调可分为三个环节，即管辖权协调、法律适用协调和司法协助。

## 一、两岸现行司法制度之比较

两岸之间司法制度的差异是两岸司法合作产生障碍的源头之一。对其进行比较分析是两岸进行司法协助需要厘清的前提。

### （一）两岸司法组织体系的差异

#### 1. 台湾地区的司法组织体系

台湾当局设立"行政院""立法院""司法院""监察院""考试院"，

"五院"分别行使行政、立法、司法、弹劾、考试五权。"司法院"作为"五院"之一，具有独特的地位。

"司法院"是台湾的"最高司法机关"，设"院长""副院长"各一人，并设正、副"秘书长"各一人。"司法院"设"大法官会议"，由"大法官"17人组成。"司法院"所属机关有：普通法院、行政法院、公务员惩戒委员会和各种委员会。其具体组织体系如下图7-1：

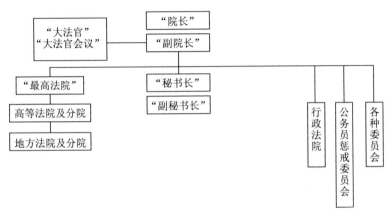

图7-1　"司法院"组织系统结构图

"司法院"拥有广泛的职权，包括民事、刑事、行政诉讼审判权、公务员惩戒权、"宪法"及法律命令解释权等等。另外，其下设的各种委员会还各自行使专门的职责。

"法务部"隶属于"行政院"，主管检察、监所、司法保护的行政事务及"行政院"的法律事务。"法务部"设"部长"一人，是"政务委员"之一，特任总理部务，指挥监督所属职员及机关。设"政务次长""常务次长"各一人，辅助"部长"处理部务。

（1）台湾地区的法院组织体系

台湾地区的法院设三级："最高法院"、高等法院、地方法院。三级法院之间是审级关系，而非行政隶属关系。

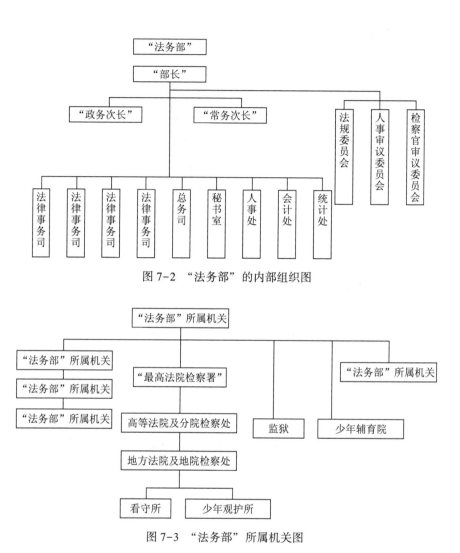

图 7-2 "法务部"的内部组织图

图 7-3 "法务部"所属机关图

"最高法院"是台湾的"最高审判机关"，在审级上是第三审法院，是终审法院。设民事庭和刑事庭各五个，分别审理不同性质的案件。高等法院设于省或特别区域，是台湾法院体系中的第二级。分设民事庭和刑事庭若干个，并设庭长一人，推事（法官）两人，还可设专业法庭，并设公设辩护人，刑事资料室、书记室等。地方法院为台湾最低审判机关，原则上设于县、市；若县、市地域狭小，可数县、市合设一所地方法院；若县、市地域辽阔，可增设分院。地方法院审判案件一般由推事（法官）独任审判，对案情重大的则由推事（法官）三名合议审判。

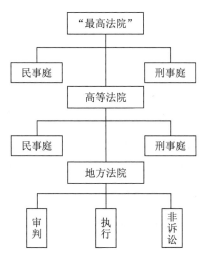

图 7-4　各级法院组织及业务概要图

另外，台湾还设行政法院专门负责审理行政诉讼案件。

（2）台湾地区的检察机构

台湾检察机关的组织体系包括"最高法院检察署"，高等法院检察处，地方法院检察处，均隶属于"行政院"所属的"法务部"。1980 年实行审检分隶制，但各级检察机关仍相应设于各级法院之中。

"最高法院检察署"设"检察长"一人，"检察官"若干人，内设书记厅、会计室、人事室等机构。"检察长"指挥监督台湾地区检察事务，负责施政方针、工作计划和处理一切事务。高等法院检察处设首席检察官和检察官若干人，内设书记室、刑事资料室、人事室、会计室等机构。地方法院检察处设首席检察官、检察官、书记室、人事室、会计室。首席检察官负责该院检察事务，对所属职员的工作、操行等进行考查。

根据"法务部组织法"的规定，"法务部"主管检察、矫正、司法保护之行政事务及行政院之法律事务。（第 1 条）"法务部"对于各地方最高行政长官执行本部主管事务，有指示、监督之责。（第2条）"法务部"就主管事务，对于各地方最高行政长官之命令或处分，认为有违背法令或逾越权限者，得报请"行政院"予以撤销、变更、废止或停止其执行。（第3条）

**2. 大陆司法组织体系**

（1）大陆法院组织体系

就我国大陆而言，各级人民法院基本上是以国家行政区为基础设置的，其系统是：最高人民法院、地方各级人民法院、专门人民法院。地方各级人民法院包括：高级人民法院、中级人民法院和基层人民法院。专门人民法院包括军事法院、铁路运输法院、海事法院、森林法院等。

最高人民法院、高级人民法院和中级人民法院分别由院长一人、副院长、庭长、副庭长、审判员若干人组成；基层人民法院由院长一人、副院长和审判员若干人组成。

最高人民法院是最高审判和审判监督机关，审理的案件包括：法律规定由它管辖和它认为应由自己审理的第一审案件；对高级人民法院、专门人民法院判决和裁定的上诉和抗诉案件；最高人民检察院按审判监督程序提出的抗诉案件。

省、自治区、直辖市设高级人民法院，审理的案件包括：法律规定由它管辖的第一审案件；下级人民法院移送审判的第一审案件；对下级人民法院判决和裁定的上诉案件和抗诉案件；人民检察院按审判监督程序提出的抗诉案件。

省、自治区按地区设立中级人民法院；在直辖市设中级人民法院；在省辖市、自治区辖市、自治州设中级人民法院。其审理的案件有：法律规定由它管辖的第一审案件；基层人民法院移送的第一审案件；对基层人民法院判决和裁定的上诉案件；人民检察院按审判监督程序提出的抗诉案件。

基层人民法院是指县、自治县、不设区的市、市辖区的人民法院。审理民事、刑事和行政等第一审案件。基层人民法院可以设若干派出法庭。

大陆实行的审级制度是四级两审终审制，即凡案件经两级人民法院审理即告终结的制度。对地方各级人民法院所作的第一审判决和裁定，如果当事人或他们的代理人不服，可以按法定程序向上一级人民法院上诉；如果人民检察院认为确有错误，应依法向上一级人民法院抗诉；上一级人民法院做出的判决和裁定是终审的、发生法律效力的判决和裁定，当事人不得再上诉；最高人民法院作为第一审法院审判的一切案件都是终审判决。[①]

（2）大陆的检察机关

人民检察院是国家的法律监督机关。我国宪法和人民检察院组织法规定，各级人民检察院由检察长一人、副检察长和检察员若干人组成。

人民检察院的组织系统为：最高人民检察院、地方各级人民检察院和专门人民检察院。地方各级人民检察院包括：省、自治区、直辖市人民检察院；省、自治区、直辖市人民检察分院；自治州和省辖市人民检察院；县、市、自治县和市辖区人民检察院。省级人民检察院和县一级人民检察院根据工作需要，提请本级人大常委会批准，可以在工矿区、农垦区、林区等区域设置人民检察院，作为派出机构。

最高人民检察院领导地方各级人民检察院和专门人民检察院的工作，上级人民检察院领导下级人民检察院的工作。上下级检察机关间的领导与被领导关系具体表现为：第一，全国和省、自治区、直辖市人民检察院检察长有权向本级人民代表大会常务委员会提请批准任免和建议撤换下级人民检察院检察长。第二，下级人民检察院在办理重大案件中，如遇到自己不能解决的情况和困难时，上级人民检察院应及时给予支持和指示，必要

---

① 周叶中：《宪法》，高等教育出版社、北京大学出版社，2005年版，第338页。

时可派人协助工作，也可以把案件上调自己办理。

人民检察院的主要职权有：法纪监督、侦查监督、公诉和审判监督，以及对刑事案件判决、裁定的执行和监狱、看守所、劳动改造机关的活动是否合法进行监督。

### （二）两岸司法制度比较分析

在法院组织结构方面，两地法院有相似性，但也有较大不同。我国大陆实行一元审判体系，而台湾实行的是三元审判体系。

首先，就纵向结构而言，大陆法院由基层人民法院、中级人民法院、高级人民法院、最高人民法院四级构成。台湾法院由"最高法院"、高等法院、地方法院三级组成。大陆的专门人民法院包括军事法院、铁路运输法院、海事法院、森林法院等。台湾的专门法院包括专门审理行政诉讼案件的行政法院、公务员惩戒委员会和各种委员会。此外，台湾最特别的是有作为最高司法机关的"司法院"统领上述法院和委员会进行司法活动。

其次，在横向结构上，大陆法院由特设的专门审判庭和法定的审判组织两部分构成，各级人民法院审理各类不同性质的纠纷案件，由人民法院内部不同的专门审判庭负责审理。根据《中华人民共和国人民法院组织法》的规定，其内部的专门审判庭有刑事审判庭、民事审判庭、行政审判庭、告诉申诉庭，以及根据实际需要而设置的其他审判庭，如房地产审判庭等。此外，人民法院内部与专门审判庭平等的还有办公室、研究室、信访处、政治处、行政处等辅助性机构。专门审判庭和与之平行的辅助性机构，构成了法院内部组织结构的横轴。而由独任庭、合议庭和审判委员会三种审判组织构成了法院内部组织结构的纵轴。[①] 台湾法院系统中，"最高法院"设民事庭和刑事庭，将行政诉讼案件剥离到专门的行政法院审判。审判组织形式上主要有独任制和合议制两种。"大法官会议"是

---

① 肖永平：《内地与香港的法律冲突与协调》，湖北人民出版社，2001年版，第218页。

"司法院"主要的审判组织形式。

在审级制度方面,大陆实行两审终审制度。最高人民法院作为第一审法院审判的一切案件都是终审判决。台湾民刑事法院是三级三审,行政法院是一级一审。公务员惩戒实行一级一审,一定职等以上公务员的惩戒,须由"监察院"移送到司法部门。但不是以法院的形式,而是以会议的形式作出裁定。

在法官的保障方面,在大陆,各级人民代表大会有权罢免由它选出的人民法院院长,地方各级人民法院院长可以向本级人民代表大会提出辞职,大会闭会期间,由常务委员会决定是否接受。其他法院法官的任免由同级人民代表大会常务委员会决定。台湾地区法官的职务及身份除独立受台湾地区"宪法"第80、81条保障外,还受"法院组织法"和一些条例的保障。由于人们的质疑,宪法上的"终身保障"制度,逐渐演变为70岁不办案可照拿全薪的"优遇制度"。法官的独立性以及所受保障较强。

在法院的职权方面,大陆法院除了具有审判职权之外,还有指导权、司法建议权、司法行政权,最高法院享有司法解释权。但大陆法院没有违宪审查的权力。台湾现行的"宪法"解释体制由"司法院"特设"大法官"组成的"大法官会议"而非"最高法院"行使。"大法官"对终局裁判适用法令认定"违宪",可给予特别救济。"大法官会议"拥有"违宪审查"的权力。

在检察机关方面,大陆的检察机关为最高人民检察院和与审判机关相对应的地方各级人民检察院,主要对同级人民法院审理的有关刑事案件提起检控。大陆检察机关的职能广泛,除对其所具有的公诉权和对部分案件的侦查权之外,它还有对其他国家机关、公职人员以及公民是否遵循和执行法律进行监督,对法院的审判活动、侦查机关的侦查活动,以及判决的执行情况进行监督的职能。台湾地区自1980年起实行审检分隶制,但各级检察机关仍相应设于各级法院之中。较之于内地检察机关,"法务部"

掌管检察体系同时是行政院的法律顾问。

## 二、管辖权的冲突与协调

海峡两岸区际民事诉讼管辖权冲突的主要形式是"平行诉讼"（Parallel Proceedings），即相同当事人就同一争议基于同一事实以及相同目的在两个以上的国家或地区进行诉讼的现象。[①] 其主要表现为两种形态：一是"重复诉讼"（Repetitive Suits），即一方当事人作为原告在两个以上国家或地区的法院就同一争议向同一被告提起诉讼；[②] 二是一方当事人作为原告在甲国或地区以对方当事人为被告提起诉讼，而对方当事人又在乙国或地区作为原告以该当事人为被告提起诉讼，称为"对抗诉讼"（Reactive Suits）。[③]

这种现象本应在域内被绝对禁止，却因为两岸事实上法域的不同，以及欠缺协调和衔接的立法现状而大量存在。平行诉讼的存在，破坏了法律关系的稳定性以及司法公信力，破坏了法律体系的一致性，导致两岸各自的判决在对方得不到承认与执行。

大陆据以确定涉台民商事案件管辖权的法律渊源主要有《民事诉讼法》和《若干意见》、《中华人民共和国涉外民事关系法律适用法》以及《最高人民法院关于审理涉台民商事案件法律适用问题的规定》。与大陆一样，台湾地区立法并未就涉及两岸因素的民商事案件的管辖问题制定专

---

① 胡宜奎：《内地与香港民事诉讼管辖权的冲突及解决方法》，中国诉讼法律网：http://www.procedurallaw.com.cn/article.html.，2009-7-12访问。转引自靳羽：《海峡两岸民事诉讼管辖权冲突之对策分析》，厦门市法学会：http://www.fxh.xm.gov.cn/fxhk/2010/2010dsq/201007/t20100701_354409.htm，最后访问日期：2011年4月26日。

② 郭树理：《中国有关国际民商事管辖权冲突问题实践之检讨》，北大法律文库。转引自靳羽：《海峡两岸民事诉讼管辖权冲突之对策分析》，厦门市法学会：http://www.fxh.xm.gov.cn/fxhk/2010/2010dsq/201007/t20100701_354409.htm，最后访问日期：2011年4月26日。

③ Allan D. Vestal, Reactive Litigation, 47 Ional. L. Rev. 1961, p. 1. 转引自靳羽：《海峡两岸民事诉讼管辖权冲突之对策分析》，厦门市法学会：http://www.fxh.xm.gov.cn/fxhk/2010/2010dsq/201007/t20100701_354409.htm，最后访问日期：2011年4月26日。

门法律，其相关规定散见于"台湾地区与大陆地区人民关系条例"、台湾地区"民事诉讼法"等。

## （一）两岸现行相关立法冲突分析

两岸管辖权冲突主要有四种情形，即一般地域管辖冲突、特殊地域管辖冲突、专属管辖冲突、协议管辖冲突。

1. 一般地域管辖权冲突。遵循"原告就被告"的一般地域管辖原则，是大陆和台湾地区相关法律中相同的规定。由于台湾的"大陆地区人民进入台湾地区许可办法"禁止大陆居民赴台提起、参与民事诉讼，大陆居民作为原告提起的，在其赴台期间与台湾居民产生纠纷案件的管辖权被限制为大陆法院。而台湾地区的居民可以根据其"民事诉讼法"的规定，就同一事实在该大陆居民在台的最后居住地法院对其提起诉讼，从而引发对抗诉讼类型的平行诉讼。在因身份关系引发的诉讼、合同、侵权等债务案件中，也存在此种问题。同时，由于大陆并未禁止台湾地区居民因民事诉讼进入大陆，台湾地区居民也可以前往大陆法院起诉大陆居民，亦即此时也可能发生重复诉讼类型的平行诉讼。以上分析表明，即使两岸关于一般地域管辖的确定原则完全一致、规定内容类似，但由于两岸处于不同法域，所以仍然存在管辖权冲突的可能性。

2. 特殊地域管辖权冲突。两岸法律关于特殊地域管辖的规定主要有两个特点：一是规定的类型多；二是确定管辖权的连接因素多，造成管辖权是可选择的，若不属于专属管辖权，那么就可能引起"平行管辖权"①，进而引起平行诉讼。现选择几类常见纠纷类型予以分析：

首先，合同纠纷中的管辖权冲突。作为各类经济因素交流主要载体的合同，大陆法系各国对其进行了特殊规定。确定合同纠纷管辖法院的连接

---

① 李双元、谢石松：《国际民事诉讼法概论》，武汉大学出版社，2003 年版，第 166 页。转引自靳羽：《海峡两岸民事诉讼管辖权冲突之对策分析》，厦门市法学会：http://www.fxh.xm.gov.cn/fxhk/2010/2010dsq/201007/t20100701_354409.htm，最后访问日期：2011 年 4 月 26 日。

因素主要包括合同签订地、合同履行地、加工行为地等，不具有唯一性。大陆与台湾地区相关法律均采纳前述立法例，赋予当事人以选择权，从而造成平行诉讼的可能性。《中华人民共和国民事诉讼法》第24条、26条、28条分别就几种常见有名合同纠纷的管辖问题进行规定，《若干意见》第18条、19条、20条、21条、22条、25条则予以进一步明确，并就一些民事诉讼法未予规定的合同纠纷管辖问题进行了补充规定。最为关键的是台湾法院会依据"台湾地区和大陆地区人民关系条例"第45条的规定，将跨连两岸的民事法律关系的行为地或事实发生地"粗暴"地限制在台湾。对跨连两岸的合同履行案件管辖权的争夺，也因为台湾方面片面的、充满保护主义而不切实际的立法而愈加激烈，平行诉讼亦不可避免。

其次，侵权纠纷中的管辖权冲突。根据《中华人民共和国民事诉讼法》第29条以及《若干意见》第28条的规定，侵权案件的管辖权属于侵权行为地法院与被告住所地法院管辖，其中侵权行为地包括侵权行为实施地与侵权结果发生地。台湾地区"民事诉讼法"第1条、第15条也对侵权案件的管辖权作出了相同规定。当侵权行为跨连两岸，侵权行为实施地和侵权结果发生地分属两岸时，则根据前述法律规定，大陆法院具有管辖权，台湾地区法院依据其"民事诉讼法"及"台湾地区和大陆地区人民关系条例"第45条的规定也有管辖权，从而出现平行管辖权。

3. 专属管辖冲突。《中华人民共和国民事诉讼法》对于专属管辖规定有六种情形，分别规定在第34条和第246条。台湾地区"民事诉讼法"规定的12类专属管辖中，除第499条规定再审案件专属管辖不涉及两岸管辖权冲突之外，其他11个条文规定的八种情形均有可能与大陆产生管辖权冲突。现选择几类常见的纠纷类型进行分析：

首先，身份关系纠纷中的管辖权冲突。在两岸居民婚姻持续期间共同居住地为台湾，而离婚诉讼提起时大陆居民已返回大陆的案件中，台湾居民依据其"民事诉讼法"第568条的规定在台湾提起诉讼，台湾法院因其有专属管辖权而受理。大陆居民依据《中华人民共和国民事诉讼法》第22条、第23条和《若干意见》第15条、第16条的规定在大陆法院起诉，大陆法院亦受理的情况下，管辖权冲突的发生不可避免。除了离婚诉讼之外，其他涉及身份关系的诉讼，也可能产生管辖权冲突，如台湾地区"民事诉讼法"第583条关于收养关系管辖的规定、第597条关于确定禁治产人管辖的规定、第625条关于宣告死亡管辖的规定，在特定情况下都可能与大陆民事诉讼法第23条、第166条、第167条等条文产生管辖权冲突。

其次，不动产纠纷中的管辖权冲突。尽管两岸都规定不动产由不动产所在地法院专属管辖，然而大陆将所有不动产纠纷的管辖权赋予不动产所在地法院，台湾地区"民事诉讼法"却仅将因不动产之物权或其分割、经界引起的纠纷的管辖权赋予不动产所在地法院。两岸规定的差异，让不动产纠纷这种依其特性最不容易产生管辖权冲突的案件，也面临管辖权冲突的危险。如涉诉不动产在大陆且因该不动产引发的纠纷类型并不属于台湾地区"民事诉讼法"第10条规定的专属管辖范围之内，则台湾地区法院很可能因此而不承认大陆法院的专属管辖权，进而受理台湾地区当事人针对同样事由再次提起的诉讼，当然大陆法院的判决，也将无法在台湾地区获得承认与执行。①

4. 协议管辖冲突。两岸现行相关法律均就协议管辖做出规定，其中《中华人民共和国民事诉讼法》规定在第25条，台湾地区"民事诉讼法"规定在第24条。就这两个条文进行分析，两岸法律对协议管辖施加的部分限制是相同的：（1）协议管辖的民事纠纷类型限于合同纠纷或者其他财产权益纠纷。《中华人民共和国民事诉讼法》第25条以罗列的方式，规定可以协议管辖的纠纷类型，亦即协议管辖仅限于第25条规定的合同

---

① 章毅：《海峡两岸民事诉讼管辖权冲突破解刍议》，《经济研究导刊》，2010年第36期。

纠纷及其他财产类纠纷，排除了身份关系纠纷适用协议管辖的余地；台湾地区"民事诉讼法"虽未明确限制协议管辖的适用范围，但是鉴于其将婚姻关系诉讼、收养关系诉讼等有关身份关系的诉讼规定在专属管辖之列，且该法第26条明确规定法定专属管辖案件类型不得由当事人协议管辖，由此可以确定台湾地区"法律"规定的协议管辖范围，也是限于合同纠纷以及其他财产权益纠纷。（2）协议管辖不得违反法律关于专属管辖的规定。两岸法律对协议管辖施加的限制也有不同之处：《中华人民共和国民事诉讼法》第25条规定，协议管辖确定的法院，应当与纠纷具有实际联系，即双方当事人协议选定的管辖法院应当是被告住所地、合同履行地、合同签订地、原告住所地、标的物所在地法院，不得任意约定管辖法院；台湾地区"民事诉讼法"则并未做前述限制，故涉及两岸因素的民商事纠纷双方当事人在纠纷发生前或者发生后约定管辖法院的，极易因违背两岸相关法律规定而影响约定的效力。具体而言主要存在如下几种情形：

一是双方就非属专属管辖的纠纷类型，约定依照两岸法律规定均有管辖权的法院为协议管辖法院。此时因既未违反专属管辖的规定，协议约定的管辖法院又属具有管辖权的法院，所以此时协议管辖的约定有效，应当依照当事人的合意确定管辖法院。

二是双方的协议管辖违反两岸法律关于专属管辖的规定。此时分为两种情形，若双方协议管辖同时违反两岸法律关于专属管辖的规定，则协议管辖当然无效；若约定违反所选定管辖法院所在地法律的，该约定当然无效，若约定并未违反所选定法院所在地法律但是违反对岸法律规定的，该约定虽然有效，但是将来的生效判决将难以得到对岸法院的承认与执行。

三是对于非属专属管辖纠纷类型，双方约定的管辖法院与纠纷没有任何联系因素。《中华人民共和国民事诉讼法》要求当事人所选定的管辖法院必须与纠纷具有连接因素，而台湾地区"法律"则并未施加这样的限制，若当事人选定的法院符合《中华人民共和国民事诉讼法》第25条的限制，即选定的法院与纠纷之间存在连接因素，则该约定当然有效，无论选定的管辖法院位于大陆还是台湾，将来的生效判决一般情形下都会得到对岸法院的承认与执行；若当事人选定的法院不符合《中华人民共和国民事诉讼法》第25条的限制，即选定的法院与纠纷之间不存在任何连接因素，如果选定大陆法院的，该约定当然无效，如果选定台湾地区法院的，约定虽然有效，但是将来的生效判决难以在大陆获得承认与执行。[①]

### （二）管辖权协调的路径和机制

加强两岸立法层面的协调和沟通。大陆对于涉及两岸民事诉讼的案件套用涉外民事诉讼的各项规定，然而，两岸关系并非国与国之间的关系。为维护一个中国的原则，协调两岸管辖权的冲突，双方应当加强立法层面的协调和沟通。大陆应当制定类似于台湾方面制定的"台湾地区和大陆地区人民关系条例"的特别法，针对两岸之间存在的管辖权冲突问题进行立法，为管辖权协调奠定基础。

梳理相同的管辖规则，吸收借鉴通行的国际原则。由于台湾和大陆都属于大陆法系，对于诉讼法上的管辖权规则有许多共同的地方，然而这些看似相同的管辖权规则，却如前所述分析的那样暗藏着许多隐患。如果两岸能正视和尊重对方现有司法框架，在对双方相同的管辖规则进行梳理的基础上，借鉴通行的国际原则，确立相同的一般管辖规则，将可以大大减少管辖权冲突的发生。如对双方相同的一般地域管辖原则、一事一诉原则、协议管辖、属地管辖、专属管辖原则进行梳理，对可能导致管辖权冲突的管辖规则，在充分沟通的基础上进行协调。国际上通行的不方便法院原则、受诉在先原则、待决诉讼原则，都是两岸可以考虑共同借鉴的原则。

---

[①] 靳羽：《海峡两岸民事诉讼管辖权冲突之对策分析》，厦门市法学会：http://www.fxh.xm.gov.cn/fxhk/2010/2010dsq/201007/t20100701_354409.htm，最后访问日期：2011年4月26日。

努力推动两会协商的开展，进一步落实两会协议中为解决管辖权冲突而作出的规定。海协会和台湾海基会在两岸司法协调机制的构建过程中起着重要作用。两会在 2009 年 4 月 26 日签署的《海峡两岸共同打击犯罪及司法互助协议》，首次明确了两岸民事司法协助的具体内容以及具体程序。在《海峡两岸渔船船员劳务合作协议》《海峡两岸知识产权保护合作协议》等众多两会协议中都明确了协处和联系机制。两岸之间应当充分利用两会协议的平台，针对当前管辖权的冲突进行协商达成协议，或者在实施两会协议的过程中摸索一套解决管辖权冲突的办法。

签署两岸间针对管辖权冲突的双边协议。随着两岸交流的不断扩大和深入，以及两岸间政治互信的建立，可以考虑借鉴《内地与香港特别行政区法院相互委托送达民商事司法文书的安排》的模式，由大陆最高法院与台湾地区终审法院之间或两岸分别成立的区际司法协助协调委员会之间直接签署双边协议。①

建立处理两岸区际管辖权冲突的协调机构。区际协议的完善还不足以完全解决跨法域的民事管辖权冲突，因此建立处理两岸以及内地与港澳台各法域之间区际管辖权冲突的协调机构是更好的选择。如，可以在国务院下设一个"中国区际司法协调委员会"，这种委员会可以由中华人民共和国最高人民法院及港澳台高等法院各委派富有司法审判经验的法官，内地和港澳台法学界共同或分别推荐若干资深法学专家尤其是国际私法专家参加该委员会。该委员会负责我国法域间包括民事管辖权冲突在内的区际司法协助工作。②

发挥法学研究机构的超前示范作用。国内区际法律冲突，由于不存在跨法域立法机构，各法域立法机构也很难制定各法域共同承认并能被直接

----

① 游劝荣主编：《两岸法缘》，法律出版社，2008 年版，第 248 页。转引自靳羽：《海峡两岸民事诉讼管辖权冲突之对策分析》，厦门市法学会：http://www.fxh.xm.gov.cn/fxhk/2010/2010dsq/201007/t20100701_354409.htm，最后访问日期：2011 年 4 月 26 日。
② 黄进主编：《中国的区际法律问题研究》，法律出版社，2001 年版，第 84 页。

适用的诉讼法，因此很难通过一致接受的方案予以消除。但学者的研究成果通过民间草案的形式对各法域可以产生示范作用，从而得到多法域认可，有时通过各法域立法机关还能上升为法律。这样，学者的研究成果从某种程度上弥合了各法域的立法分歧，从而部分消除区际法律冲突。实际上，美国两次《冲突法重述》均出自私法学者手中，但由于其作为司法实践的总结和升华，对各州司法有较大影响，从而在美国虽不存在统一的区际司法，但《冲突法重述》却以学者研究报告的形式，成功地将各州区际私法初步统一起来。① 在解决两岸管辖权冲突问题时，也可以考虑这个进路，通过加强两岸学者在区际冲突法之间的交流，在起草中国区际冲突法示范法时，邀请台湾方面的学者参与讨论，发挥各法域学者的影响力，以推动两岸司法协调机制的构建。

### 三、两岸法律适用的冲突和协调

1949 年 2 月，中共中央发布了《废除国民党的六法全书与确立解放区的司法原则的指示》，明确指出，"在无产阶级领导的工农联盟为主体的人民民主专政政权下，人民的司法工作，不能再以国民党六法全书为依据，而应该以人民的新法律作依据"。同年 4 月，华北人民政府颁发了《废除国民党的六法全书及一切反动的法律的训令》。同年 9 月，中国人民政治协商会议通过的具有临时宪法作用的《共同纲领》第 17 条规定："废除国民党反动政府一切压迫人民的法律、法令和司法制度，制定保护人民的法律、法令，建立人民司法制度。"至此，中华民国的旧"法统"在大陆彻底废除。然而国民党退踞台湾后，台湾地区仍然施行中华民国时期制订的"六法全书"。两岸之间由此施行着不同的法律和法律制度，两岸之间形成了不同的法域。随着两岸经济文化交流的不断扩大和深入，民

---

① 黄进主编：《中国的区际法律问题研究》，法律出版社，2001 年版，第 85 页。

商事纠纷也不断出现，两岸间区际民商法律冲突应该如何解决成为迫在眉睫的问题。

1992 年，台湾按照"一国两区"的原则在"台湾地区与大陆地区人民关系条例"中已经认可大陆民商法的法律规定地位。然而，大陆立法机关对于台湾"法律"的效力问题并没有非常明确和适当的处理。早期的理论认为，中华民国法律已经被废止，在大陆和台湾地区都没有法律效力。后来有学者主张，根据"事实需要"理论认可"中华民国法律"在台湾的域内效力。现在也有大陆学者站在"解放思想"的立场上认为，大陆应该对台湾民商事相关"法律"给予法律上的承认。"中华民国法律"继续在台湾施行是一个事实问题，大陆对台湾民商事相关"法律"采取"事实承认"的方式，以解决其在大陆的域外效力问题。在司法实践中，大陆法院的主流做法是通过参照涉外民事关系法律适用法来处理涉台民商事争议。[①] 面对解决区际法律冲突问题中法律适用的国际私法方式、英美法系国家冲突法方式、区际冲突方式、德国模式、中立区模式、中介团体模式等诸多模式，台湾地区提前迈出了步伐。在"台湾地区与大陆地区人民关系条例"中，专章规定了区际法律适用问题，明显地采取了区际冲突方式。大陆学者也多主张应该通过冲突法的方式调整互涉的民商争议。按照这个思路，韩德培教授和黄进教授于 1991 年草拟了《大陆地区与台湾、香港、澳门地区民事法律适用示范条例》（征求意见稿）（以下简称为《示范条例》），中国管理研究院也草拟了《内地与台湾人民关系法律建议草案》（以下简称《建议草案》）。为正确审理涉台民商事案件，准确适用法律，维护当事人的合法权益，2010 年 4 月 26 日，最高人民法院通过并颁布了《关于审理涉台民商事案件法律适用问题的规定》，确立了可适用台湾地区"法律"适用的情况、双方当时人平等保护以及

---

① 徐锦堂：《关于台湾法律在中国大陆的效力及其适用问题》，珠江法律网刊：http：//zhujiang-law. scnu. edu. cn/Renews. asp？NewsID=5504，最后访问日期：2011 年 4 月 27 日。

"公共利益"原则。2011年4月1日起施行的《中华人民共和国涉外民事关系法律适用法》也准用于两岸之间的民商事关系。该法律充分体现了最密切联系原则，在婚姻家庭、继承、物权、债权、知识产权等方面，就法律适用问题作出了具体规定。

## （一）两岸区际法律适用冲突在一般原则层面的症结

在讨论区际法律冲突的解决时，除了要坚持维护祖国统一、"一国两制"、和平共处、平等互利、促进和保障正常的民事交往原则外，还应当将这些原则具体化。以黄进为代表的国际私法学者提出，在制定我国区际冲突法时，应当坚持的具体原则有：各法域的民商事法律处于平等的地位、各法域当事人的民事法律地位平等、限制法院地法优先的倾向。考查两岸现有对两岸间区际法律冲突所适用的文本不难发现，距离学者们所提出的构想还有很大距离，在原则层面导致了两岸区际法律适用的冲突。

### 1. 两岸民事法律地位不平等

《最高人民法院关于审理涉台民商事案件法律适用问题的规定》第1条明确规定，"根据法律和司法解释中选择适用法律的规则，确定适用台湾地区民事法律的，人民法院予以适用"，从而赋予台湾地区"法律"平等的适用效力。"台湾地区与大陆地区人民关系条例"仅有条件地承认大陆的民事法律，而对于行政、刑事方面的法律则不予承认。即便在有条件承认的民事法律方面，也处处充满了歧视。首先，"台湾地区与大陆地区人民关系条例"中每提及应以台湾地区之"法律"为准据法时，皆规定应该适用台湾地区"法律"之规定，在以大陆法律作为准据法之情形时，该条例又一律规定应"适用内地之规定"，而刻意回避"法律"二字。其次，"台湾地区与大陆地区人民关系条例"无限扩大台湾地区民商事"法律"的域外适用性，该条例第41条第1款规定："台湾人民与内地人民之间民事案件，除本条例另有规定外，适用台湾地区之法律。"该规定实际上把两岸人民之间的民事案件均纳入台湾地区"法律"的调整范围，从而无限扩大台湾地区"法律"对于两岸人民民事案件的适用。这一法律适用原则既不公允，也与法律冲突的一般法律适用原则相悖。[①]

**2. 两岸当事人民事法律地位不平等**

《最高人民法院关于审理涉台民商事案件法律适用问题的规定》第2条规定，"台湾地区当事人在人民法院参与民事诉讼，与大陆当事人有同等的诉讼权利和义务，其合法权益受法律平等保护"。从而赋予两岸当事人平等的民事法律地位。而"台湾地区与大陆地区人民关系条例"对大陆公民、法人的民事主体资格，总的态度是实行差别待遇，对大陆人民实行种种限制。这些限制既有政治限制，也有职务限制和商务限制。例如，在继承问题上，该条例第66、67条规定在原则上承认大陆人民继承台湾人民遗产权利的同时，在时效、数额、继承标的、范围等方面作了专断而不合理的限制，严重损害了大陆人民的继承权利。该条例66条规定："大陆人民继承台湾人民之遗产，应于继承开始起三年内以书面向被继承人住所地之法院为继承之表示；逾期视为抛弃其继承权。"而台湾"民法"第1174条规定正好相反，它规定：继承人应在继承开始后两个月以内以书面为抛弃继承权之意思表示，否则视为接受。[②] 与此同时，条例第67条规定，"遗嘱人以其在台湾地区之财产遗赠大陆地区人民、法人、团体或其他机构者，其总额不得逾新台币二百万元"，更是明显违背平等原则。

**（二）两岸区际法律适用中的一般问题**

在冲突规范方面，尽管"台湾地区与大陆地区人民关系条例"中的专章规定，涵括了区际法律冲突规范。但是，条例中看似进步和科学的双边冲突规范，却都有意限制单边冲突规范。如条例第61条规定："大陆

---

① 黄进主编：《中国的区际法律问题研究》，法律出版社，2001年版，第91页。
② 黄进主编：《中国的区际法律问题研究》，法律出版社，2001年版，第92页。

地区人民之遗嘱，其成立或撤回之要件及效力，依该地区之规定。但以遗嘱就其在台湾地区之财产为赠与者，适用台湾地区之法律。"条例第 41 条规定："台湾人民与大陆地区人民间之民事事件，除本条例另有规定外，适用台湾地区之法律。这些条文的规定，大大限制了内地民商法的适用范围，无限地扩大了台湾地区民商实体法的应用范围。"

在识别问题上，"台湾地区与大陆地区人民关系条例"采用了反致，而且将反致扩大到国际私法中的所有领域，违背了国际私法的一般做法，让两岸区际法律冲突中法律的选择过程更为复杂，使法律适用和判决结果的透明度大大降低，不利于案件的迅速解决。根据最高人民法院的司法解释，大陆至少在合同领域拒绝了反致。两岸之间对反致的不同态度，也会加剧两岸区际法律适用的混乱。

在拒绝适用域外法的理由方面，"台湾地区与大陆地区人民关系条例"第 44 条规定："依本条例规定应适用大陆地区之规定时，如其规定有悖于台湾地区之公共秩序或善良风俗者，适用台湾地区之法律。"而大陆也有如《最高人民法院关于审理涉台民商事案件法律适用问题的规定》中第 3 条，"根据本规定确定适用有关法律违反国家法律的基本原则或者社会公共利益的，不予适用"。然而，两岸之间在一些敏感问题上的态度，将会导致对"公序良俗"的不同理解，这无疑会导致两岸法院在拒绝适用域外法方面持保守态度，并可能从政治层面对案件的解决进行考量，这就不利于两岸民商事案件的公正、高效解决。

（三）两岸特定领域区际法律适用问题

在合同领域，两岸法律对当事人自治原则在法律选择方式、范围以及时间问题上的规定大致相同。但大陆与国际上绝大多数国家和地区一样，排除反致在合同领域的适用，而台湾地区的"台湾地区与大陆地区人民关系条例"却采用了反致。无疑，这可能导致一系列法律适用和选择的困难。最重要的是"台湾地区与大陆地区人民关系条例"从强行扩大台湾地区"法律"适用，排除大陆法律适用的角度出发，规定了一些限制条款。条例第 48 条规定："债之契约依订约地之规定。但当事人另有约定者，从其约定；前项订约地不明而当事人又无约定者，依履行地之规定；履行地不明者，依诉讼地或仲裁地之规定。"条例第 45 条却规定："民事法律关系之行为地或事实发生地跨连台湾地区与大陆地区者，以台湾地区为行为地或事实发生地。在缺乏当事人合意选择的情况下，当合同订约行为跨连多法域时，台湾法院将径自适用台湾地区法律。"这无疑是不公平的。

在侵权行为方面，"台湾地区与大陆地区人民关系条例"第 50 条规定："侵权行为依损害发生地之规定。但台湾地区之法律不认其为侵权行为者，不适用之。"这条规定将跨连多个法域的侵权行为的侵权行为地限制在台湾地区，不仅不科学，而且不利于侵权行为的认定和对方当事人的保护。与此相对比，大陆法律中的规定则是科学的，符合国际上的通行做法。《民法通则》第 146 条规定：侵权行为的损害赔偿，适用侵权行为地法律。当事人双方国籍相同或者在同一国家有住所地，也可以适用当事人本国法律或者住所地法律；中华人民共和国法律不认为在中华人民共和国领域外发生的行为是侵权行为的，不作为侵权行为处理。而《中华人民共和国涉外民事关系法律适用法》第 44 条，规定了"侵权责任，适用侵权行为地法律，但当事人有共同经常居所地的，适用共同经常居所地法律。侵权行为发生后，当事人协议选择适用法律的，按照其协议"。允许当事人可以通过协议选择适用法律，较之台湾地区"法律"更为科学，能更好地解决两岸间的侵权案件。

在物权关系方面，"台湾地区与大陆地区人民关系条例"第 51 条区别动产和不动产，对物权关系一般使用物之所在地法，同时规定"物之所在地如有变更，其物权之得丧，依其原因事实完成时之所在地之规定。船舶之物权，依船籍登记地之规定；航空器之物权，依航空器登记地之规定"。符合国际通行的惯例。根据《民法通则》第144条规定："不动产的所有权，适用不动产所在地的法律"，而对动产物权适用何地法律没有明确规定。可以看出，对物权关系方面的法律适用，大陆的法律还有不完善之处，导致两岸对物权关系法律适用的衔接出现问题。为解决上述问题，2011年4月1日起施行的《中华人民共和国涉外民事关系法律适用法》对此作了更进一步规定。其37条规定：当事人可以协议选择动产物权适用的法律。当事人没有选择的，适用法律事实发生时动产所在地法律。第38条规定：当事人可以协议选择运输中动产物权发生变更适用的法律。当事人没有选择的，适用运输目的地法律。第39条规定：有价证券，适用有价证券权利实现地法律或者其他与该有价证券有最密切联系的法律。第40条规定：权利质权，适用质权设立地法律。至此，大陆所适用的对两岸物权关系的法律规定更加细致地针对运输中动产、有价证券和权利质权等动产物权作了更为细致的规定，与台湾地区"法律"对比，可见两岸间对动产物权的规定仍有没有交叉的地方。双方针对一方没有做出细致规定的动产物权问题的法律适用仍然会有争执。

在婚姻家庭关系方面，台湾地区根据其"台湾地区与大陆地区人民关系条例"第53条，"夫妻之一方为台湾人民，一方为大陆地区人民者，其结婚或离婚之效力，依台湾地区之法律"，从而将大部分两岸间婚姻关系纳入台湾地区"法律"调整范围之中。这一规定无疑会损害双方当事人的利益，还会导致新的问题和纠纷。"台湾地区与大陆地区人民关系条例"第54条规定："台湾人民与大陆地区人民在大陆地区结婚，其夫妻财产制，依该地区之规定。但在台湾地区之财产，适用台湾地区之法律。"这条规定剥夺了夫妻双方的选择权利，对动产和不动产没有进行区分，无疑会导致当事人权利行使的困难。反观大陆，《中华人民共和国涉外民事关系法律适用法》21条至24条的相关规定，将当事人共同经常居所地法律、共同国籍国法律和婚姻缔结地法律相互补充，作为结婚条件、结婚手续以及夫妻财产关系的适用法律，尽最大努力承认两岸当事人婚姻的效力。夫妻财产关系可以"协议选择适用一方当事人经常居所地法律、国籍国法律或者主要财产所在地法律。当事人没有选择的，适用共同经常居所地法律"。从而更有利于财产的分配和执行。通过对比两岸迥异的法律规定可以看出，台湾地区落后和保守的规定是导致两岸婚姻家庭关系方面案件不能顺利解决的重要因素。

在继承关系领域，"台湾地区与大陆地区人民关系条例"第60条规定："被继承人为大陆地区人民者，关于继承，依该地区之规定。但在台湾地区之遗产，适用台湾地区之法律。"这一规定没有对动产和不动产做出区分，扩大了台湾地区"法律"对大陆人民的适用，侵犯了大陆人民在台湾地区财产的合法权益。《中华人民共和国涉外民事关系法律适用法》科学地将继承分为法定继承和遗嘱继承，并细化了遗嘱继承的规定，尽最大努力尊重被继承人的意愿使遗嘱有效。对于法定继承动产部分，原则上适用被继承人死亡时经常居所地法律，而对于不动产法定继承，适用不动产所在地法律。两岸在继承领域的规定中，台湾地区的"保护性"规定，引发了两岸在继承领域选择法律适用的难题。

（四）两岸法律适用的协调

由上述分析可以看出，台湾地区的"台湾地区与大陆地区人民关系条例"刻意排斥大陆法律的适用，存在大量歧视大陆人民法律地位的规定。可以说，政治因素主导了台湾地区对于两岸的法律适用，导致当事人权利的保障困难，以及诉讼时效性和便利性的难以实现。反观大陆方面，从现有的《民法通则》《中华人民共和国婚姻法》《中华人民共和国继承法》《中华人民共和国台湾同胞投资法》等诸多法律，到《示范条例》和《建议草案》，再到新近颁布和实施的《最高人民法院关于审理涉台民商事案件法律适用问题的规定》和《中华人民共和国涉外民事关系法律适用法》的规定，都体现了双方法律的平等和当事人平等的原则，为两岸法律适用的协调奠定了良好基础。当然大陆方面还有不完善的地方，相关法律还没有作细致的规定，没有对一些法律适用问题做出进一步的规范。

两岸法律适用的协调，有赖于双方以务实的态度，经过充分协商和沟通，各自完善现有法律框架下有违两岸民商事案件顺利解决、有损于两岸和平发展的条款。如台湾地区通过修订的方式，改变"台湾地区与大陆地区人民关系条例"中对大陆法律在两岸事务中的适用。可喜的是，台湾"立法院"2003年10月9日下午，通过"台湾地区与大陆地区人民关系条例"修正案，大幅修正其中不合理的一些条款。国民党重新执政后，对"台湾地区与大陆地区人民关系条例"的修正也一直持正面态度，多次提出针对两岸双重征税、承认大陆学历等进行"修法"的议案。而大陆方面也在积极通过颁布新的法律法规，落实两会达成的协议，尤其以新近颁布和实施的《最高人民法院关于审理涉台民商事案件法律适用问题的规定》和《中华人民共和国涉外民事关系法律适用法》，针对两岸问题提供了切实的解决方法，在两岸问题中表现出了最大的善意。相信随着双方的不断沟通和政治局势的转化，两岸法律适用的冲突终将能够得到更加妥善的解决。

## 四、两岸司法协助机制

所谓司法协助，是指一个国家或地区的司法机关或其他主管机关，应另一国家或地区司法机关或其他主管机关及有关当事人的请求，代为履行与诉讼有关的司法行为。[1] 区际司法协助一般是指一个主权国家内部区域之间的司法机关或其他主管机关在处理民商事和刑事案件时，相互代为履行与诉讼有关的司法行为，包括相互送达文书等。[2] 区际司法协助主要包括：区际送达、区际调查取证、区际执行保全、区际法院判决的承认与执

---

[1]　黄进主编：《区际司法协助的理论与实务》，武汉大学出版社，1994年版，第1页。

[2]　黄进主编：《中国的区际法律问题研究》，法律出版社，2001年版，第132页。

行、区际仲裁裁决的承认与执行。

## (一) 两岸司法文书送达机制

送达是法律程序中的一个重要环节，在区际司法协助中发挥着重要作用，送达行为的完成，关系到司法协助行为的开展。当前台湾法域在进行域外民事司法协助时，往往以互惠原则作为主要依据，并非以国际条约或双边协定作为基础。在相关法规方面，最重要的是 1963 年公布施行的"外国法院委托事件协助法"，其中第 5 条规定，法院受托送达民事或刑事诉讼上之文件，依民事或关于送达之规定办理。委托送达应于委托书内详载应受送达人之姓名、国籍及其住所、居所或事务所、营业所。台湾方面在制定"台湾地区与大陆地区人民关系条例"时，已将司法协作问题纳入考虑范围。根据该条例第 7 条的规定，在大陆制作之文书，经台湾"行政院"设立或指定之机构或委托之民间团体验证者，推定为真正。其第 8 条亦规定，"应于大陆地区送达司法文书或为必要之调查者，司法机关得嘱咐或选择第 4 条之机构或民间团体为之"。在实践中，目前台湾"司法院"及相关机构已经委托台湾海基会处理有关向大陆送达文书等事项。[①] 其具体做法是台湾地区各级法院直接函请海基会代为送达司法文书，而以副本送"司法院"民事厅，迨送达完成后，再由海基会将送达证书寄还特定之法院，且以副本送"司法院"民事厅。[②] 台湾地区"民事诉讼法"规定了交付送达、留置送达、付邮送达、委托送达、公示送达等多种送达方式。"台湾地区与大陆地区人民关系条例"第 74 条规定："在大陆地区作成之民事确定裁判、民事仲裁判断，不违背台湾地区公共秩序或善良风俗者，得声请法院裁定认可。前项经法院裁定认可之裁判或

---

① 王志文：《论国际与区际民事司法协助》，《法学家》，1997 年第 3 期，第 63 页。转引自黄进主编：《中国的区际法律问题研究》，法律出版社，2001 年版，第 141 页。

② 杜焕芳：《台湾地区与大陆区际司法协助问题述评》，《法令月刊》(台湾)，2004 年第 5 期，第 75 页以下。

判断，以给付为内容者，得为执行名义。"这一规定为大陆裁判和民事仲裁裁决在台湾的执行奠定了基础。

随着两岸交流的不断深入，海协会和台湾海基会通过不断努力就此问题，先后达成《两岸公证书使用查证协议》以及《海峡两岸共同打击犯罪及司法互助协议》。《两岸公证书使用查证协议》规定，"关于寄送公证书副本及查证事宜，双方分别以中国公证员协会或有关省、自治区、直辖市公证员协会与财团法人海峡交流基金会相互联系"。通过以"适当的文书格式"，"相互寄送涉及继承、收养、婚姻、出生、死亡、委托、学历、定居、扶养亲属及财产权利证明公证书副本"。并且该协议第5条赋予两岸通过"个案协商"的方式，对公证书以外的文书查证事宜进行协助。2009年4月26日达成的《海峡两岸共同打击犯罪及司法互助协议》，就此问题作了更加明确细致的规范。其第7条规定："双方同意依己方规定，尽最大努力，相互协助送达司法文书。受请求方应于收到请求书之日起三个月内及时协助送达。受请求方应将执行请求之结果通知请求方，并及时寄回证明送达与否的证明资料；无法完成请求事项者，应说明理由并送还相关资料。"

为落实两会协议，司法部在1993年、1994年先后颁布了《海峡两岸公证书使用查证协议实施办法》和《司法部关于增加寄送公证书副本种类事宜的通知》，解决了两岸公证书的送达问题，为司法文书送达机制奠定了基础。最高人民法院在2008年颁布了《最高人民法院关于涉台民事诉讼文书送达的若干规定》，详细规定了民事诉讼文书送达所要遵循的原则、送达诉讼文书的种类、送达的方式等重要问题。2011年6月25日起施行的《最高人民法院关于人民法院办理海峡两岸送达文书和调查取证司法互助案件的规定》，彻底改变了两岸间司法文书送达的模式和方法。这一规定首次明确了"人民法院和台湾地区业务主管部门通过各自指定的协议联络人，建立办理海峡两岸司法互助业务的直接联络渠道"；规定了"最高人民法院是与台湾地区业务主管部门就海峡两岸司法互助业务进行联络的一级窗口。最高人民法院台湾司法事务办公室主任是最高人民法院指定的协议联络人。最高人民法院授权高级人民法院就办理海峡两岸送达文书司法互助案件，建立与台湾地区业务主管部门联络的二级窗口。高级人民法院应当指定专人作为经最高人民法院授权的二级联络窗口联络人。中级人民法院和基层人民法院应当指定专人负责海峡两岸司法互助业务。"这样层层负责，以实现司法文书的顺利送达。送达的程序和期限也在此规定中得以明确。

根据台湾地区"民事诉讼法"、"台湾地区与大陆地区人民关系条例"、两会协议中的有关协议、《最高人民法院关于涉台民事诉讼文书送达的若干规定》以及《最高人民法院关于人民法院办理海峡两岸送达文书和调查取证司法互助案件的规定》，当前两岸间司法文书的送达方式有：直接送达、向诉讼代理人送达、向代收人送达、向代表机构送达、向分支机构送达、向业务代办人送达、邮寄送达、通过传真和电子邮件方式送达、留置送达、公告送达（不适用于台湾请求大陆的案件）以及两岸认可的其他送达方式。

可见，尽管由于台湾方面还没有对两会达成的相关协议的实施进一步细化规定，但大陆方面已经做出最大的努力。两岸之间就司法文书的送达问题，已经达成共识，两岸对于司法文书的送达，将会由过去的单向制定规则，发展为双方协商达成协议，并在域内实施，从过分仰赖民间途径逐步向官方途径改变，由消极的司法协助①变成了积极的司法协助。

（二）两岸调查取证机制

合理的区际调查取证机制的构建，有助于减少两岸司法的隔离和抵

---

① 消极的司法协助是指："一方法域的法院允许或默认对方法域的法院在其法域内执行某些司法行为，而无需提供主动的协作即可实现的协助形式"。见肖建华：《海峡两岸民商事区际司法协助制度之构建》，《北京科技大学学报》（社会科学版），2003年第1期，第10页。

触，维护国家主权的统一；有利于增进两岸的司法合作，促进两岸司法制度的协调，减少国内司法成本的支出总量，提高司法的整体效益；有利于及时保护国内民商事关系当事人在两岸交流过程中的合法权益，更进一步增强两岸间的交流活动。有效的调查取证机制的构建，不仅是个别案件及时、公正解决的前提条件，更是关涉两岸和平统一的基础。

台湾方面将协助大陆开展调查取证的权力，赋予了"行政院得设立或指定机构"。根据台湾方面制定的"台湾地区与大陆地区人民关系条例"第8条的规定，"应于大陆地区送达司法文书或为必要之调查者，司法机关得嘱托或委托第四条之机构或民间团体为之"。根据条文，民间团体有两类：一类为"设立时，政府捐助财产总额逾二分之一"；另一类为"设立目的为处理台湾地区与大陆地区人民往来有关事务，并以行政院大陆委员会为中央主管机关或目的事业主管机关"。

两岸之间通过两会达成的《两岸公证书使用查证协议》，以及《海峡两岸共同打击犯罪及司法互助协议》，也对此问题达成了共识。当公证书存在"违反公证机关有关受理范围规定；同一事项在不同公证机关公证；公证书内容与户籍资料或其他档案资料记载不符；公证书内容自相矛盾；公证书文字、印鉴模糊不清，或有涂改、擦拭等可疑痕迹；有其他不同证据资料；其他需要查明事项"时，"双方应相互协助查证"。《海峡两岸共同打击犯罪及司法互助协议》第8条规定，"双方同意依己方规定相互协助调查取证，包括取得证言及陈述；提供书证、物证及视听资料；确定关系人所在或确认其身份；勘验、鉴定、检查、访视、调查；搜索及扣押等。受请求方在不违反己方规定前提下，应尽量依请求方要求之形式提供协助。受请求方协助取得相关证据资料，应及时移交请求方。但受请求方已进行侦查、起诉或审判程序者，不在此限"。

为落实《海峡两岸共同打击犯罪及司法互助协议》，进一步推动海峡两岸司法互助业务的开展，最高人民法院通过了《最高人民法院关于人民法院办理海峡两岸送达文书和调查取证司法互助案件的规定》。其第16条规定，"人民法院协助台湾地区法院调查取证，应当采用民事诉讼法、刑事诉讼法、行政诉讼法等法律和相关司法解释规定的方式。在不违反法律和相关规定、不损害社会公共利益、不妨碍正在进行的诉讼程序的前提下，人民法院应当尽力协助调查取证，并尽可能依照台湾地区请求的内容和形式予以协助"。其第18条、19条规定了请求台湾地区协助调查取证的操作规程，第20条、21条规定了台湾地区请求人民法院协助台湾地区法院调查取证的操作规程。至此，两岸间调查取证的协助机制在大陆已经建立起来。随着两岸之间法律界人士的不断交流和呼吁，相信台湾方面也会逐步落实《海峡两岸共同打击犯罪及司法互助协议》，从而使两岸共同努力，构建起一套有效的调查取证机制。

### （三）两岸执行保全机制

两岸间适用的执行保全属于区际执行保全。区际执行保全是指在区际民商事案件中，法院或仲裁庭在可能由于当事人的行为或某种客观原因，使以后裁决不能执行或难以执行的情况下，依一方的请求或依职权在终局裁决做出前，针对有关人的行为或财产所采取的旨在保障终局裁决得以有效和充分执行的临时性保护措施。[①] 这一机制的建立和完善，有助于维护区际民商事法律关系的稳定，有利于保障终局裁判的权威性，有助于保护两岸民商事纠纷中当事人的合法权益。

考查两岸现有的相关法律，两岸执行保全有着诸多不同。在保全种类方面，大陆的执行保全局限于对物保全，即财产保全，而台湾的执行保全分为对人保全和对物保全。在执行保全的程序方面，《中华人民共和国民事诉讼法》将执行保全程序划分为财产保全的申请、异议、解除和执行等诸阶段，而台湾的"民事诉讼法"则将执行保全程序划分为申请、异

---

① 黄进主编：《中国的区际法律问题研究》，法律出版社，2001年版，第184页。

议、抗告、解除和执行诸阶段。在有权对执行保全行使管辖权的法院方面，大陆享有管辖权的法院有本案管辖法院、财产所在地法院、被申请人所在地法院，而台湾享有管辖权的法院为本案管辖权法院、财产所在地法院、被申请人行为实施地法院。当然，两岸执行保全制度也有相同或者相似的方面，如两岸都以法院作为采取执行保全的唯一机构。

当前两岸间并没有就执行保全专门达成协议，并且台湾方面出于种种原因，没有制定专门针对内地提出的执行保全如何操作的法律法规。相反，在大陆则已经对此有了明确的法律规范。在 1998 年施行的《最高人民法院关于人民法院认可台湾地区有关法院民事判决的规定》的第 18 条规定，"被认可的台湾地区有关法院民事判决需要执行的，依照《中华人民共和国民事诉讼法》规定的程序办理"。2009 年施行的《最高人民法院关于人民法院认可台湾地区有关法院民事判决的补充规定》，对执行保全做了细化的规定。其第 5 条规定："申请人提出认可台湾地区有关法院民事判决的申请时，或者在案件受理后、人民法院作出裁定前，可以提出财产保全申请。申请人申请财产保全的，应当向人民法院提供有效的担保。申请人不提供担保或者提供的担保不符合条件的，驳回其申请。"其第 6 条规定了解除财产保全的情形为：人民法院作出准予财产保全的裁定后，被申请人提供有效担保的；人民法院作出认可裁定后，申请人在申请执行期限内不申请执行的；人民法院裁定不予认可台湾地区有关法院民事判决的；申请人撤回保全申请的。

两岸执行保全机制的建立和完善，需要台湾方面做出更大的努力，双方也应当通过相互友好协商的原则，通过签订协议的方式予以解决。

## （四）两岸法院判决的认可与执行

从整体上来看，两岸尚未对法院判决的认可与执行做出详细的共同安排，目前两岸互相认可与执行对方法院的判决，主要依据的还是各自制定的规范性文件。其中大陆方面最主要的依据是最高人民法院于 1998 年 5

月出台的《最高人民法院关于人民法院认可台湾地区有关法院民事判决的规定》，以及 2009 年 5 月 14 日出台的《最高人民法院关于人民法院认可台湾地区有关法院民事判决的补充规定》。而台湾方面主要依据其制定的"台湾地区与大陆地区人民关系条例"第 74 条和第 7 条，及与该规定配套的"台湾地区与大陆地区人民关系条例实施细则"第 54 条的规定。其具体内容分别为"在大陆地区作成之民事确定裁判、民事仲裁判断，不违背台湾地区公共秩序或善良风俗者，得声请法院裁定认可。前项经法院裁定认可之裁判或判断，以给付为内容者，得为执行名义。前二项规定，以在台湾地区作成之民事确定裁判、民事仲裁判断，得声请大陆地区法院裁定认可或为执行名义者，始适用之"。和"在大陆地区制作之文书，经行政院设立或指定之机构或委托之民间团体验证者，推定为真正"。以及"依本条例第 74 条规定申请法院裁定认可之民事确定裁判、民事仲裁裁判，应经行政主管部门设立或指定之机构或委托之民事团体验证"。2009 年两会签署的《海峡两岸共同打击犯罪及司法互助协议》第 10 条，明确了"双方同意基于互惠原则，于不违反公共秩序或善良风俗之情况下，相互认可及执行民事确定裁判与仲裁裁决（仲裁判断）"。这一规定成为两岸相互认可和执行法院判决的共同依据。

尽管当前对两岸法院民事判决相互认可和执行已经达成初步共识，但达成的双边规定却较为笼统，单边规定中也有许多不完善和不能完全对接的地方，这些均导致了实务中的操作难题。如，虽然双方均规定强制执行必须要有执行名义或执行依据，但双方规定的执行名义或执行根据的范围不完全相同，并且双方都不能直接把对方法域的裁判，当作外国裁判而适用相关的法律规定。所以，台湾地区的"台湾地区和大陆地区人民关系条例"，虽然规定了可给予内地执行协助的方式，并规定了可协助执行的执行根据仅限于"民事确定裁判"和"民事仲裁裁断"，但从两岸民事诉讼法或强制执行法的规定来看，执行根据的种类并不限于上述两种。台湾地区"强制执行法"第4条第（1）项，规定下述事项可为执行名义：确定的终局判决，假扣押、假处分、假执行之裁判及其他依民事诉讼法须强制执行之裁判，依民事诉讼法成立的和解或调节，依公证法规定能强制执行的公证书等。依《中华人民共和国民事诉讼法》的规定及学者见解，一般认为，下列文书可为执行根据：（1）法院生效的判决、裁定；（2）法院调解书；（3）支付令；（4）仲裁裁决及仲裁调解书；（5）公证机关制作的依法有强制执行效力的债权文书；（6）行政机关制作的应由人民法院执行的决定书等。由于台湾地区法院的有些判决事项在大陆法院是以裁定作出的，台湾地区"民事诉讼法"中还有《中华人民共和国民事诉讼法》中没有的假扣押、假处分、假执行等执行名义，《中华人民共和国民事诉讼法》中也有台湾地区"民事诉讼法"中没有的先于执行等执行根据。[①] 这些不同的地方极易引发歧义，并给两岸执行协助带来争执和不便。此外，在参与分配、执行异议及异议之诉管辖法院的规定上，都存在诸多冲突的地方。

两岸法院之间协作经验的总结，是解决两岸之间民事判决相互认可和执行的一个手段。然而，双方落实达成的以两会协议为首的共识，以解决实际问题的态度，对各自法律法规进行修改从而成功衔接，是更为重要的手段。

## （五）两岸仲裁裁决的认可与执行

如同两岸间对法院民事判决的相互执行，两岸对仲裁裁决的认可与执行亦未做出详细的共同安排。目前两岸互相认可与执行对方法院的判决，主要依据的还是各自制定的规范性文件。其中大陆方面最主要依据的是最高法院于1998年5月出台的《最高人民法院关于人民法院认可台湾地区有关法院民事判决的规定》中的第19条规定，以及2009年5月14日出

---

① 肖建华主编：《中国区际民事司法协助研究》，中国人民公安大学出版社，2006年版，第198页。

台的《最高人民法院关于人民法院认可台湾地区有关法院民事判决的补充规定》中的第 2 条第 2 款的规定。而台湾方面主要依据其制定的"台湾地区与大陆地区人民关系条例"第 74 条和第 7 条，及与该规定配套的"台湾地区与大陆地区人民关系条例实施细则"第 54 条的规定，其具体内容分别为"在大陆地区作成之民事确定裁判、民事仲裁判断，不违背台湾地区公共秩序或善良风俗者，得声请法院裁定认可。前项经法院裁定认可之裁判或判断，以给付为内容者，得为执行名义。前二项规定，以在台湾地区作成之民事确定裁判、民事仲裁判断，得声请大陆地区法院裁定认可或为执行名义者，始适用之"。和"在大陆地区制作之文书，经行政院设立或指定之机构或委托之民间团体验证者，推定为真正"。以及"依本条例第 74 条规定申请法院裁定认可之民事确定裁判、民事仲裁裁判，应经行政主管部门设立或指定之机构或委托之民事团体验证"。2009 年两会签署的《海峡两岸共同打击犯罪及司法互助协议》第 10 条，明确了"双方同意基于互惠原则，于不违反公共秩序或善良风俗之情况下，相互认可及执行民事确定裁判与仲裁裁决（仲裁判断）"。这一规定成为两岸相互认可和执行仲裁裁决的共同依据。

在实践层面，第一个认可和执行台湾地区仲裁裁决的案例出现在 2004 年。厦门市中级人民法院于 7 月 23 日，依据"98 规定"第 9 条和 19 条，认为该仲裁裁决的内容没有违反大陆的法律规定而裁定予以认可，并于 7 月 28 日根据申请人的申请裁定予以执行。在台湾地区，首例认可和执行大陆仲裁裁决的案件出现于 2003 年 6 月 24 日。台中地方法院经审查认为："申请人主张的事实及其所依据的证物，应可信为真实。且核诸本件仲裁判断，仲裁程序既合法，且判断并无违背台湾地区公共秩序或善良风俗之情事，则申请人请求予以认可，自应准许。"① 尽管两岸均属于

---

① 宋连斌：《试论我国大陆与台湾地区相互认可和执行仲裁裁决》，《时代法学》，2006 年第 6 期，第 79 页。

大陆法系，判例法的传统并不是必须得以遵循，然而两个判例的出现，依然对司法实践具有重大的指导意义。

两岸之间民事仲裁裁决已经有了实践的经验，以及相对完备的单边法律依据。然而，在这一领域依然存在着诸多问题需要解决。突出的问题主要有：民事仲裁裁决认可与执行简单套用法院裁判认可与执行的规定，明显忽略了民事仲裁裁决与法院判决的差异性，不利于民事仲裁裁决的相互认可与执行；申请认可民事仲裁裁决的时效规定违背了仲裁的效率原则，不利于仲裁在两岸经贸纠纷解决中的推广；现行规定中"公共秩序"内涵的含糊导致了适用结果的不可预见性，不利于两岸民事仲裁裁决的相互认可与执行；对可以认可与执行的民事仲裁裁决范围的规定不明，隐藏了认可与执行案件受理范围的冲突，不利于两岸民事仲裁裁决的相互认可与执行。[①]

尽管随着两岸的互动不断深入，两岸就民事仲裁裁决认可和执行已达成共识，但是已签署的《互助协议》内容过于原则化，仅为问题的解决提供了框架性的法律依据，还有诸多需要完善的地方。两岸各自的单方立法需要以务实的态度，以发展的眼光加以完善。通过协商，制订较为明确的单边区际司法协助法律规范，是消除各自相互认可与执行民事仲裁裁决实践中难题的重要步骤。最终两岸只有通过协商途径，对相互认可与执行民事仲裁裁决作出详细的制度性安排，才能进一步完善两岸民事仲裁裁决的认可和执行机制。

---

① 郑清贤：《海峡两岸互相认可与执行民事仲裁存在的问题及对策建议》，《海峡法学》，2010 年第 1 期，第 86 页以下。

# 第八章 陆资入台的法律障碍
# 及其解决机制

　　2008 年 3 月 22 日后，台湾地区发生了有利于两岸关系和平发展的变化。大陆和台湾通过海协会、海基会构成的两会框架，恢复了两岸事务性商谈，并签订了一系列重要协议，不仅实现了两岸直接、全面"三通"，而且将两岸经贸关系正常化提到了议事日程。2009 年 4 月，海协会会长陈云林和台湾海基会董事长江丙坤在南京就陆资入台投资事宜达成共识。此后，大陆和台湾有关部门分别完成各自区域内的修法工作，陆资入台投资事宜于 2009 年 7 月 1 日正式启动。由于众所周知的原因，两岸的政治经济社会体制各异，在经济事务方面的法律亦有较大不同。在历史上，由于长期的隔绝，台湾地区"法律"对大陆及大陆公民、法人和其他组织仍存在相当的不信任，因而为陆资入台造成消极影响，这些法律障碍亟须通过建立解决机制予以克服。

## 一、台湾地区有关陆资入台的法律概览

　　台湾地区对大陆实行所谓"两岸法制"，其根本依据是台湾地区现行"宪法"增修条文第 11 条。以该条为依据，台湾当局制定"台湾人民与大陆地区人民关系条例"（以下简称"台湾地区与大陆地区人民关系条例"），并以该条例为核心，制定了一批内容各异、层次分明的规范性文

件，从而建立起"两岸法制"。2009 年 4 月"陈江共识"达成后，台湾地区有关部门陆续完成对原有"两岸法制"中不适应陆资入台投资的规定的修改，并制定了一批原来没有的规范性文件，基本形成了有关陆资入台的法律体系，主要有：

1. "台湾地区与大陆地区人民关系条例"："台湾地区与大陆地区人民关系条例"是台湾当局调整、规范两岸关系和两岸人民往来的基本"法律"，其他陆资入台的"法律"均以"台湾地区与大陆地区人民关系条例"为依据。

2. "大陆地区人民来台投资许可办法"（以下简称"投资许可办法"）："投资许可办法"是台湾地区有关部门于 2009 年 6 月 30 日新公布的"法律"，对陆资入台的主要问题进行了规定，因而是陆资入台投资的主要法律依据。

3. "大陆地区之营利事业在台设立分公司或办事处许可办法"（以下简称"设立许可办法"）："设立许可办法"也是台湾地区有关部门于 2009 年 6 月 30 日新公布的"法律"，对陆资在台设立分公司或办事处等事宜进行了详细规定，是明确陆资在台投资主体资格和形式的主要法律依据。

4. "大陆地区专业人士来台从事专业活动许可办法"（以下简称"专业人士来台许可办法"）："专业人士来台许可办法"于 1998 年制定，2007 年最后修正，规定大陆专业人士来台从事专业活动的有关事宜，是陆资中大陆方面人士入台并在台湾地区开展活动的主要法律依据。

5. "台湾地区与大陆地区金融业务往来许可办法"（以下简称"金融业许可办法"）："金融业许可办法"于 2009 年 7 月 15 日最后修正，规定两岸金融业务往来的有关事宜，是陆资在台期间，开展金融业务的主要法律依据。

6. "各类所得扣缴率标准"："各类所得扣缴率标准"系台湾地区有

关部门依据"台湾地区与大陆地区人民关系条例"第 25 条、第 25 条之 1 制定，其主要内容是规定大陆地区公民、法人和其他组织在台所得的税赋事宜，是陆资就在台所得缴纳有关税款的主要法律依据。

7. "大陆地区人民在台湾地区取得设定或移转不动产物权许可办法"（以下简称"不动产许可办法"）："不动产许可办法"于 2008 年 6 月 30 日最后修正，规定了大陆地区公民、法人和其他组织在台湾地区与不动产有关的事宜，是陆资在台投资期间，处理与不动产有关事宜的主要法律依据。

8. "台湾地区银行及信用合作社办理在台无住所大陆地区人民不动产担保放款业务应注意事项"（以下简称"不动产担保放款事项"）："不动产担保放款事项"规定了在台湾地区无住所的大陆地区人民以不动产为担保，获取台湾地区金融机构贷款的有关事宜，是陆资在台湾地区以不动产为担保，获取贷款的主要法律依据。

9. "大陆地区人民来台投资业别项目"（以下简称"陆资投资项目"）："陆资投资项目"系由台湾地区"经济部"所列出的，陆资可以投资的项目。该表以"正面列表"形式列出，亦即只有在"陆资投资项目"中的项目，陆资方可投资，除此以外的项目，陆资不得投资。"陆资投资项目"是陆资在台湾地区可以向何种项目投资的主要法律依据。

此外，台湾地区其他一些法律也对陆资在台湾的投资等事宜进行了规定，这些法律规范一并构成了台湾地区规制陆资入台的法律体系。

## 二、陆资的许可与限制

（一）陆资的定义

从表面上理解，"陆资"即大陆资本，从市场主体的角度而言，又可理解为大陆企业。但是，台湾地区"法律"对陆资的理解包括但不限于上述表面上的涵义。按照台湾地区"投资许可办法"第 3 条第 1 项和第 5

条之规定，所谓"陆资"实际上包括判断投资人之投资为陆资和判断某一被投资事业为陆资投资事业两个部分。

对于判断投资人之投资为陆资，"投资许可办法"第3条第1款进行了详细的规定，主要有以下两种形式。

第一，直接投资。直接投资，是指大陆人民、法人、团体、其他机构直接在台湾地区投资。这一对陆资的理解与前述表面上的理解是相同的，即"大陆资本"或"大陆企业"。另"台湾地区与大陆地区人民关系条例"第46条第2项规定："大陆地区之法人、团体或其他机构，其权利能力及行为能力，依该地区之规定"。据此规定，判断投资人是否具有相应的权利能力及行为能力，应依据大陆有关法律的规定。

第二，间接投资。间接投资，是指大陆地区人民、法人、团体、其他机构经其在第三地区投资之公司间接在台湾地区投资。"第三地区投资之公司"，据"投资许可办法"第3条第2款的规定，是指大陆地区人民、法人、团体或其他机构投资除大陆、台湾之外的第三地区的公司，且具备以下两种情形之一者：其一，直接或间接持有该第三地区公司股份或出资额超过30%；其二，对该第三地区公司具有控制能力。根据台湾地区有关部门的解释，前述"有控制能力"，是指具有以下情形之一者：其一，与其他投资人约定下，具超过半数之表决权股份之能力；其二，依法令或契约约定，可操控公司之财务、营运及人事方针；其三，有权任免董事会（或相当组织）超过半数之投票权，且公司之控制操控于该董事会（或相当组织）；其四，有权主导董事会（或相当组织）超过半数之投票权，且公司之控制权于该董事会（或相当组织）。

对于判断某一被投资事业为陆资投资事业，"投资许可办法"第5条规定，陆资投资人所投资事业之股份或出资额，合计超过该事业之股份总数或资本总额三分之一以上者，称之为陆资投资事业。

### （二）陆资投资的许可

"台湾地区与大陆地区人民关系条例"第73条规定，"大陆地区人民、法人、团体、其他机构或其于第三地区投资之公司，非经主管机关许可，不得在台湾地区从事投资行为"。据此，陆资在台投资属于一般禁止行为，必须通过台湾地区有关主管机关的"解禁"，方可实现。这一解禁的过程，即台湾地区有关部门对陆资在台投资的许可。

对于陆资在台投资的许可，主要包括以下几个方面：

第一，陆资投资人应申请许可之投资行为。据"投资许可办法"第4条之规定，陆资投资人在向台湾地区有关部门申请在台投资时，应以以下几种方式为之：其一，持有台湾地区公司或事业之股份或出资额，但不包括单次且累计投资均未超过10%之上市、上柜与兴柜公司股份，亦即若大陆合格境内投资机构（QDII）投资单一台湾地区上市（柜）公司，若股权超过10%以上，即被视为陆资赴台投资事项，应经台湾地区有关部门许可；其二，在台湾设立分公司、独资或合伙事业；其三，对前两款所投资事业提供一年期以上贷款。

第二，陆资投资人出资的种类。据"投资许可办法"第7条之规定，陆资投资人的出资种类，以现金、自用机器设备或原料、知识产权（智慧财产权，包括专利权、商标权、著作财产权、专门技术或其他智慧财产权）以及其他经主管机关认可投资之财产。

第三，陆资投资人可以投资的项目、限额及投资比率。据"投资许可办法"第8条之规定，陆资投资人可以投资的项目、限额及投资比率由台湾地区"经济部"会同各"中央目的事业主管机关"及相关机构拟定。目前，台湾地区有关部门已经公布第一批投资业别项目名单。

第四，陆资投资人申请台湾地区有关部门许可的程序。据"投资许可办法"第9条之规定，陆资投资人应填具投资申请书，检附投资计划、身份证明、授权书及其他有关文件，向台湾地区"经济部"申请许可。

投资计划发生变更时，也采取相同程序。台湾地区主管机关在必要时，可以要求陆资投资人限期申报资金来源或其他相关事项。申报之事项有变更时，应于一个月内向主管机关申报。

第五，陆资投资人出资的到达。据"投资许可办法"第 10 条之规定，陆资投资人应将所许可之出资于核定期限内全部到达，并将到达情形报主管机关查核。陆资投资人经许可投资后，在核定期限内，未实行之出资，期限届满后，不得再行投资。前述"未实行之出资"事项，若有正当理由，于期限届满前，可以申请主管机关许可延展。

### （三）陆资投资的限制

根据台湾地区有关"法律"，陆资赴台投资受到多方面的限制，主要有以下三个方面。

1. 通过"陆资投资项目"的限制。根据台湾地区"大陆委员会"公布的"开放陆资来台从事事业投资政策说明"（以下简称"陆资投资政策说明"），台湾地区有关部门以"正面列表"的方式，明定开放陆资来台投资之项目，从而对陆资投资的范围进行了严格限制。考察"陆资投资项目"，在制造业、服务业和公共建设部分，台湾当局都只对陆资进行了有限度地开放。在制造业部分，台湾地区行业标准中制造业的细类是 212 项，"陆资投资项目"只开放了 64 项，占总额的 30%。在服务业部分，台湾地区在 WTO 框架下承诺开放的 113 项次行业，只开放了 25 项，占总额的 22%。在公共建设部分，台湾地区"促进民间参与公共建设法"规定了公共建设此类别分类计 81 项，但只开放了 11 项，仅占总额的 14%。通过"陆资投资项目"，台湾当局对陆资赴台投资进行了实质性限制。以下根据"陆资投资项目"和"陆资投资政策说明"，简要介绍尚未开放陆资投资的台湾地区主要项目类别。

其一，制造业部分。对两岸信息产业界普遍关注的晶圆、TFT-LCD 等项目，暂时不对陆资开放。

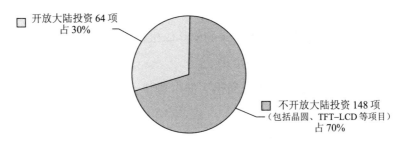

图 8-1　制造业陆资赴台政策

其二，服务业部分。金融业为配合三项（银行、证券、保险）协议（MOU）及市场准入协商处理，故暂不开放。以自然人方式提供，涉及学历认证、专业证照之服务业，如医师、律师、会计师、建筑师、工程师、技师等，也暂不开放。涉及层面较为复杂的视听服务业、教育服务业和社会福利服务业等，不在开放范围之内。一些敏感事业，如台湾地区"电信法"所称的"第一类电信服务业"，也不在开放范围之内。据台湾地区"电信法"第 11 条第 2 项、第 3 项之规定，所谓"第一类电信服务业"包括设置电信机线设备，提供电信服务的事业，其中前者指网络传输设备、网络传输设备形成一体的交换设备。"第二类电信服务业"是指第一类电信服务业之外的其他电信服务业，主要包括网络加值、电话卡贩卖等服务。

其三，公共建设部分。陆资在台投资公共建设业，仅限于"非承揽部分"，且有诸多限制条件。如陆资投资民用航空站及其设施，仅能投资位于航空站陆侧且非涉及管制区者，且持股比率须低于 50%，并不得超过台湾地区最大股东之持股比率。在陆资投资港埠及其设施部分，"陆资投资项目"还对投资总额进行了严格限制。

2. 通过限制陆资投资人资格及禁止投资的方式。"投资许可办法"第 6 条和第 8 条对陆资投资人资格及禁止投资事项进行了规定。据"投资许可办法"第 6 条之规定，陆资投资人为大陆地区军方投资或具有军事目

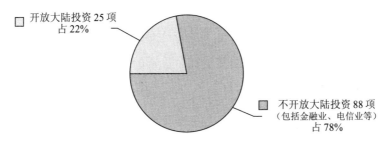

图 8-2　服务业陆资赴台政策

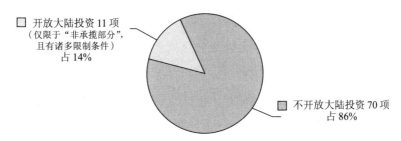

图 8-3　公共建设部分陆资赴台政策

的之企业者，台湾地区主管机关应限制其来台湾投资。据"投资许可办法"第 8 条之规定，陆资投资人所申请之投资，若有以下情形，将被禁止：其一，经济上具有独占、寡占或垄断性地位；其二，政治、社会、文化上具有敏感性或影响台湾地区安全；其三，对台湾地区内部经济发展或金融稳定有不利影响。"投资许可办法"并未对大陆国有企业对台投资予以限制，但大陆国有企业因其敏感身份和地位，是否得在台湾地区投资，是台湾地区各界关心的问题之一。据"陆资投资政策说明"的说辞，所属于国务院国有资产监督管理委员会的 138 家国有企业中，除有军方投资背景的九家外，其余 129 家都可赴台投资，但若涉及敏感性问题，则可由台湾当局主管机关禁止其投资。

3. 通过事前审查和事后监控的方式，限制陆资投资人投资行为。台湾地区有关部门建立相应机制，对陆资投资人的投资行为进行严格的审查和监控。台湾地区"经济部投资审议委员会"已经建立"陆资审查机制"，将依据陆资投资申请人的投资金额、业别项目、投资类型、投资人身份等，会同有关机关进行审查。同时，"投资审议委员会"还建立"陆资来台投资资讯管理系统"，对陆资在台投资的信息及动态进行记录、备案，以随时掌握陆资在台的活动。

## 三、陆资投资的主体形式

陆资投资的主体形式，是指陆资为台湾地区投资，而依照台湾地区相关规定成立并具有一定组织形态的实体。"台湾地区与大陆地区人民关系条例"第 40 条之 1 规定："大陆地区之营利事业，非经主管机关许可，并在台湾地区设立分公司或办事处，不得在台从事业务活动"。根据"台湾地区与大陆地区人民关系条例"，除以持股或提供贷款形式在台湾投资外，陆资在台投资的主体形式是分公司和办事处。"投资许可办法"第 4 条第 2 款又规定陆资在台可以设立分公司、独资和合伙事业。由此可见，陆资在台投资的主体形式包括分公司、办事处、独资和合伙事业。

（一）分公司

根据台湾地区"公司法"第 3 条第 2 项之规定，分公司是指受本公司管辖之分支机构。台湾学界普遍认为，分公司本身并不具有独立人格，不能成为权利义务主体。按一般法理，与分公司有关之诉讼原应以本公司为当事人，但分公司既有独立之营业与管理人及事务所，台湾地区"最高法院"和"行政法院"都认为，为因应事实上之需要，分公司就其营业范围内所生之事业，得以自己名义起诉、应诉，而本公司之实施诉讼权能并不因此而丧失。陆资投资人在台湾地区设立分公司，应注意以下几点：

第一，陆资分公司的名称。据"设立许可办法"第 4 条之规定，陆资设立分公司的名称，应符合台湾地区"公司名称及业务预查审核准则"之规定，并表明其为大陆商。

第二，陆资分公司的资金来源。据"设立许可办法"第5条之规定，陆资在台湾设立分公司时，应专拨其在台湾地区营业所用之资金，并应受主管机关对其所营事业最低资金规定之限制。

第三，陆资分公司的设立许可。据"设立许可办法"第7条之规定，陆资在台设立公司应事先取得台湾地区主管机关的投资许可，并提交以下文件，供台湾地区有关部门审查：其一，本公司名称；其二，本公司章程；其三，本公司资本总额，如发行股份者，其股份总额，每股金额及已缴金额；其四，本公司所营事业；其五，本公司董事与负责人之姓名、国籍及住所或居所；其六，本公司所在地；其七，在台湾地区所营事业；其八，在台湾地区营业所用之资金；其九，在台湾地区指定之诉讼与非诉讼之代理人姓名、国籍及住所或居所。依照台湾地区"公司法"第3条第2项之规定，此处的"本公司"是指"公司首先依法设立，以管辖全部组织之总机构"。另据"设立许可办法"第6条之规定，陆资投资人具有下列情形者，台湾地区主管机关对其设立分公司之申请应不予许可：其一，分公司之目的或业务，违反台湾地区法令、公共秩序或善良风俗；其二，分公司申请许可事项或文件有虚伪情事。

第四，陆资分公司的登记。据"设立许可办法"第8条之规定，以上材料经主管机关审查，取得许可后，应提交以下文件，向主管机关办理分公司登记：其一，分公司名称；其二，分公司所在地；其三，分公司经理人姓名、国籍及住所或居所。

第五，陆资分公司的业务活动范围。据"设立许可办法"第13条之规定，陆资分公司的业务活动范围以"设立许可办法"或目的事业主管机关许可者为限。

第六，陆资分公司之开业、停业与复业。据"设立许可办法"第14条第2项之规定，陆资分公司经许可设立后，应在六个月内开始营业，若未在六个月内开始营业，应于期限届满前，向主管机关申请延展开业登记。据"设立许可办法"第 14 条第 1 项之规定，陆资分公司暂停营业一个月以上的，应于停业前或停业之日起 15 日内，申请停业登记，并于复业前或复业后 15 日内，申请为复业登记。以上情况，若陆资分公司已经依"加值型及非加值型营业税法规定"申报核备者，不在此限。以上申请延展和停业期间，每次最长不超过一年。

第七，陆资分公司的废止。据"设立许可办法"第 15 条第 1 项和第 16 条之规定，陆资分公司的废止包括申请废止和命令废止两种。申请废止，是指陆资分公司依照台湾地区"法律"申请废止其许可的形式。据"设立许可办法"第 15 条第 1 项之规定，陆资分公司若在台湾地区投资经营活动中，无意从事"设立许可办法"核准之业务活动，应向主管机关申请废止许可。命令废止，是指台湾地区主管机关在特定情形发生时，以命令废止或撤销陆资分公司许可的形式。据"设立许可办法"第 16 条之规定，上述特定情形包括：其一，申请许可时所报事项或所缴文件，有虚伪情事；其二，从事之业务活动违反法令、公共秩序或善良风俗；其三，公司已解散；其四，受破产之宣告；其五，在台湾地区指定之诉讼及非诉讼代理人缺位。

第八，陆资分公司的负责人。据"设立许可办法"第 12 条之规定，陆资分公司必须指定诉讼及非诉讼代理人，该代理人同时是陆资分公司在台湾地区的负责人。陆资分公司还应委任分公司经理人。

虽然"设立许可办法"没有规定准用条款，但按一般法理，陆资在台设立分公司的其他规定，以及分公司在台活动的其他事项，应适用台湾地区相关法律。

（二）办事处

台湾地区"公司法"及其他陆资"法律"并无有关陆资在台所设办事处之地位、性质的规定。为解决这一问题，我们仅从立法技术角度对台湾地区"公司法"有关外国公司办事处的规定进行分析。

根据台湾地区"公司法"第386条第1项和第2项之规定，外国公司虽无意在台湾地区设立分公司营业，但其代表人须经常留驻台湾地区的，应设置代表人办事处，并报明办事处所在地，申请主管机关备案。由此类比陆资，"台湾地区与大陆地区人民关系条例"第40条之1、"投资许可办法"和"设立许可办法"所称的"办事处"，是指当陆资投资人无意在台湾地区设立分公司营业，但为开展业务，其代表人须经常留驻台湾地区时，应设置的机构。

综合"投资许可办法"和"设立许可办法"的有关规定，陆资投资人在台设立办事处，应注意以下几点：

第一，不予设立许可之事项。据"设立许可办法"第6条之规定，陆资投资人具有以下情形之一者，台湾地区主管机关应不予许可其在台设立办事处：其一，办事处之目的或业务，违反台湾地区法令、公共秩序或善良风俗；其二，办事处申请许可事项或文件有虚伪情事。

第二，办事处设立之程序。据"设立许可办法"第9条之规定，陆资投资人在台设立办事处应向台湾地区主管机关提出申请，并提交下列文件：其一，本公司名称；其二，本公司章程；其三，本公司资本总额，如有发行股份者，其股份总额、每股金额及已缴金额；其四，本公司所营事业；其五，本公司董事与负责人之姓名、国籍及住所或居所；其六，本公司所在地；其七，在台湾地区之诉讼与非诉讼之代理人姓名、国籍及住所或居所。注意，这里的"本公司"也应参照台湾地区"公司法"的相关规定进行理解。据"设立许可办法"第10条之规定，陆资投资人设立办事处的申请获得许可后，办事处应提交下列材料，向主管部门申报备查：其一，办事处所在地；其二，在台湾地区所为业务活动范围。

第三，办事处的业务活动范围。据"设立许可办法"第13条第2项之规定，陆资投资人在台湾地区设立之办事处的活动范围，以在台湾地区从事签约、报价、议价、投标、采购、市场调查、研究业务活动为限，但目的事业主管机关另有规定者，从其规定。

第四，办事处的废止。据"设立许可办法"第 15 条第 2 项和第 16 条之规定，办事处的废止也有申请废止和命令废止之分。"设立许可办法"第 15 条第 2 项规定的是"申请废止"，亦即陆资投资人无意在台湾地区从事业务活动的，应向台湾地区主管机关申请废止许可。"设立许可办法"第 16 条规定的是"命令废止"，亦即陆资投资人有下列情形之一者，台湾地区主管机关可以以命令废止或撤销其在台湾地区设立的办事处：其一，申请许可时所报事项或所缴文件，有虚伪情事；其二，从事之业务活动违反法令、公共秩序或善良风俗；其三，公司已解散；其四，受破产之宣告；其五，在台湾地区指定之诉讼及非诉讼代理人缺位。

第五，办事处的负责人。据"设立许可办法"第 12 条之规定，陆资投资人在台湾地区设立办事处，需指定诉讼及非诉讼代理人，并以之为设立办事处之陆资投资人在台湾地区之负责人。

因办事处在台湾地区"公司法"上系专为外国公司所创设的制度，后经"台湾地区与大陆地区人民关系条例"和陆资相关"法律"，移植至陆资领域。另据两岸共识和"投资许可办法"第 3 条之规定，陆资投资人在台湾地区并不被视为是"外国人投资"，陆资公司因而也不是外国公司，因此，"公司法"上有关办事处的制度，并不能简单准用于陆资投资人设立办事处上。综上所述，陆资在台湾办事处的法源应仅以"台湾地区与大陆地区人民关系条例"及其他与陆资有关的"法律"为限，而不应随意准用台湾地区其他"法律"。

（三）合伙与独资

据"台湾地区与大陆地区人民关系条例"第 73 条第 3 项之规定，陆资投资人赴台投资的主体形式是分公司和办事处，并不包括合伙和独资，但据"投资许可办法"第 4 条第 2 款，陆资投资人在台湾地区设立合伙或独资事业，也属于陆资投资的主体形式。合伙或独资是完全不同于分公司或办事处的主体形式，而陆资投资人尤其应注意其责任承担方式。

据台湾地区"民法"第 667 条规定："称合伙者，谓二人以上互约出资以经营共同事业之契约"，"前项出资，得为金钱或他物，或以劳务代之。"据台湾地区"最高法院"判例，合伙得以团体名义进行诉讼。合伙以契约为其成立要件。根据台湾地区有关判例，契约形式可以为书面，也可以为口头，各合伙人约定出资时，契约即告成立，而不需合伙人实行出资行为。因此，合伙契约是不要式、诺成型契约。关于合伙财产，台湾地区"民法"规定各合伙人之出资及其他合伙财产，为合伙人全体之共同共有，损益（损失和收益）分配之成数，合伙契约可作约定，未约定的，按照各合伙人出资额之比例确定，若仅就利益或仅就损失所定之分配成数，视为损益共同之分配成数。值得注意的是，以劳务为出资之合伙人，除契约另有约定外，不受损失之分配。在合伙债务承担方面，据当合伙财产不足清偿合伙债务时，各合伙人对于不足之额，负连带责任。独资事业，是指由独资事业设立人独自出资设立、运营、管理的事业。独资事业的财产归独资事业设立人所有，收益由独资事业设立人收取，损失由独资事业设立人承担，在独资事业财产不足清偿债务时，由独资人以其自有财产清偿。从上述分析可见，若陆资投资人在台湾地区设立合伙或独资事业，都有可能以其在台全部财产为合伙或独资事业清偿债务。

至于陆资投资人在台湾地区设立合伙或独资事业，台湾地区尚无针对陆资之专门规定，因而应适用台湾地区"民法"等有关"法律"。

**（四）持有股份或持有出资额**

如果说分公司、办事处、合伙或独资事业是陆资投资人在台湾地区投资的实体形式，那么通过持有股份或出资额就是陆资投资人在台湾地区投资的软形式。根据台湾地区"公司法"第 2 条之规定，台湾地区公司形式分为四种，与《中华人民共和国公司法》之规定有所不同，陆资投资人在持股或出资额时，应特别注意所持股或出资额之公司的种类。

台湾地区"公司法"第2条规定的种类有：第一，无限公司，由两人以上股东所组织，股东对公司债务承担连带无限责任；第二，有限公司，由一人以上股东所组织，股东就其出资额为限，对公司负有限责任；第三，两合公司，由一人以上无限责任股东和一人以上有限责任股东所组织，其无限责任股东对公司债务负连带无限清偿责任，有限责任股东以其出资额为限，对公司债务承担有限责任，两合公司相当于大陆合伙企业法规定的有限合伙；第四，股份有限公司，由两人以上股东或"政府"、法人股东一人所组织，全部资本分为股份，股东就其所认股份为限，对公司承担有限责任。以上公司种类，大陆法律已经规定有有限责任公司（含一人公司）、股份有限公司和有限合伙（即两合公司），没有规定无限公司。因此，陆资投资人应着重辨别台湾地区的公司形式。

陆资投资人辨别台湾地区公司形式的方式有两种：其一，可以从公司的名称上辨别，台湾地区"公司法"第2条第2项规定，公司名称中应标明公司之种类；其二，可以从公司的章程上辨别，台湾地区"公司法"规定，公司章程应规定公司形式。同时，陆资投资人还应对公司的运作方式、资本构成状况等进行综合判断，从而降低投资风险。

当然，就具体情况而言，台湾地区的无限公司、两合公司数量已经较少，大多数公司以有限公司和股份有限公司的形式存在，但作为台湾地区"公司法"规定的公司形式，陆资投资人在投资时仍须加以注意，防止因两岸法律差异而产生风险。

## 四、陆资在台活动的法律问题

根据属地原则，并考虑到台湾地区"法律"在台湾地区的实际效力，陆资在台活动主要依据台湾地区"法律"。台湾地区有关民商事活动和经济管理的法律众多，我们拟选取专为陆资在台活动规定的部分做一分析。

### （一）陆资在台活动的法律适用问题

陆资在台活动的法律适用问题，即陆资投资人在台湾地区的活动，应如何适用法律的问题。这里包括两个子问题：第一，如何看待台湾地区"法律"，亦即陆资适用台湾地区"法律"是否有违一个中国原则，是否会在客观上造成承认台湾地区"法律"正当性的后果；第二，在解决第一个问题的基础上，应如何适用台湾地区"法律"。可以说，第一个问题实际上是一个由政治问题所衍生的法律问题，而第二个问题则是一个纯粹的法律问题，更具体而言，是一个涉及两岸法律选择的区际私法问题。

对于第一个问题，我们认为，陆资在台湾地区适用台湾地区"法律"并不违反一个中国原则。首先，陆资适用台湾地区"法律"是赴台投资的必要前提。客观而言，台湾地区"法律"在台湾地区得到了普遍适用，是陆资在台投资必须遵循的行为规范。单纯以"一中"划界，不符合陆资赴台投资的实际情况，也与两岸发展正常经贸关系的大势不符。其次，尽管存在"一中"争议及其衍生的"承认争议"，但大陆方面从未否认台湾地区"法律"的适用性。根据《最高人民法院关于认可台湾地区有关法院民事判决的规定》（1998 年制定）以及其他规范性文件，大陆方面实际上允许当事人根据实际情况适用台湾地区"法律"。在司法实践中，各地法院也不乏根据当事人意愿适用台湾地区"法律"的案例。最后，陆资适用台湾地区"法律"，有着明确的规范依据。《商务部、国务院台湾事务办公室关于大陆企业赴台湾地区投资或设立非企业法人有关事项的通知》（以下简称《投资通知》）第 3 条规定陆资投资人在台投资应"了解并遵守当地法律"。

对于第二个问题，由于两岸法律有异，在确认主体资格、明确行为方式、界定法律后果、寻求法律救济等方面，都有可能产生两岸法律冲突的问题，解决这一问题的关键，是制定两岸间选择法律适用的规范。目前，两岸并未建立起统一的法律适用规范，考虑到陆资赴台投资的实际情况，应主要适用台湾地区在"台湾地区与大陆地区人民关系条例"中确定的适用规范，同时结合台湾地区有关陆资的规定，形成陆资在台适用法律的指引规范。

台湾地区的"台湾地区与大陆地区人民关系条例"在一定程度上是"区域私法"，对于陆资投资人在台湾地区的"法律"适用起到了指引作用。根据"台湾地区与大陆地区人民关系条例"以及其他与陆资投资有涉的"法律"，我们认为，对陆资在台投资可能涉及如下法律适用问题。

第一，"台湾地区与大陆地区人民关系条例"建立起"台湾法优先原则"、属地适用原则和公共秩序保留原则等基本原则。"台湾地区与大陆地区人民关系条例"第41条第1项规定，"台湾人民与大陆地区人民间之民事事件，除本条例另有规定外，适用台湾地区之法律"。另据"台湾地区与大陆地区人民关系条例"第44条之规定，当依照"台湾地区与大陆地区人民关系条例"而适用大陆法，但大陆法并无明文规定时，也应适用台湾地区"法律"。上述规定构成"台湾法优先原则"，将适用"台湾法"作为原则，而将适用大陆法作为例外。根据该原则，除非有明确规定适用大陆法，陆资投资人在台应适用台湾地区"法律"。"台湾地区与大陆地区人民关系条例"第42条规定，"依本条例规定应适用大陆地区之规定时，如该地区内各地方有不同规定者，依当事人户籍地之规定"。该项为"属地适用原则"，对于来自大陆不同地区的投资人明确大陆法内部的法律适用，具有直接的指导作用。"台湾地区与大陆地区人民关系条例"第44条规定，"依本条例规定应适用大陆地区之规定时，如其规定有悖于台湾地区之公共秩序或善良风俗者，适用台湾地区之法律"。该条为"公共秩序保留原则"，大陆《投资通知》第3条亦要求陆资在台尊重风俗习惯。根据"公共秩序保留原则"，陆资在选择适用法律时，应注意照顾到台湾地区的实际情况，正确选择适用法律。

第二，"台湾地区与大陆地区人民关系条例"第43条规定了反致制度。根据该条规定，应适用大陆法，但大陆法规定应适用台湾地区"法律"时，应适用台湾地区"法律"。

第三，"台湾地区与大陆地区人民关系条例"第45条对确定行为地或事实发生地进行了规定。根据该条规定，民事法律关系之行为地或事实发生地跨台湾地区与大陆地区者，以台湾地区为行为地或事实发生地。根据该条规定，陆资投资人在台投资以及在大陆从事与在台投资相关事务而作出的法律行为或发生的法律事实，都将适用台湾地区"法律"。

第四，"台湾地区与大陆地区人民关系条例"对两岸民事关系的准据法进行了规定，其中与陆资投资人有关的主要有：

1. 行为能力之准据法。对于自然人之行为能力，据"台湾地区与大陆地区人民关系条例"第46条第1项之规定，"大陆地区人民之行为能力，依该地区之规定，但未成年人已结婚者，就其在台湾地区之法律行为，视为有行为能力"；对于法人、团体和其他机构的权利能力与行为能力，据台湾地区"台湾地区与大陆地区人民关系条例"第46条第2款之规定，适用大陆法。

2. 法律行为方式之准据法。据"台湾地区与大陆地区人民关系条例"第47条第1项之规定，法律行为之方式，依该行为所应适用之规定，但依行为地之规定所定之方式者，亦为有效。除上述一般规定外，同条对物权行为和票据行为进行了特别规定。同条第2项规定，物权之法律行为，其方式依物之所在地之规定，同条第3项又规定，行使或保全票据上权利之法律行为，其方式依行为地之规定。

3. 债之准据法。据"台湾地区与大陆地区人民关系条例"第48条第1项之规定，债之契约依订约地之规定，但当事人另有约定者，从其约定。同法第2条又规定，如果订约地不明且当事人无约定者，依债之履行地规定，履行地不明的，依诉讼地或仲裁地之规定。

4. 因法律事实所生之债之准据法。据"台湾地区与大陆地区人民关系条例"第 49 条之规定，关于在大陆由无因管理、不当得利或其他法律事实而生之债，以大陆之规定。但该条并未规定陆资在台湾发生因法律事实所生之债的准据法。依法理推论和学界一般观点，在台湾地区因法律事实所生之债之准据法，应适用台湾地区"法律"。

5. 侵权行为之准据法。据"台湾地区与大陆地区人民关系条例"第 50 条之规定，侵权行为依损害发生地之规定，但台湾地区"法律"不认为是侵权行为者，不适用之。

6. 物权之准据法。据"台湾地区与大陆地区人民关系条例"第 51 条第 1 项之规定，物权依物之所在地之规定。除上述一般规定外，同条第 2 项还规定，关于以权利为标的之物权，依权利成立地之规定。同条第 3 项规定，物之所在地如发生变更，其物权之取得与丧失，依其原因事实发生完成时之所在地之规定。同条第 4 项对船舶物权和航空器物权的准据法进行了专门规定。据该项之规定，船舶之物权，依船舶登记地之规定，航空器之物权，依航空器登记地之规定。

表 8-1 "台湾地区与大陆地区人民关系条例"对两岸民事关系准据法的规定

| 事项 | 准据法条款 | 实际适用的法律 |
|---|---|---|
| 行为能力 | "台湾地区与大陆地区人民关系条例"第 46 条 | 以大陆有关法律规定为主，特殊情况下适用台湾地区"法律"（未成年人已结婚者，就其在台湾地区之法律行为）。 |
| 法律行为方式 | "台湾地区与大陆地区人民关系条例"第 47 条 | 根据行为类型和行为地分别适用大陆或台湾地区有关法律。 |
| 债 | "台湾地区与大陆地区人民关系条例"第 48 条 | 适用债之契约依订约地、履行地的法律规定；履行地不明的，依诉讼地或仲裁地法律规定。 |
| 因法律事实所生之债 | "台湾地区与大陆地区人民关系条例"第 49 条 | 适用台湾地区"法律"。 |
| 侵权行为 | "台湾地区与大陆地区人民关系条例"第 50 条 | 适用侵权行为发生地法律，但台湾地区"法律"不认为是侵权行为者，不适用之。 |
| 物权 | "台湾地区与大陆地区人民关系条例"第 51 条 | 适用物之所在地法律，例如物之所在地在台湾地区，则应该使用台湾地区"法律"。 |

第五，与陆资有关的法律中的准用条款。台湾当局除专门对陆资作出规定外，还在有关陆资投资的法律中大量规定"准用条款"，陆资投资人在台投资时，除应依专为陆资制定的法律、依"台湾地区与大陆地区人民关系条例"指引的准据法外，还应适用"准用条款"所准用的有关规定，这些"准用条款"主要有：

1. "台湾地区与大陆地区人民关系条例"第 25 条规定，陆资有台湾地区来源所有者，在台有关扣缴事项，适用台湾地区"所得税法"之有关事项。

2. "台湾地区与大陆地区人民关系条例"第 40 条之 1 规定，陆资在台设立分公司在台营业的，准用台湾地区"公司法"第 9 条、第 10 条、第 12 条至第 25 条、第 28 条之 1、第 388 条、第 391 条至第 393 条、第 397 条、第 438 条及第 448 条之规定。

3. "投资许可办法"第 10 条第 3 款之规定，陆资投资人于实行出资后两个月内，应向主管机关申请审定投资额，其投资额之核计方式、审定程序及应验具之文件，准用"华侨及外国人投资额审定办法"之规定。

表 8-2　与陆资有关的法律中的准用条款

| 事项 | 条款 | 准用法律 |
| --- | --- | --- |
| 陆资有台湾地区来源所有者，在台有关扣缴事项 | "台湾地区与大陆地区人民关系条例"第 25 条 | 台湾地区"所得税法" |
| 陆资在台设立分公司 | "台湾地区与大陆地区人民关系条例"第 40 条 | 台湾地区"公司法" |
| 陆资在台申请审定投资额 | "投资许可办法"第 10 条第 3 款 | 台湾地区"华侨及外国人投资额审定办法" |
| 大陆人民在陆资事业中担任董事或监察人职务 | "投资许可办法"第 13 条 | 台湾地区"公司法"及其他相关法令 |
| 陆资分公司在台湾地区营业所用之资金的查核签证 | "设立许可办法"第 5 条 | 台湾地区"公司申请登记资本额查核办法" |

4. "投资许可办法"第 13 条规定，大陆人民在陆资事业中担任董事或监察人职务者，应依台湾地区"公司法"及其他相关法令之规定办理。

5. "设立许可办法"第 5 条规定，陆资分公司在台湾地区营业所用之资金，应经会计师查核签证，其查核方式，准用"公司申请登记资本额查核办法"之规定。

### (二) 陆资与税收

据"台湾地区与大陆地区人民关系条例"第 25 条之规定，陆资有台湾地区来源所得者，应就其台湾地区来源所得，课征所得税。台湾地区实行严格的税收法定主义，税收的种类、范围、方式和数额均由"法律"进行严格规定。

关于陆资在台缴纳所得税所适用之法律，根据"台湾地区与大陆地区人民关系条例"第 25 条和第 25 条之 1 的规定，主要有：

第一，大陆人民于一课税年度内在台湾地区居留、停留合计满 183 日者，应就其台湾地区来源所得，准用台湾人民之课税规定，课征综合所得税。

第二，大陆法人、团体或其他机构在台湾地区有固定营业场所或营业代理人者，应就其台湾地区来源所得，准用台湾地区营利事业适用之课税规定，课征营业事业所得税；在台湾地区无固定营业场所而有营业代理人者，其应纳之营业所得税，应由营业代理人负责，向主管机关申报纳税。

第三，陆资在台取得台湾地区之公司所分配股利或合伙人应分配盈余应缴纳之所得税，由所得税法规定之扣缴义务人于给付时，按给付额或应分配额扣缴 20%，不适用所得税法结算申报之规定。但大陆人民在台居留、停留超过 183 日者，依法课征综合所得税。

第四，若陆资来台人员在台居留、停留不满 183 日者，其非在台湾地区给予之薪资所得，不视为台湾地区来源所得。

第五，关于陆资在台各类所得的具体扣缴率标准，依据台湾地区

"各类所得扣缴率标准"之规定。

### （三）陆资与金融

为适应陆资在台所需之金融服务要求，台湾当局修正"金融业许可办法"，以放宽为主旨，对陆资在台可能涉及之金融问题进行了规定。

第一，放宽金融机构与陆资办理外汇业务的范围。据"金融业许可办法"第5条之规定，台湾地区指定银行及中华邮政公司对大陆之业务范围包括：外汇存款业务、汇出及汇入、出口外汇业务、进口外汇业务、授信业务、与前述业务有关之同业往来、经主管机关核准办理之其他业务等。同时，在汇出款部分，其限制由正面表列改为负面表列。据台湾当局有关"金融业许可办法"的"修法说明"，上述规定，旨在扩大台湾地区金融机构为陆资办理外汇业务的范围。

第二，开放台湾地区金融机构与大陆人民、法人、团体及其他机构及其海外分支机构进行新台币金融业务往来。据"金融业许可办法"第5条之1之规定，陆资若已取得居留资格或登记证照，则在进行新台币金融业务时，"比照与本国人往来"。若未取得在台居留资格或登记证照，除新台币授信业务外，其余业务往来比照与未取得在台居留资格或登记证照之外国人之往来。新台币授信业务，以对大陆人民办理不动产担保放款业务为限。

第三，允许大陆银联所属之信用卡在台湾使用。据"金融业许可办法"第2条、第7条之1的有关规定，台湾地区信用卡业务机构经主管机关许可者，得与银联公司为信用卡或转账卡之业务往来，而台湾地区信用卡业务机构与银联公司从事信用卡或转账卡业务往来之范围，包括银联卡在国内刷卡消费之收单业务，以及交易授权与清算业务等两项。

### （四）陆资与不动产

不动产为陆资在台投资必然所涉及的重大产业。台湾地区针对陆资在台取得、设定、转移不动产物权以及利用不动产融资进行了规定。

第一，据"不动产许可办法"第 9 条之规定，大陆地区法人、团体或其他机构，或陆资公司，从事有助于台湾地区整体经济或农牧经营之投资，经台湾地区主管机关同意后，得申请取得、设定或移转不动产物权。

第二，据台湾地区有关规定，陆资因业务人员居住之住宅、从事工商业务之厂房、营业处所、办公场所或其他因业务需要之处所，得取得不动产。

第三，取消了大陆人民来台取得不动产需说明资金来源之规定。

第四，放宽了陆资利用不动产向金融机构融资的限制。陆资投资人在台湾地区购买房地产之贷款比例比照台湾地区居民相关规定办理。在台无住所的大陆人民办理不动产物权担保放款，担保品不得优于适用相同利率期间、融资用途、担保品条件之台湾地区客户，并以担保品鉴估价值 50% 为上限。值得注意的是，据"不动产担保放款事项"第 4 条之规定，办理本项放款业务，须大陆人士亲自办理。

第五，放款取得不动产物权之大陆地区人民来台停留期限。据台湾地区有关规定，在台湾地区取得不动产物权之大陆人民，每年在台总停留时间由不得超过一个月放宽为四个月，且对每次停留期限及次数不作限制。

第六，对大陆人民在台取得之不动产物权予以限制。首先，为防止陆资炒作房价，"不动产许可办法"第 6 条之 1 的规定，大陆人民取得供住宅用不动产所有权后，须于登记后满三年才得移转，但因继承、强制执行、征收或法院之判决而移转者，不在此限。其次，为防止大陆人民已将在台之不动产转让却仍在台滞留，台湾地区地政部门需通报大陆人民转让不动产物权之资讯。

（五）陆资中的大陆人员

陆资中的大陆人员，是台湾地区陆资法律制度中的重要组成部分，其主要规定在"专业人士来台许可办法"中，主要包括：

第一，名额限制。台湾地区有关规定对陆资中的大陆人员，有着严格的名额限制。

1. 大陆专业人士任职于在台陆资企业及来台从事相关活动。若申请人为分公司或子公司，投资金额或营运资金20万美元以上得申请两人，投资金额或运营资金每增加50万美元得申请增加一人，但最多不得超过七人。若申请人为办事处，申请人数限为一人。

2. 陆资企业聘雇之大陆专业人士来台从事相关活动。申请人若为分公司或子公司，设立未满一年者，营运资金或实收资本额达到新台币1000万元以上，或设立一年以上者，最近一年或前三年平均营业额达新台币3000万元以上、平均进出口实绩总额达300万美元以上或平均代理佣金达100万美元以上者，可申请经理人一人，对于主管或专业技术人员（应具硕士学位或具学士学位并具有两年工作经验），已实行投资金额30万美元以上者，得申请一人，已实行投资金额每增加50万美元，得再申请增加一人，最多不得超过七人。申请人若为办事处，申请人数限为一人。

3. 大陆专业人士随行配偶及子女。前述两项大陆专业人士之配偶和子女可以随行来台，且名额未受限制。

第二，陆资中大陆人员及随行眷属的相关权益。据台湾地区有关法律规定，经许可在台停留一年的陆资中的大陆人员（包括随行眷属），可以依照"全民健康保险法"之规定，参加台湾地区的全民健保。随行眷属中未满18岁之子女，可以依照相关规定就读与其学历相衔接之各级学校，或外国侨民学校。

## 五、台湾地区陆资法律制度对陆资入台的影响分析

两岸透过两会机制，就陆资入台达成共识，对两岸经贸关系正常化乃至两岸关系和平发展框架的形成，具有重要的促进意义。作为台湾地区规

范陆资在台投资活动的主要法律制度，台湾地区陆资法律制度对陆资入台有着重大的影响。就总体而言，台湾当局遵循两会共识，积极立法、修法，为陆资在台投资提供法律上的保障。但是，我们也应看到，陆资入台是两岸关系发展史上的一件大事，其法律制度需要进一步探索和发展，而台湾地区一些人士和群体对陆资入台仍有顾虑，甚至有些误解、歪曲和抵制，这部分人士和群体的意见在台湾地区陆资法律制度亦有反映。因此，台湾地区陆资法律制度对陆资入台的影响可以用有利有弊来概括：我们一方面要看到陆资法律制度对陆资在台投资的促进作用，另一方面，也要看到陆资法律制度对陆资在台投资活动上的限制，充分利用其促进陆资投资的一面，维护陆资在台投资的利益，进而有效落实两会共识，为两岸经贸关系正常化奠定良好的实践基础。

## （一）台湾地区陆资法律制度的基调

台湾地区陆资法律制度的基调，是指台湾当局据以制定陆资法律制度、处理有关陆资事务的基本方针和基本原则的总称。通过对台湾地区陆资法律制度的分析可知，台湾地区陆资法律制度的基调是"以台湾为主、对人民有利"，尤其体现了"以台湾为主"。"以台湾为主"是台湾地区领导人马英九在竞选时期所提出的政治纲领，也是马英九在任期间处理两岸关系的总纲领。这一基调在台湾地区开放陆资入台上，主要体现在三个方面。

第一，这一基调决定了台湾当局开放陆资入台的目的。台湾当局认为，长久以来，两岸经贸交往呈现一边倒的现象，台湾地区的资金、人才、技术向大陆单方面倾斜、流动，影响外资对台湾地区的信心。为了推动两岸关系正常化，改变两岸经贸交往一边倒的现象，强化台湾地区竞争力，有必要开放陆资入台，从而提振台湾地区经济。从大的背景来看，台湾地区经济在 2008 年后迟迟未见好转，同时又遭遇全球性金融危机的冲击，马英九当局在各种刺激手段未果、且经济增长动力疲软的条件下，必须利用陆资这一外在动力，借助陆资提振台湾地区经济。因此，马英九当局开放陆资的真正目的在于"以台湾为主、对人民有利"，其用心在"台"而不在"陆"。

第二，这一基调决定了台湾当局开放陆资入台的范围。台湾当局对陆资的投资范围有着严格的限定，并以"正面表列"的形式列出。根据我们的分析可见，陆资可以进入的领域，大多是技术含量偏低、在台湾地区竞争已经相当充分、企业盈利空间小、容易提供就业岗位的项目。即便如此，在具体的项目范围上，还遵循"先紧后松、循序渐进、先有成果、再行扩大"的方针，逐步扩大陆资入台的范围。由此可见，台湾当局在决定陆资入台的范围时，名义上采取"利益最大化、风险最小化"的方针，但实际上却是"台湾利益最大化、台湾风险最小化"，并没有考虑到大陆方面以及陆资的实际需要和利益。

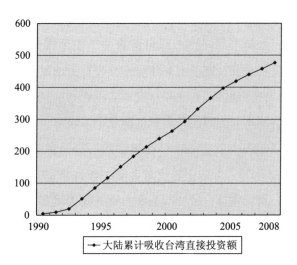

图 8-4  1990 年至 2008 年间大陆累计吸收台湾直接投资额（单位：亿美元）

第三，这一基调是台湾当局制定陆资法律制度的总方针。台湾当局在制定陆资入台法律制度时，将"以台湾为主"贯穿于陆资法律制度中。首先，陆资法律制度的主要依据是台湾当局在"一国两区"思想主导下制定的"台湾地区与大陆地区人民关系条例",将台湾和大陆作区别对待。其次,从立法技术上而言,台湾当局所制定的"投资许可条例",其大量条文与台湾当局"外国人投资条例"重合,而其他一些规定,也通过准用条款将适用于外国人在台投资的"法律"适用于陆资。再次,为了保护台湾利益,台湾当局对陆资在台活动以及随陆资来台人员的活动予以限制,陆资在台除了受台湾地区一般"法律"的规范,还要承受专为陆资所设的"法律"限制。

### (二)台湾地区陆资法律制度的特点

在"以台湾为主"的基调下,台湾地区陆资法律制度呈现出以下两个方面的特点。

第一,利用与限制并存。台湾地区陆资法律制度是在两岸就陆资入台达成共识的背景下出台,台湾当局对陆资的态度也是殊为微妙的:一方面,台湾当局希望引进陆资,提振台湾经济,以使台湾尽快走出经济低谷;另一方面,台湾当局又在"以台湾为主"的思维主导下,对陆资采取不信任的态度,并且在制度上对陆资的投资行为加以限制。在这种微妙态度的作用下,台湾地区陆资法律制度对陆资既利用又限制。在利用的一面,台湾当局将原本对陆资层层限制的制度予以松绑,创造适应陆资投资的制度环境,以期吸引陆资入台;在限制的一面,台湾当局在"以台湾为主"的思维主导下,为防止陆资对台湾主体经济的冲击,对陆资进行了从投资范围、投资主体、投资行为和投资方式等诸多方面的限制。台湾地区陆资法律制度"利用与限制并存"的特点,正是台湾当局对陆资基本态度的直观体现。

第二,实体法条款、程序法条款、准用条款并存。从制度内容而言,台湾地区陆资法律制度包括实体法条款、程序法条款和准用条款,其中:实体法条款规定陆资的定义、陆资准入的条件、陆资在台投资行为的构成要件以及其他实体内容;程序法条款规定满足实体条件的陆资在办理有关事务时的程序、所需提交的文件等程序性内容；准用条款将台湾地区非专为陆资投资制定的法律适用于陆资投资，是陆资在台投资活动的法律指引。从三种条款的数量来看，程序法条款最多、实体法条款其次，而准用条款最少。但从三者的功能来看，实体法条款和程序法条款更多的是规定陆资在台的准入资格和准入程序问题。因此，一旦陆资符合入台投资条件，完成相应的入台投资程序，陆资法律制度中的大部分实体法条款和程序法条款将不再对陆资产生实质性作用。而准用条款则不同于上述两种类型的条款，它通过规定陆资在台的法律适用，指引符合条件的陆资在台大量适用台湾地区的有关法律，从而规范陆资在台湾的投资行为，因而在陆资入台投资的法律制度中起着最为关键的作用。可以说，准用条款的数量虽少，却构成了陆资在台投资法律制度的主干。

**（三）台湾地区陆资法律制度的影响**

特点鲜明的台湾地区陆资法律制度，是台湾当局规范陆资在台投资行为的基本法律依据，因而将对陆资产生极为重要的影响。

第一，主要适用台湾地区"法律"，对陆资在台投资产生"跨法域"效应。两岸分属不同的法域，按照属地原则以及两岸现实，陆资在台将主要适用台湾地区的"法律"，陆资在台湾的投资行为因而也将主要遵循台湾地区的"法律"。由于陆资的投资人在大陆成立或者由大陆在第三地区设立，因此，陆资在台投资将产生"跨法域"效应，亦即在判断陆资投资人的权利能力和行为能力上适用大陆法律或第三地区法律，而在陆资投资行为上适用台湾地区"法律"的现象。"跨法域"效应将对陆资正确适用法律提出较高的要求。同时，由于陆资在台的投资行为主要适用台湾地区的"法律"，因而也要求陆资熟悉台湾地区的有关"法律"。

第二，"松绑"成为台湾地区陆资法律制度的主题词，对陆资施以"非国民待遇"，不仅没有优惠政策，反而加以重重限制。虽然台湾当局将陆资视为台湾地区的"境外投资"，但是，台湾当局并未给予陆资以优惠政策，相反，台湾当局对陆资施以种种"非国民待遇"。由于两岸曾经处于对立状态，因此，大陆人民在台的活动被严格限制。包括陆资在台投资的行为，在台湾地区"法律"中，都原属于被禁止行为，即便是一些零散的贸易、交往行为，也被台湾当局加以严格限制。为了落实两会就陆资入台所达成的共识，台湾当局对其"法律"中对陆资投资可能产生限制的部分用松绑的方式加以处理，使得"松绑"，而不是"优惠"，成为台湾地区陆资法律制度的主题词。通过松绑，一些原来施加于大陆人民和陆资上的不合理、不正常的限制被解除，然而，还有一些不合理、不正常的限制没有得到应有的解决。从前分析可知，陆资在台仍受到重重限制。台湾当局的松绑，只是有限度的松绑，陆资虽在"法律"上没有被视为外资，但其所享有的实际地位和权利，甚至还不如在台投资的外资。由此可见，陆资在台被施以"非国民待遇"，没有一般投资者应享受的优惠政策。这一点，作为投资者的陆资对此应有清醒的认识，在投资前，应对可能遭遇的限制做好预测和评估，从而降低在台投资风险。

第三，两岸由"一中"争议衍生的"承认争议"仍是影响陆资在台投资的主要因素，这一影响也延续到陆资在台的投资活动中。胡锦涛同志用"政治对立"来概括两岸关系的实质，而"政治对立"在法律上就体现为"一中"争议所衍生的"承认争议"。由于两岸尚未结束政治对立，因而在是否承认对方根本法（《中华人民共和国宪法》和台湾地区现行"宪法"）上存在争议，由此争议所导致的是是否承认对方依据己方根本法所制定的法律。"承认争议"与陆资在台将大量适用台湾地区"法律"产生冲突。如果说这一冲突在台湾地区依据"属地原则"解决，那么，冲突在大陆发生时应如何解决，则是一个比较棘手的问题。虽然大陆并未否认台湾地区"法律"的适用性，但在大陆，当事人未避免政治争议，降低政治敏感性，往往选择适用大陆法律。这一解决方式在台资投资大陆的情形下，尚且具有可行性，而在陆资投资台湾、但所涉冲突由大陆法院审理时，则值得商榷。

## 六、构建陆资入台的法律障碍解决机制

为了更好地促进陆资在台投资，有效利用台湾地区"法律"对陆资的有利规定，克服台湾地区"法律"对陆资所形成的法律障碍，我们认为应当从以下几个方面努力形成陆资入台法律障碍解决机制。

首先，应建立和完善透过两岸事务性协议所形成的机制来解决法律障碍。《海峡两岸经济合作框架协议》（英文简称 ECFA）于 2010 年 6 月 29 日由两会领导人签订，2010 年 8 月 17 日台湾地区立法机构通过《海峡两岸经济合作框架协议》。两岸签署框架协议，旨在逐步减少或消除彼此间的贸易和投资障碍，创造公平的贸易与投资环境，进一步增进双方的贸易与投资关系，建立有利于两岸经济共同繁荣与发展的合作机制。一方面，《海峡两岸经济合作框架协议》规定"加强海峡两岸的经济交流与合作"的原则，并为相关法律障碍消除的协商制定了时间表；另一方面，《海峡两岸经济合作框架协议》为促进两岸经贸合作，成立海峡两岸经济合作委员会，委员会由两岸指定的代表组成，负责处理与《海峡两岸经济合作框架协议》相关的事宜，特别是完成为落实《海峡两岸经济合作框架协议》目标所必需的磋商，以及监督并评估《海峡两岸经济合作框架协议》的执行。这一机制是未来消除和解决陆资入台法律障碍的制度化管道。

其二，加大对台湾地区"法律"的普及与法律人才培养工作机制。目前，大陆有关部门对陆资投资在台湾地区"法律"的教育和指导上有所不足，且陆资对台湾地区"法律"尚无深彻了解。虽然已有一些专家学者对台湾地区"法律"规定的介绍，但判例、解释等在台湾地区"法律"实施中占据重要地位，单纯介绍"法律"规定已经不能满足陆资投资台湾的需要。为此，应组织专家学者，尤其是研究台湾地区有关规定的

学者，结合台湾地区规定和有关案例，编写有关台湾地区"法律"的工具书、参考书。大陆有关部门也可出台"陆资赴台法律指南"等文件，为陆资在台投资提供法律上的参考。有关部门可以依托大专院校和研究机构，通过学历教育、在职培训和专题讲座等方式，对陆资中的法务人员进行培训，培养一批通晓台湾地区规定、了解台湾地区情况的法律人才，为陆资在台投资服务。目前，大陆熟悉台湾地区规定和情况的人才较少，已经远远不能满足陆资在台投资的需要。而台湾地区法制化程度和法治水平较高，陆资在台的投资活动离不开法律，因此，为了满足陆资在台投资的法律人才需要，大陆方面应积极依托大专院校和研究机构，通过包括学历教育、在职培训和专题讲座等方式，培养一批适合陆资在台投资的法律人才。同时，重视对陆资中现有法务人员的培训，使其有能力预测在台湾地区可能遭遇的法律困境，并有能力依照台湾地区"法律"维护陆资在台利益。

最后，有关部门应逐步建立涉台法制服务机构，建立陆资入台的法律服务与援助机制。国台办、商务部等大陆主管陆资在台投资事务的部门，可以本着为陆资投资人服务的目的，建立涉台法制服务机构，建立陆资法律援助机制，在陆资在台投资遭遇到法律困境时，提供必要的帮助。

# 后　记

2007 年 10 月，党中央提出"构建两岸关系和平发展框架"的重大战略思想，既为在新阶段发展两岸关系提供了指引，也使得法律思维、法律规范和法学理论在分析、处理和研究两岸关系上的地位与作用更加明确。2010 年，本人承担了中国法学会重大课题"构建两岸关系和平发展框架的法律机制研究"（项目编号：CLS－A1001）。立项后，本人及课题组其他成员围绕"构建两岸关系和平发展框架的法律机制"展开研究，课题于 2012 年结项并被评定为"优秀"。本书是以结项报告为基础，结合近几年我们研究台湾问题和两岸关系的论文、报告而成。

本书是集体合作的成果，根据分工和实际完成的情况，各章作者分别是：

绪论：周叶中

第一章：刘文戈

第二章：刘文戈、祝　捷

第三章：周叶中、祝　捷

第四章：黄　振

第五章：祝　捷、张霄龙

第六章：周叶中、黄　振、祝　捷

第七章：王　堃

第八章：周叶中、祝　捷

全书由周叶中、祝捷统稿。

我们的研究和本书的出版得到了诸多朋友的关心和支持。首先感谢中国法学会对课题给予的大力支持，感谢中国法学会的陈冀平、刘飏、周成奎、方向、李仕春等领导。特别感谢九州出版社欣然将本书列入出版计划，感谢九州出版社的支持和责任编辑的辛勤工作。感谢长期以来与我们共同开展两岸关系研究的周甲禄、张艳、伍华军、刘山鹰、王青林、易赛键、郑凌燕、朱松岭、陈星等同志。感谢国台办孙亚夫副主任、法规局周宁局长、中央人民政府驻澳门联络办公室张万明同志以及国台办文潞同志对我们开展两岸关系研究的关心、指导与帮助。武汉大学法学院的硕士研究生张小帅、田静、许艾、胡文露、瞿淼协助校订了全部书稿，在此一并提出感谢。

同时，我们真诚地期待各位读者的批评与指正，我们坚信：没有大家的批评，我们就很难正确认识自己，也就不可能真正战胜自己，更不可能超越自己。

周叶中

于武汉大学珞珈山

2012 年 9 月